道路工程建设与交通设施施工管理探索

楚 鹏 张海亮 谢焕新 著

辽宁大学出版社 沈阳

图书在版编目（CIP）数据

道路工程建设与交通设施施工管理探索/楚鹏，张海亮，谢焕新著. --沈阳：辽宁大学出版社，2024.12. --ISBN 978-7-5698-1946-5

Ⅰ.U41

中国国家版本馆 CIP 数据核字第 20242FF114 号

道路工程建设与交通设施施工管理探索
DAOLU GONGCHENG JIANSHE YU JIAOTONG SHESHI SHIGONG GUANLI TANSUO

出 版 者：辽宁大学出版社有限责任公司
　　　　　（地址：沈阳市皇姑区崇山中路66号　　邮政编码：110036）
印 刷 者：沈阳市第二市政建设工程公司印刷厂
发 行 者：辽宁大学出版社有限责任公司
幅面尺寸：170mm×240mm
印　　张：12.75
字　　数：250千字
出版时间：2024年12月第1版
印刷时间：2025年1月第1次印刷
责任编辑：李珊珊
封面设计：高梦琦
责任校对：郭宇涵

书　　号：ISBN 978-7-5698-1946-5
定　　价：88.00元

联系电话：024-86864613
邮购热线：024-86830665
网　　址：http://press.lnu.edu.cn

前　言

　　道路工程建设与交通设施施工管理是确保交通安全、提升道路使用效率的关键环节。随着城市化进程的加快，对道路工程的质量和安全管理提出了更高要求。同时，技术的进步、规范的更新，也使施工管理逐步向智能化、绿色化发展。

　　在我国交通发展过程中，基础的安全设施为重要组成部分，发展交通事业的目的是提高人们的出行效率，但同时需要保证出行人员的人身安全，采取相关方案规避交通事故的发生。因此，在建设交通工程过程中，工作人员必须完善施工管理工作，保证人们出行的安全，促进我国交通行业长久、稳定地发展。

　　本书全面介绍了道路工程的基础知识与施工管理，涵盖了从道路工程概述到交通设施施工管理的各个方面。第一章着重于道路工程的基本概念，包括路线设计、交叉设计等基础理论。第二章深入探讨了路基设计与施工技术，强调了路基稳定性与挡土墙设计的重要性。第三章专注于路面工程施工，详细介绍了沥青与水泥混凝土路面的施工工艺。第四章讨论了道路排水设计与养护管理，确保道路的功能性与耐久性。第五章则聚焦于道路交通设施，包括信号灯、标志、标线等，旨在提升道路的安全性与引导性。最后一章综合论述了道路施工与交通设施施工管理，突出了施工安全、环境保护与质量管理的必要性，为道路工程的顺利实施提供了理论指导与实践参考。

　　在深入研究道路工程建设与交通设施施工管理这一领域时，作者深知任何书籍都难以涵盖所有细节和应对所有可能的工程挑战。本书虽然力求全面，但受限于篇幅和作者的知识范围，可能无法完全满足每一位专业人士的需求。我们的目标是为读者提供一个坚实的理论基础和实用的管理指导，但实际工程的复杂性要求我们保持谦逊和开放的态度，不断学习、适应和创新。欢迎读者的反馈和建议，以期不断完善和更新我们的知识体系，共同推动道路工程领域的进步和发展。

作　者

2024 年 8 月

目 录

前 言 ………………………………………………………………………… 1

第一章 道路工程基础知识 ………………………………………………… 1

  第一节 道路工程概述 …………………………………………………… 1
  第二节 道路路线设计 …………………………………………………… 12
  第三节 道路交叉设计 …………………………………………………… 25

第二章 路基设计与施工 …………………………………………………… 32

  第一节 路基设计概述 …………………………………………………… 32
  第二节 一般路基与路基边坡稳定性设计 ……………………………… 39
  第三节 挡土墙设计 ……………………………………………………… 47
  第四节 路基施工技术 …………………………………………………… 54

第三章 路面工程施工技术 ………………………………………………… 65

  第一节 路面基层（底基层）施工技术 ………………………………… 65
  第二节 沥青路面施工技术 ……………………………………………… 73
  第三节 水泥混凝土路面施工技术 ……………………………………… 90

第四章 道路排水设计与养护管理 ………………………………………… 101

  第一节 道路排水设计 …………………………………………………… 101

第二节 道路养护与管理 …………………………………………… 119

第五章 道路交通设施 ……………………………………………… 134

    第一节 交通信号灯与道路交通标志 …………………………… 134

    第二节 道路交通标线与安全护栏 ……………………………… 150

    第三节 防眩设施与视线诱导设施 ……………………………… 157

第六章 道路施工与交通设施施工管理 …………………………… 167

    第一节 道路施工安全管理 ……………………………………… 167

    第二节 道路施工环境保护措施与文明施工 …………………… 183

    第三节 交通设施施工中的安全及其质量管理 ………………… 191

参考文献 ……………………………………………………………… 196

第一章　道路工程基础知识

第一节　道路工程概述

一、道路的特点与功能

(一) 道路的特点

近百年来，汽车运输的迅速发展和道路及其运输所具有的一系列特点是分不开的。与其他交通运输相比，道路具有以下属性及特征：

1. 道路的基本属性

道路建设与道路运输是物质生产，因而，它必然具有物质生产的基本属性，即有生产资料、劳动手段和劳动力及作为物质产品而存在的道路，同时，它又具有其本身特有的基本属性。

(1) 公益性

道路分布广、涉及面宽，能使全社会受益，同时，也受到社会各方面的关注和支持。特别是近年来，道路运输在促进社会商品经济发展方面发挥了巨大的作用，使道路受到社会的重视。

(2) 商品性

道路建设是物质生产，道路是产品，必然具备商品的基本属性，它既具有商品价值，又具有使用价值。这一属性是目前发展商品化道路（也称收费道路）的基本依据。

(3) 超前性

道路的超前性主要是指道路的先行作用。道路是为国民经济和社会发展服务的，它作为国家连接工农业生产的链条和经济腾飞的跑道，其发展速度应当高于其他部门的发展速度。这就是通常所说的"先行官"作用。

(4) 完备性

道路运输是资金密集型和技术密集型的产业，属于国家基本建设项目。道路的建设不仅要满足其现行通行能力的要求，还要考虑今后一段时间内通行能力增长的要求，即要有一定的储备能力。这就要求建设道路之前，必须要进行统一的规划、可行性论证、周密的经济和交通调查、加强交通预测以及精心设计等工作，以满足远景发展的需要。

2. 道路的经济特征

道路作为一种特殊的物质产品，还具有以下经济特征：

(1) 道路产品是固定在广阔地域上的线形建筑物，不能移动

道路是线形工程，与一般的工业生产和建筑业相比，道路建设的流动空间更大，工作地点更不固定，受社会和自然环境影响较大，具有更强的专业性。

(2) 道路的生产周期和使用周期长

通常，一条上百公里的道路建成需要花费两三年的时间，高等级道路还需要更长的时间；投入使用后一般使用年限为10～20年。在使用过程中，还需要进行经常性的养护、维修和管理工作。

(3) 道路虽然是物质产品，但不具有商品的形式

在商品经济中，一般的产品，都采取商品交换形式，出售后进入消费。而道路建成后，不能作为商品出售，也不存在等价交换的买卖形式，只提供给社会使用。其投资费用以收费（使用道路的收费和养护管理费）和运输运营收费形式来补偿。

(4) 道路具有特殊的消费过程和消费方式

一般的商品生产与消费在时间和空间上都是分离的，即商品必须成型后，才能运送到市场进行交换和消费；而道路则可以边建设，边使用，并在使用过程中进行养护、维修与改造；生产与消费不可分割，在时间和空间上是重复的。道路的消费形式不是一次性，而是多次消费。这就对道路的质量提出了特别高的要求，以确保其在多次重复性使用（消费）中保证车辆行驶的安全、快速、经济和舒适。

(5) 道路作为一个完整的系统发挥其作用，为社会和经济服务

一条道路由路线、路基、路面、桥涵等各部分组成完整的系统。而一个区域的道路网，则是由许多条道路组成一个有机的网络系统，这个系统又成为交通运输系统中的一个子系统，这就要求各条道路的修建要统筹规划，相互协调，密切配合，从整体的角度为社会和经济服务。

另外，道路运输与其他运输相比，也存在一些弱点，如运量小、运输成本高、油耗和环境污染较大等。

(二) 道路的功能分析

1. 道路的功能

①主要承担中短途运输任务（短途运输为50km以内，中途运输为50～

200km)。

②补充和衔接其他运输方式，担任大运量运输（如火车及轮船运输）的集散运输任务。

③在特殊条件下，也可以独立担负长途运输任务，随着高速公路的发展，中长途运输的任务将逐步增多。

2. 城市道路的功能

①联系城市各部分，为城市内部各种交通服务，并担负城市对外交通的中转集散的任务。

②构成城市结构布局的骨架，确定城市的格局。

③为防空、防火、防地震及绿化提供场地。

④是城市铺设各种公用设施的主要通道。

⑤为城市提供通风、采光，改善城市生活环境。

⑥划分街坊，组织沿街建筑，表现城市建设风貌。

二、道路交通特性分析

（一）交通要素特性

交通工程学是一门研究人、车、路及周围环境相互影响的学科。道路交通要素就是人（驾驶员、行人等）、车（客车、货车、非机动车等）、路（公路、城市道路、道路出入口及设施等）。

道路是汽车交通的基础、支撑物。道路必须符合其服务对象——人、货、车的交通特性，满足交通需求。道路服务性能的好坏体现在量、质、形三个方面，即道路建设的数量是否充分，道路结构能否保证安全，路网布局、道路线形是否合理。另外，附属设施、管理水平是否配套，也可以体现出道路服务性能的好坏。

1. 路网密度

路网密度是衡量道路设施数量的一个基本指标。路网密度（γ）=道路总长/总面积。一般路网密度越大，路网总容量、服务能力越大，但这不是绝对的。路网密度的大小应与一定的经济发展水平相当，与所在区域交通需求相适应，应使道路建设的经济性和服务水平，以及道路系统的社会效益、经济效益、环境效益得到兼顾和平衡。城市路网密度、间距的选取应考虑：路网密度、间距与不同道路的功能、要求相匹配；路网密度、间距与城市不同区域的性质、人口密度、就业密度相匹配。

2. 路网布局

道路的规划、设计不能仅仅局限于一个点、一条线，还应当着眼于整个路网系统。路网布局的好坏对整个运输系统的效率有很大影响,良好的路网布局可以大大提高运输系统的效率,增加路网的可达性,节约大量的投资,节省运输时间和运输费用,具有良好的经济效益、社会效益与环境效益。不同的区域、城市,不存在统一的路网布局模式,因此,路网布局必须考虑所在区域的自然、社会、经济情况。

(二) 交通量基本特性

1. 交通量

交通量是指在一定时间间隔内,各类车辆通过某一道路横断面的数量。观察、研究交通量变化规律是十分重要的,它是道路规划与设计、交通规划与管理的重要依据。交通量随时间变化,通常用某一时间段内的平均值作为该时间段的代表交通量。

2. 行车速度特性

行车速度既是道路规划设计中的一项重要控制指标,又是车辆运营效率的一项评价指标,对运输的经济、安全、迅捷、舒适具有重要的意义。了解和掌握各道路上行车速度及其变化规律是正确进行路网规划、设计、运营、管理的基础。

行车速度(简称车速)是车辆在道路上行驶的距离 L 与所需时间 t 的比值,即 $v=L/t$。在车速的计测过程中,根据不同需要,L 和 t 取值不同,可以定义不同的车速。

(1) 地点车速

地点车速是指车辆通过某一点或某一断面的瞬时速度,观察时 L 尽可能短,通常以 20~25m 为宜。地点车速主要用于道路设计、交通管制和规划等。

(2) 行驶车速

行驶车速是指车辆通过某一区间所需时间(不包括停车与损失时间)与该区间距离求得的车速。其用于评价该路段的舒适性和通行能力,也可以用于计算道路使用者的费用和效益。

(3) 临界车速

临界车速是指道路理论通行能力达到最大时的车速,对选择道路等级具有重要的作用。

(4) 设计车速

设计车速是指在道路交通与气候条件良好情况下仅受道路条件影响时,具有中等驾驶技术的驾驶人员能够安全舒适地驾驶车辆的车速。用作道路线形几何设计的标准。

设计车速的确定考虑了汽车行驶的实际需要和经济性,是汽车行驶要求与经济性平衡的结果。汽车的行驶要求表现为汽车的最高时速，即汽车的机械性能所能达到的最高速度。道路的设计车速不可能也没有必要达到这一速度，但应当尽量满足汽车机械性能的发挥。汽车行驶的经济性要求表现为汽车的经济时速，即汽车的机械损耗和燃油消耗为最小的车速。汽车行驶时越接近经济时速，费用越低，但考虑到时间效益，通常驾驶员不会追求以经济时速行驶。

3. 交通安全特征

（1）交通拥堵问题与特征

交通拥堵是指某类交通流因某种原因在某时间和空间位置上出现了一定程度的排队或延误现象。因此，交通拥堵问题特征随交通流的构成、拥堵原因、拥堵时间和空间不同而不同。交通流的构成主要有行人交通流、非机动车交通流和汽车交通流（包括小汽车与公共汽车等），导致其拥堵的基本原因是交通供需的矛盾。

（2）交通事故与特征

交通事故是指车辆驾驶人、行人、乘车人以及其他在道路上进行与交通有关活动的人员，因违反相关法律和规章的行为，过失造成人员伤亡或财产损失的事故。交通安全问题分析通常从交通事故发生的时间、空间、主体、肇事类型四个方面进行。交通事故的引发涉及五个关键因素，即人、车、路、环境、规则。其中，人的行为不当是引发交通事故的主要原因。

三、道路的分类

道路按照使用特点分为公路、城市道路、专用道路等。

（一）公路

公路是指连接城市、乡村，主要供汽车行驶的具有一定技术条件和设施的道路。按照其重要性和使用性可分为国道、省道、县道和乡道。

①国道是在国家干线网中，具有全国性的政治、经济、国防意义，并经确定为国家级干线公路。

②省道是在省公路网中，具有全省性的政治、经济、国防意义，并经确定为省级干线的公路。

③县道是具有全县性的政治、经济意义，并经确定为县级的公路。

④乡道是指修建在乡村、农场，主要供行人及各种农业运输工具通行的道路。

（二）城市道路

城市道路是指在城市范围内，供车辆及行人通行的具有一定技术条件和设施的道路。

(三) 专用道路

专用道路是由工矿、农林等部门投资修建，主要供该部门使用的道路，如厂矿道路、林区道路等。

1. 厂矿道路是指主要为工厂、矿山运输车辆通行的道路

通常分为厂内道路和厂外道路及露天矿山道路。厂外道路为厂矿企业与国家公路、城市道路、车站、港口相衔接的道路或厂矿企业分散的车间、居住区之间连接的道路。

2. 林区道路是指修建在林区，主要供各种林业运输工具通行的道路

由于林区地形及运输木材的特征，其技术要求应当按照专门制定的林区道路工程技术标准执行。

各类道路的位置、交通性质及功能均不相同，所以，设计时的依据、标准及具体要求也不相同。因此，必须按照相应的技术规范（标准）进行设计与施工。

四、道路设计与施工

(一) 道路勘测设计控制

道路设计控制是对道路几何设计起控制作用的因素。道路几何设计必须符合技术标准的规定，必须与地形、地质等自然条件相适应，必须满足交通流特性的要求，还必须符合道路网规划，这些都是控制道路设计的因素。

1. 自然条件

影响道路的自然因素主要有地形、气候、水文、地质、土壤及植被等。这些自然因素主要影响道路等级和设计速度的选用、路线方案的确定、路线平面和纵横断面的几何形状、桥隧等构造物的位置和规模、工程数量和造价等。

①地形决定了选线条件，并直接影响道路的技术标准和指标。按照道路布线范围内地表形态、相对高差、倾斜度及平整度，将地形大致划分为平原、微丘地形和山岭、重丘地形。

②气候状况直接或间接地影响地面水量、地下水位高度、路基水温状况，以及泥泞期、冬季积雪和冰冻期等，影响路线平面位置和竖向高度的确定。

③水文情况决定排水结构物的位置、数量和大小，水文地质情况决定了含水层的厚度和位置、地基或边坡的稳定性。

④地质构造决定了地基和路基附近岩层的稳定性，决定了路线方案和布设，同时，也决定了土石方施工的难易程度和筑路材料的质量。

⑤土壤是路基和路面基层的材料，它影响路基形状和尺寸，也影响路面类型和结构的确定。

⑥地面的植被覆盖影响暴雨径流、水土流失程度、经济作物的种植及路线的布设。

2. 道路交通特性

(1) 设计速度

设计速度是指当气候条件良好、交通密度小、汽车运行只受道路本身条件(几何要素、路面、附属设施等)的影响时,中等驾驶技术的驾驶员能够保持安全舒适行驶的最大行驶速度。

设计速度是决定道路几何形状的基本依据。道路的曲线半径、超高、视距等直接与设计速度有关,同时,车道宽度、中间带宽度、路肩宽度等指标的确定也受设计速度影响。

在道路设计中,应根据道路的功能、等级及交通量,结合沿线地形、地质状况等,经论证后确定合适的设计速度。

(2) 通行能力与服务水平

对通行能力和交通量的分析,可以正确确定道路的等级、规模、主要技术指标和几何线形等要素。

3. 道路建筑限界与道路用地

(1) 道路建筑限界

道路建筑限界是为保证车辆和行人正常通行,规定在道路的一定高度和宽度范围内不允许有任何设施及障碍物侵入的空间范围。道路建筑限界是横断面设计的重要依据,设计时,应充分研究组成路幅要素的相互关系及道路各种设施的设置规划,在有限空间内合理安排。不允许桥台、桥墩以及照明灯柱、护栏、信号机、标志、行道树、电杆等设施侵入道路建筑限界以内。

道路建筑限界又称为净空,由净高和净宽两部分组成。净高是指道路在横断面范围内保证安全通行所必须满足的竖向高度。净高由汽车装载高度、安全高度及路面铺装等因素确定。净宽是指道路在横断面范围内保证安全通行所必须满足的横向宽度。净宽包括行车带、路肩、中间带、绿化带等宽度。

桥梁、隧道及高架道路的净空一般与路段相同,有时为了降低造价需压缩净空,其压缩部分主要体现在侧向宽度上。但在桥梁、隧道中需要设置人行道,且当人行道宽度大于侧向宽度时,其增加的宽度应包括在净宽之内。

(2) 道路用地

道路用地是指为修建、养护道路及布设沿线设施等所征用的土地。在道路用地范围内不得修建非道路用建筑物,如开挖渠道,埋设管道、电缆、电杆及其他设施。在确定道路用地时,既要满足修建道路所必需的用地范围,又要充分考虑我国土地资源珍贵的特点,尽可能从设计和施工等方面节省每一寸土地，不占用或少占用高产田，提倡利用取土或弃土整田造地。

（二）道路勘测设计阶段

道路建设项目一般需要经过准备、实施和总结三个阶段（或前期工作和施工两个阶段），具体可以分为项目建议书（立项）、可行性研究、设计、开工准备、施工、（交）竣工验收、通车运行、后评价。前期工作包括可行性研究和勘测设计两个阶段。其中，可行性研究阶段按其工作深度又可以分为预可行性研究阶段和工程可行性研究阶段；勘测设计阶段又分为初步设计、技术设计和施工图设计阶段。

1. 设计阶段

道路工程基本建设项目可以采用一阶段设计、两阶段设计或三阶段设计。一阶段设计即施工图设计，适用于技术简单、方案明确的小型建设项目；两阶段设计即初步设计和施工图设计，适用于一般建设项目；三阶段设计即初步设计、技术设计和施工图设计，适用于技术复杂、基础资料缺乏的建设项目，或建设项目中的个别路段、特大桥、互通式立体交叉、隧道等。

2. 各设计阶段主要内容

（1）初步设计

初步设计应根据批准的可行性研究报告、设计任务书（或测设合同）和初测资料编制。初步设计阶段的目的是确定设计方案。其主要内容包括拟定修建原则、选定设计方案、计算工程数量和主要材料数量、提出施工方案、编制设计概算、提供文字说明及图表资料。初步设计在选定方案时，应对路线的走向、控制点和方案进行现场核查，征求沿线地方政府和建设单位意见，基本落实路线布置方案。一般应进行纸上定线，赴实地核对，落实并放出必要的控制线位桩。对复杂困难地段的路线、互通式立体交叉、隧道、特大桥、大桥的位置等，一般应选择两个或两个以上的方案进行同深度、同精度的测设工作和方案比选，提出推荐方案。

初步设计文件由总说明、总体设计、路线、路基路面及排水、桥涵、隧道、路线交叉、交通工程及沿线设施、环境保护、渡口码头及其他工程、筑路材料、施工方案、设计概算共13篇及附件组成。

（2）技术设计

技术设计应根据批准的初步设计和定测资料进行编制。技术设计阶段的目的是进一步落实重大、复杂的技术问题的设计方案。其主要内容包括通过科学试验、专题研究，加强勘探调查及分析比较，解决初步设计中未解决的问题，落实技术方案，计算工程数量，提出修正的施工方案，修正设计概算。

(3) 施工图设计

一阶段施工图设计应根据批准的可行性报告、设计任务书（或测设合同）和定测资料编制；两阶段设计中的施工图设计应根据批准的初步设计和定测资料编制；三阶段设计中的施工图设计应根据批准的技术设计和补充定测资料编制。施工图设计阶段是对采用的方案进行详细设计以满足施工的要求。其主要内容包括根据审定的修建原则对设计方案进行具体设计、确定各项工程数量、提出文字说明和图表资料以及施工组织计划，并编制施工图预算，以满足施工需求。

(三) 道路工程施工

1. 道路工程施工过程

施工单位接到施工任务后，依次经历开工前的规划组织准备阶段、现场施工条件准备阶段、正式施工阶段、竣工验收阶段等，按照设计要求完成施工任务。对于不同规模、不同性质的具体工程项目，各阶段的工作内容不尽相同。

(1) 接受施工任务

承包人获得施工任务通常有两种方式：一是由上级主管单位统一安排任务（突发性的抢险救援任务）；二是自行对外投标，中标后获得任务。

从法律角度讲，获得施工任务是以签订工程承包合同加以确认的。与项目业主签订工程施工承包合同，明确双方的经济、技术责任，互相制约，互相促进，共同保证按质、按量、按期完成工程项目的建设任务。合同一经签订，就具有法律效力，双方均应认真履行。

(2) 开工前的规划组织准备

准备工作的基本任务是了解施工的客观条件，根据工程特点、进度要求，合理安排施工力量，从人力、物力、技术和施工组织等方面为工程施工提供一切必要条件。

开工前的施工准备工作分为战略性的规划组织和战术性的现场条件准备两大部分。前者是总体的部署；后者是具体的落实。其主要内容包括：熟悉和核对设计文件；补充调查资料；组织先遣人员进场；编制实施性施工组织来进行设计和施工预算。

(3) 开工前的现场条件准备

承包人经过现场核对后，应依据设计文件和实施性施工组织设计，认真做好施工现场的准备工作，包括征地拆迁、技术准备工作、建立临时生产、生活设施以及人员、机具、材料的陆续进场。

各项具体准备工作完成后，即可向项目业主或监理工程师提出开工申请，并在上级要求或工程合同规定的最后日期之前提出。施工准备工作未做好，不得提出开工申请。施工准备工作不仅在施工前进行，它还贯穿于整个施工过程之中，这是因为构成道路工程的路基、路面、桥涵等各项工程，各有其不同的施工方法和工艺要求，且在时间和空间上又都存在相互制约和相互影响的因素。

（4）工程施工

在施工准备工作完成、提交开工申请并被批准之后，才能开始正式施工。施工应严格按照设计图纸进行，如需变更，必须事先按规定程序报经批准。要按照施工组织设计确定的施工方法、施工顺序及进度要求进行施工。各分项工程，特别是地下工程和隐蔽工程，要逐道工序检查合格，做好施工原始记录，才能进行下一道工序的施工。施工要严格按照设计要求和施工技术规范、验收规程进行，保证质量，安全操作，不留隐患，发现问题及时解决。

（5）竣工验收

建设项目按照设计要求建成后，承包人应自行初验，项目建设单位组织交工验收。施工单位所承担的工程全部完成后，经初验符合设计要求，并具备相应的施工文件资料，经国土、审计、质检、环保、档案局等职能部门确认和鉴定，且质量缺陷责任期满后，应及时报请上级单位组织竣工验收。

根据建设项目的规模大小，分别由交通运输部或省、自治区、直辖市交通行政主管部门组织验收。参加竣工验收的人员应包括主管部门、道路管理机构、项目法人、竣工验收组、质量监督、造价管理、设计、施工、监理、接管养护、当地有关部门代表以及特邀专家等。

竣工验收工作以设计文件为依据，按照国家有关规定，分析检查结果，评定工程质量等级，形成竣工验收鉴定书，并经竣工验收委员会签字确认。

2. 道路工程施工组织的基本原则

（1）施工组织的基本原则

①连续性。连续性是指施工生产过程中的各阶段、各工序之间在时间上紧密衔接，不发生任何不合理的中断现象，这是提高劳动效率的重要条件。

②平行性。平行性是指施工生产过程中的各项施工生产活动，在时间和空间上应尽可能地平行进行，这是充分利用工作面的有效途径。

③协调性。协调性是指施工生产过程中的各阶段、各个工序之间在人员和设备上要保持适当的比例关系，不发生不配套、不平衡、相互脱节的现象，从而充分调动职工的生产积极性，不断提高设备的利用率。

④均衡性。均衡性是指在整个建设工期及其各个施工生产环节中，任务完成平衡，工作负荷相对稳定，不出现时松时紧、忙闲不均、赶工突击等现象。

(2) 经济效益评价

①可以合理地、最低限度地配置施工现场各类人员的人数,既满足施工生产需要,又避免频繁调动、窝工浪费。

②可使施工用的机械设备、工具、周转性消耗材料等减少到最低限度,并能够尽量重复使用,节约费用。

③以减少因施工过程中阶段性的停工、待料及由于其他原因而引起的工人、机械设备的时间损失,从而避免造成浪费。

④可以合理地减少临时设施和现场管理费用。

⑤可以实现优质高产、安全生产和文明施工。

3. 标准化施工

施工标准化活动的主要内容包括工地标准化、施工标准化和管理标准化,专业涵盖路基、路面、桥涵、隧道、绿化及防护工程,有条件的也可以在交通安全与机电工程中实施。

(1) 工地标准化

工地标准化主要包括驻地和施工现场的标准化。

(2) 施工标准化

按照规范要求,结合实际情况,细化路基、路面、桥涵、隧道、绿化及防护、交通安全与机电等各项工程的施工标准化要求,优化施工工艺,严格工艺管理,提高施工效率和实体工程质量。

(3) 管理标准化

严格执行道路建设法律法规和强制性标准,在工程管理中,查找薄弱环节,健全管理制度,优化管理流程,把技术标准、管理标准、作业标准落实到施工全过程,实现工程进度合理均衡,节能环保措施到位,档案资料收集齐全、整理规范。加强对从业人员的管理和培训,统一从业人员的持证和着装。

4. 施工程序

施工程序是指在建筑安装工程施工阶段或施工过程中,必须遵守时间上的先后和空间方向的顺序及工序之间的衔接等要求。遵循科学的施工程序是编制施工组织设计、拟定工程进度计划首先应考虑的问题,它是加快施工进度和保证工程质量的重要手段。

(1) 施工过程中建设工程的施工程序

如道路工程中路面工程应在路基土石方和桥涵等工程完成后,并经验收合格后方能进行铺筑;交通工程等其他沿线设施,一般都在路基、路面、桥涵等工程完成后才进行。只有这样,才能使各项工程的实施在时间上做到紧密衔接,在空间上实现统筹安排,减少季节、气候的不利影响,从而连续、均衡、有节奏地进行施工，保证人力、设备充分发挥作用，达到工期短、质量好、消耗少、成本低的效果。

(2) 工程项目（单位工程）的施工程序

施工程序是指路基、路面、桥梁、隧道、涵洞等各项工程中的分部分项工程施工的时间与空间上的先后顺序，既要考虑空间上的施工流向顺序，又要考虑各工种工序在时间上的紧密衔接问题，其目的是在保证工程质量、工期和安全施工的前提下，使各工序之间相互创造条件，以充分利用工作面，争取时间，缩短工期，节约费用。因此，它的合理程序是：先主体工程，后附属工程；先地下工程，后地上工程；先下部工程，后上部工程。

第二节 道路路线设计

一、道路平面线形

道路平面线形是指道路中线投影到水平面的几何形状和尺寸，它由直线、圆曲线、缓和曲线等各种基本线形组成。道路的平面线形，在受地形、地物等障碍的影响而产生转折时，转折处需要设置曲线。曲线通常是圆曲线，为了使线形更符合汽车行驶轨迹从而确保行车的顺适与安全，在直线与圆曲线间或不同半径的两圆曲线之间要插入缓和曲线。行驶中的汽车其导向轮旋转面与车身纵轴之间有三种关系，即角度为零、角度为常数、角度为变数。与上述三种状态对应的行驶轨迹线为：曲率为零的线形——直线；曲率为常数的线形——圆曲线；曲率为变数的线形——缓和曲线。因此，构成道路平面线形的主要组成要素是直线、圆曲线和缓和曲线。

平面线形各要素的选择应根据道路等级、设计速度，充分考虑沿线自然环境和社会环境，做到该直则直，该曲则曲，设计的平、纵面线形舒顺流畅，采用的平、纵指标应高低均衡，并与地形、景观、环境等相协调。

(一) 直线

1. 直线是平面线形基本要素之一

直线具有短捷、直达，两点之间直线最短，汽车受力简单，方向明确，便于测设，但直线过长易使司机疲劳，行车安全性差，难以与地形相协调，工程量大等特点。一般在下述路段宜采用直线：①不受地形、地物限制的平坦开阔地区和城镇、市镇及近郊或规划方正的农耕区等以直线条为主的地区，以更加适应地形，减少工程造价；②长大桥梁、隧道等构造物路段，以减小施工和设计难度；③路线交叉点及其前后，以增大交叉口行车视距，利于交通安全；

④双车道道路提供超车的路段，以增加行车视距，便于超车，利于安全。

2. 直线作为平原地区道路的主要线形

直线具有路线直接、前进方向明确和测设简便等优点。但由于直线线形缺乏变化，不易与地形相适应，应用于位于山岭重丘区的道路时，往往造成工程量增大、破坏自然环境等弊端。因此，在线形设计中，选取直线及其长度时必须慎重考虑，应避免使用过长直线，并注意直线的设置应与地形、地物、环境相协调。直线的最大与最小长度应有所限制，从理论上求解是非常困难的，主要根据驾驶员的视觉反应及心理承受能力来确定。

(二) 圆曲线

在平面线形中，圆曲线是使用较多的基本线形。圆曲线在现场容易设置，可以自然地表明方向的变化。采用平缓而适当的圆曲线，既可以引起驾驶员的注意，又常常促使他们紧握方向盘，还可以使驾驶员正面看到路侧的景观，起到诱导视线的作用。

(三) 缓和曲线

缓和曲线是设置在直线与圆曲线之间或半径相差较大的两个转向相同的圆曲线之间的一种曲率连续变化的曲线。为了缓和汽车的行驶，符合汽车行驶轨迹，在直线和圆曲线间或在不同半径的两圆曲线之间，一般采用曲率由零渐渐地向某一定值不断变化的缓和曲线进行组合。具体而言，缓和曲线的作用如下：①曲率连续变化，符合车辆行驶轨迹。②离心加速度逐渐变化，使旅客感觉舒适。③超高横坡度逐渐变化，行车更加平稳。④与圆曲线配合得当，增加线形美观。

二、纵断面设计

(一) 概述

路线纵断面是沿着道路中线竖直剖切然后展开得到的断面。反映路线在纵断面上的形状、位置及尺寸等的图形称为路线纵断面图。把道路的纵断面图与平面图、横断面图结合起来，就能完整地表达出道路的空间位置和立体线形。

纵断面线形设计是根据道路的性质、任务、等级、地形、地质、水文等因素，考虑路基稳定、排水及工程量等要求，对纵坡的大小、长短、前后纵坡情况、竖曲线半径大小及平面线形的组合关系等进行的综合设计，通过设计出纵坡合理、线形平顺圆滑的理想线形，达到行车安全迅速、运输经济合理及乘客感觉舒适的目的。

在道路纵断面图上主要有两条线：一条是地面线，它是路中线各桩点的原地面高程连线，反映了沿着道路中线地面的起伏变化情况；另一条是设计线，它是路中线各桩点设计高程的连线，反映了道路的路线起伏变化情况。

道路纵断面线形由直线和竖曲线组成。其设计内容包括纵坡设计和竖曲线设计两项，通过纵断面设计所完成的纵断面图是道路设计文件重要内容之一。

（二）道路纵断面设计

1. 纵坡设计

纵断面线形主要由纵坡线和竖曲线组成。纵坡的大小与坡段的长度反映了道路的起伏程度，直接影响道路服务水平、行车质量和运营成本，也关系到工程是否经济、适用，因此设计中必须对纵坡、坡长及其相互组合进行合理安排。

为使纵坡设计在技术上满足要求且在经济上合理，纵坡设计一般应满足以下要求。

①纵坡设计必须满足《标准》《规范》和《设计规范》的各项规定。

②纵坡应具有一定的平顺性，起伏不宜过大和过于频繁，以保证车辆能以一定速度安全顺适地行驶。尽量避免采用《规范》中的极限纵坡值，尽量留有一定的余地。合理安排坡度组合情况，不宜连续采用极限长度的陡坡加最短长度的缓坡。避免在连续上坡或下坡路段设置反坡段。

③设计应综合考虑沿线地质、地形、水文、气候和排水、地下管线等，并根据实际需要采取合理的技术方法，以保证道路通畅与路基的稳定性。

④一般情况下，纵坡设计应通过考虑路基工程的填挖平衡，尽量减少土石方数量和其他工程的数量，以降低造价和节约用地。

⑤高速公路、一级公路的纵坡设计，应考虑农田水利、通道等方面的要求；低等级公路纵坡设计，应注意考虑民间运输、农业机械等方面的要求；城市道路的纵坡设计还应充分考虑管线的要求。

⑥大中桥引道及隧道两端连接线等连接段的纵坡应缓和，避免突变的产生；考虑到安全、竖向设计的要求，交叉口附近的纵坡也应相对平缓。

⑦对地下水位较高的平原微丘区或地表水相对较丰富的地段，纵坡设计除满足排水要求外，为保证路基的稳定，还需要满足最小填土高度的要求。

（1）最大纵坡

最大纵坡是指设计纵坡时道路允许采用的最大纵坡值。它是道路纵断面设计的一项重要控制指标，直接影响道路路线长短、使用质量的好坏、行车安全与否以及运输成本和工程是否经济。纵坡越大，道路里程越短，工程数量也越少，但汽车的动力性能有限，纵坡又不能过大，因此必须对纵坡的大小加以限制。最大纵坡主要依据汽车的动力特性、道路等级、自然条件、车辆安全行驶及工程、运营经济等因素进行确定。

汽车沿陡坡行驶时，因升坡阻力增加而需要增大牵引力，从而降低车速，若长时间爬陡坡，不但会引起汽车水箱沸腾、气阻，使得行驶无力以至发动机熄火、驾驶条件恶化，而且在爬陡坡时汽车的机件磨损也将增大。因此，应从汽车爬坡能力考虑对最大纵坡加以限制。与上坡相比，汽车下坡时的安全性更为重要。汽车下坡时，制动次数增加，制动器易因发热而失效，驾驶员心理紧张，也容易发生车祸。根据行车事故调查分析可以知道，坡度大于8%、坡长为360m，或坡长很短但坡度很大（11%~12%）的路段下坡的终点是发生交通事故的主要地点。另外，还要考虑拖挂车的要求。拖挂车爬8%的纵坡需要使用一挡；爬7%~8%的纵坡需要使用二挡或一挡。从不致使拖挂车行驶困难来看，最大纵坡也应控制在8%为宜。

（2）城市道路最大纵坡

城市道路最大纵坡是8%。但是对新建道路应采用小于或等于城市道路最大纵坡的一般值，改建道路、受地形条件或其他特殊情况限制时，可以采用最大纵坡极限值；除快速路外的其他等级道路，受地形条件或其他特殊情况限制时，经技术经济论证后，最大纵坡值可增加1%；积雪或冰冻地区的快速路最大纵坡应不大于3.5%，其他等级道路最大纵坡应不大于6%；海拔3000m以上的高原城市道路的最大纵坡坡度一般值按照规定数值减少1%。

一般设计工作中，不能轻易取用最大纵坡及纵坡长度限制值，只有当考虑地形情况，须争取高度、缩短里程或避让不利工程地质条件时方可采用。

（3）最小纵坡

最小纵坡是指为保证道路的排水要求和路基的稳定性所规定的纵坡最小值。从道路的运营、安全等角度出发，希望道路纵坡设计得较小为好。但是在挖方路段、设置边沟的低填方路段及其他横向排水不良的路段，为了满足道路的排水要求，防止水渗入路基而影响路基的稳定性，各级公路的最小纵坡均应不小于0.3%（一般情况下以不小于0.5%为宜）。

当纵坡设计成平坡或小于0.3%时，边沟应作纵向排水设计。干旱地区及横向排水良好、不产生路面积水的路段，可以不受此限制。

在城市道路中特殊困难处，当纵坡小于0.3%时，应设置锯齿形边沟或采取其他排水措施。

（4）平均纵坡

平均纵坡是指在一定路线长度范围内，路线两端点的高差与路线长度的比值。它是衡量纵断面线形质量的重要指标之一。

因此，从汽车行驶方便和安全角度出发，为了合理利用最大纵坡、坡长和缓和坡段的规定，还要控制平均纵坡。控制平均纵坡是在宏观上控制路线纵坡。

(5) 合成坡度

合成坡度是指在设有超高的平曲线路段上，由路线纵坡与弯道超高横坡组合而成的坡度，其方向即流水线方向。

在有平曲线的坡道上，最大坡度既不是纵坡方向，也不是横坡方向，而是两者组合成的流水线方向。道路线形分析表明，小半径弯道上行车，弯道内侧行车轨迹半径较道路中心线的半径小，故弯道内侧车行道的圆弧长度较道路中线处短。因而，车行道内侧的纵坡就相应大于道路中线处的设计纵坡，弯道半径越小越明显。汽车行驶在弯道与陡坡重叠路段，行车条件十分不利，如果合成坡度过大，将产生附加阻力，汽车中心发生偏移等不良现象，严重影响行车安全。

将合成坡度控制在一定范围之内，目的是尽可能地避免急弯和陡坡的不利组合，防止因合成坡度过大而引起的横向滑移和行车危险，保证车辆在弯道上安全而顺适地运行。

确定道路最大合成坡度还应注意：冬季路面有积雪、结冰的地区，自然横坡较陡峻的傍山路段、非汽车交通量较大的路段的合成坡度必须小于8%；超高过渡的变化处，合成坡度不应设计为0%；合成坡度小于0.5%时，应采取综合排水措施，保证路面排水畅通。

(6) 高原纵坡折减

在高海拔地区，因空气稀薄使汽车发动机的功率降低，汽车的驱动力及空气阻力减小，导致汽车的爬坡能力下降；汽车水箱中的水易于沸腾，从而降低甚至破坏冷却系统的性能。

在汽车满载情况下，不同海拔高度 H 对应不同的海拔荷载修正系数 λ 值。海拔高度 H 对 λ 值有相当大的影响，即对纵坡也有很大影响。因此，高原地区除了汽车本身要采取一些使汽油充分燃烧的措施，避免随海拔的增高而使功率降低过多，还应在道路纵坡设计中将《标准》中规定的最大纵坡予以折减，适当采用较小的纵坡。

2. 坡长设计

坡长是指纵断面上相邻两变坡点之间的水平长度。坡长限制主要是指对一般纵坡的最小长度和陡坡的最大长度的限制，即最小坡长和最大坡长。

(1) 最小坡长

最小坡长是指相邻两个变坡点之间的最小水平长度。若其长度过短，就会使变坡点个数增加，行车时颠簸频繁，当坡度差较大时，还容易造成视觉的中断，视距不良，从而影响行车的平顺性和安全性。另外，从线形的几何构成来看，纵断面是由一系列的直坡段和竖曲线构成，若坡长过短，则不能满足设置最短竖曲线这一几何条件的要求。为使纵断面线形不致因起伏频繁而呈锯齿形，并便于平面线形的合理布设，应对纵坡的最小长度做出限制。最小坡长通常以设计车速行驶 9～15s 的行程作为规定值。一般在设计车速大于或等于 60km/h 时取 9s，设计车速为 40km/h 时取 11s，设计车速为 20km/h 时取 15s。

（2）最大坡长

道路纵坡的大小及其坡长对汽车正常行驶影响很大。越陡、越长的纵坡，对行车影响将越大。最大坡长限制是根据汽车动力性能来决定的，是指控制汽车在坡道上行驶，当车速降低到最低容许速度时所行驶的距离。

（3）组合坡长

当连续陡坡是由几个不同受限坡度值的坡段组合而成时，应按照不同坡度的坡长限制折算确定。

三、横断面设计

（一）行车道

行车道是指专为纵向排列、以安全顺适地通行车辆为目的而设置的道路带状部分。其横断面组成包括快车道和慢车道。在城市道路上，还有非机动车道。车道宽度是为了交通上的安全和行车上的顺适，根据汽车大小、车速快慢而确定的各种车辆以不同速度行驶时所需的宽度。行车道的宽度要根据车辆最大宽度，加上错车、超车所必需的余宽来确定。

1. 一般双车道道路的车道宽度

双车道道路有两条车道，车道宽度包括汽车宽度和应满足错车、超车行驶所必需的余宽。汽车宽度取载重汽车车厢的总宽度，为 2.5m。余宽是指对向行驶时两车主箱之间的安全间隙、汽车轮胎至路面边缘的安全距离。

2. 有中央分隔带的车道宽度

高速公路、一级公路有四条以上的车道，应满足车辆并列行驶所需的宽度，一般设置中央分隔带。分隔带两侧的行车道只有同向行驶的汽车。车速、交通组成和大型车混入率对行车道宽度的确定有较大的影响。

3. 城市道路的车道宽度

在城市道路上供各种车辆行驶的路面部分统称为车行道。其中，供汽车、无轨电车、摩托车等机动车行驶的部分称为机动车道；供自行车、三轮车、板车等非机动车行驶的部分称为非机动车道。

（1）机动车道

机动车道按车在行车方向上的不同位置，可以分为内侧车道、中间车道和外侧车道。按照车道的不同性质，可以分为变速车道、超车车道、爬坡车道、停车道、错车道、会车道、专用车道等。机动车道的宽度应计入分车带及两侧路缘带的宽度，路缘带宽度一般为0.5m。

（2）非机动车道

非机动车的单一车道宽度是根据车半身宽度和车身两侧所需的横向安全距离而确定的。根据调查，非机动车道宽度：自行车为1.0m，三轮车为2.0m。与机动车道合并设置的非机动车道，车道数单向应不小于2条，宽度应不小于2.5m；非机动车专用道路面宽度应包括车道宽度及两侧路缘带宽度，单向不宜小于3.5m，双向不宜小于4.5m。

（二）路肩

1. 路肩的作用

路肩是位于行车道外缘至路基边缘之间，具有一定宽度的带状结构部分。路肩通常包括路缘带、硬路肩、土路肩三部分。路肩的作用如下：①为发生机械故障或紧急情况的车辆提供在车道外的停车空间；②由于路肩紧靠在路面的两侧设置，保护行车道等主要结构的水、温度稳定性；③提供侧向余宽，能够增强驾驶的安全性和舒适感；④作为道路养护操作的工作场地；⑤改善挖方路段视距，提高交通安全性；⑥在满足道路建筑限界的前提下，为设置标志和护栏提供横向净距。

路肩按其功能和所用材料的不同，可以分为硬路肩和土路肩。硬路肩是指进行了铺装的路肩，它可以承受汽车荷载的作用力，在混合交通的道路上便于非机动车、行人通行。在填方路段，为使路肩能够汇集路面积水，在路肩边缘应设置路缘石。土路肩是指不加铺装的土质路肩，它起到保护路面和路基的作用，并提供侧向余宽。

2. 路肩的宽度

（1）右侧路肩宽度

《设计规范》规定了各级公路的右侧路肩宽度。一般值在正常情况下采用，最小值在条件受限时采用。

高等级公路应在右侧硬路肩宽度内设右侧路缘带，其宽度一般为0.50m。二级公路在村镇附近及混合交通量大的路段，可以采用全铺式，以供非机动交通充分利用。计算行车速度为120km/h的四车道高速公路，宜采用3.50m宽的硬路肩；六车道、八车道高速公路可以采用3.00m宽的硬路肩。二、三、四级公路在路肩上设置的标志、防护设施等不得侵入公路建筑限界，否则应加宽路肩。

(2) 左侧路肩宽度

高速公路、一级公路采用分离式路基横断面时，行车道左侧应设置路肩，《规范》规定了各级公路左侧路肩宽度。左侧硬路肩宽度内含左侧路缘带宽度，其宽度一般为 0.50m。

(3) 紧急停车带

高速公路、一级公路，有条件时宜采用大于 2.50m 的右侧硬路肩，使发生故障的车辆能够尽快离开车道。当右侧硬路肩的宽度小于 2.50m 时，应设紧急停车带。紧急停车带的设置间距不宜大于 2000m，包括右侧硬路肩在内的宽度为 5.0m，有效长度一般大于 50m。从干线进入和驶出紧急停车带应设缓和过渡段，一般长度为 100m 和 150m。高速公路、一级公路的特长桥梁、隧道，根据需要设置紧急停车带，其间距不宜大于 750m。二级公路根据需要可设置紧急停车带，其间距视实际情况而定。

考虑我国土地的利用情况和路肩的功能，在满足路肩功能最低需要的条件下，原则上尽量采用较窄的路肩。

3. 路肩横坡

(1) 硬路肩

硬路肩一般应设置向外倾斜的横坡，其坡度值可以与车道横坡度相同；路线纵坡平缓，且设置拦水带时，其坡度值宜采用 3%～4%。曲线路段内外侧硬路肩横坡的横坡度及其方向：当曲线超高小于或等于 5% 时，其横坡度和方向应与相邻车道相同；当曲线超高大于 5% 时，其横坡度则不大于 5%，且方向相同。对于大中桥梁、隧道区段硬路肩的横坡度，应与行车道相同。

(2) 土路肩

直线或位于曲线较低一侧的土路肩横坡度，当行车道或硬路肩横坡度大于或等于 3% 时，应与行车道或硬路肩横坡度相同，否则应比行车道或硬路肩横坡度大 1% 或 2%。曲线或过渡段位于较高一侧的土路肩横坡度，应采用 3% 或 4% 的反向横坡度。

4. 城市道路路肩

城市道路一般设置地下管渠和集水井排水，两侧设置人行道。采用边沟排水的道路应在路面外侧设置保护性路肩，中间设置排水沟的道路应设置左侧保护性路肩。保护性路肩宽度自路缘带外侧算起，快速路应不小于 0.75m；其他道路应不小于 0.50m；当有少量行人时，应不小于 1.50m。当需要设置护栏、杆柱、交通标志时，应满足其设置要求。

(三) 中间带

1. 中间带作用

中间带是指沿道路纵向路中线设置分隔上下行车道行驶的带状设施。《标准》规定，高速公路和一级公路整体式断面必须设置中间带。中间带由两条左侧路缘带和中央分隔带组成，其作用如下：①分隔不同方向交通流，防止无序地交叉运行和随意转弯运行，减少因车辆高速行驶进入对向行车道造成迎面碰撞的严重交通事故；②可以作为预埋道路标志牌及其他交通管理设施的构件场地；③设置一定宽度的中间带并种植花草灌木或设置防眩网，可防止对向车辆灯光造成眩光的现象，还可起到美化路容和环境的作用；④设置于中央分隔带两侧的路缘带，由于具有一定宽度且颜色醒目，既引导驾驶员视线，又增加了行车所必需的侧向余宽，从而提高了行车的安全性和舒适性；⑤为超高路段设置路面排水设施提供场所，并为养护人员提供避车带、安全岛。

2. 中间带宽度

中间带的宽度应根据行车安全、道路用地和经济条件等综合确定。中间带由中央分隔带和两条左侧路缘带组成，中央分隔带的两侧设置左侧路缘带。中央分隔带由防护设施和两侧对应的余宽组成。不再指定中央分隔带宽度推荐值，中央分隔带宽度应从对向隔离、安全防护的主要功能出发，综合考虑中央分隔带护栏的防护形式和防护功能确定。

3. 中间带的设计

中间带的设计是指中央分隔带的表面形式，有凹形和凸形两种。前者用于宽度大于 4.5m 的中间带；后者用于宽度小于 4.5m 的中间带。宽度大于 4.5m 的，一般植草皮、栽灌木；宽度不大于 4.5m 的可铺面封闭。

(四) 路侧带

路侧带由人行道、绿化带、公共设施带等组成，路侧带的宽度根据道路类别、功能、人流密度、绿化、沿街建筑性质及布设地下管线等要求综合确定。

1. 人行道

人行道是指在城市道路上用路缘石或护栏及其他类似设施加以分隔的专门供人行走的部分，人行道宽度不仅取决于道路功能、沿街建筑物性质、人流密度，还应满足在人行道下埋设地下管线等的要求。

2. 绿化带

道路路侧一般种有树木或设置绿化带，为保证植物的正常生长，需要保证其合理的宽度。当种植单排行道树时，株距一般为 4~6m，植树带最小宽度为 1.5m，也有种植草皮与花丛的。绿化带宽度应符合现行标准《城市综合交通体系规划标准》的相关要求。车行道两侧的绿化应满足侧向净宽度的要求，并不得侵入道路建筑限界和影响视距。

3. 设施带

设施带宽度包括设置行人护栏、照明灯柱、标志牌、信号灯等的宽度。设施带内各种设施布局应综合考虑，可与绿化带结合设置，但应避免相互之间的干扰。当红线宽度较窄或条件困难时，设施带与绿化带可以合并。经调查，我国各城市设置杆柱的设施带宽度多数为1.0m，有些城市为0.5～1.5m，考虑有些杆线需要制作基座，则宽度应更大一些，最小宽度不小于1.0m，最大不超过1.5m，设计时可根据实际情况选用。地下管线应尽可能布置在路侧带下面，并要布置得紧凑和经济。当管线埋设在路侧带下面时，如管线种类较多，且管线间还应有安全距离，则路侧带的宽度须更大。同时设置护栏与杆柱时，取大值。

现有城市道路中，人行道的宽度按规划设计为3.0～5.0m，设施和绿化所占用的宽度不计入在内，设计时，要明确人行道、绿化带、设施带各自合适的宽度。

(五) 分车带

分车带按照其在横断面中的不同位置及功能，可分为中间分车带(简称中间带)及两侧分车带(简称两侧带)。分车带的作用与道路中间带相同，分隔主路上对向车辆。两侧带可以分隔快车道与慢车道、机动车道与非机动车道、车行道与人行道等。

(六) 路缘石

路缘石是设置在路面与其他构造物之间的界石，简称缘石。在分隔带与路面之间、人行道与路面之间一般都需要设置路缘石，在道路的中央分隔带边缘、行车道右侧边缘或者路肩外侧边缘常设路缘石。其形状有立式、斜式和曲线式等几种。

高速公路和一级公路中央分隔带上的路缘石起导向、连接和便于排水的作用，高度不宜太高。因为高速行驶的车辆一旦偏离方向驶入，高的路缘石(高度大于20cm)便会影响行车安全，所以高速公路的分隔带因排水必须设置路缘石时，应使用低矮光滑的斜式或曲线式的路缘石，高度宜小于12cm。

城市道路的人行道及人行横道宽度范围内的路缘石宜做成低矮的，而且坡面为较平缓的斜式，便于儿童车、轮椅及残疾人通行。在分隔带端头或交叉口的小半径处，缘石宜做成曲线式。

路缘石宜高出路面10～12cm，桥上、隧道内线形弯曲段或陡峻路段等处可高出路面25～40cm，并应有足够的埋置深度，以保证稳定。缘石宽度宜为10～15cm。

四、线形组合设计

（一）道路平纵线形组合设计

1. 直线形设计

（1）平原区

在平原区，可以不考虑放坡问题，若是路线不受纵坡限制，在定线的过程中，需要重点考虑的是平面与横断面，它的设计要点为以点定线、以线交点。因为在平原地区进行道路平纵组合设计时不需要考虑放坡的问题，所以直线形设计方式的主要设计步骤为：对控制点进行加密处理，对交点进行穿线与调整，对曲线进行计算与敷设。

（2）山岭重丘区

在此类区域中进行平纵线形组合设计时，丘陵较多，因此不可避免地会受到纵坡的限制，在定线的过程中，必须对平面和横断面两个因素进行同时考虑，不仅如此，还需要考虑纵坡、坡长等因素。在需要进行放坡的前提条件下，采用直线形的设计方式对道路平纵线形组合进行设计时，可采取如下设计步骤：先对路线进行分段安排，然后进行放坡，再对导向线进行修正处理，遵循以点定线、以线交点的原则确定交点，并对交点进行调整，最后进行曲线计算和敷设。

2. 曲线形设计

曲线形设计是指按照道路线形布设的相关要求，如技术标准、组合协调性、均衡性、约束性等，采用曲线形式，并选取合理的线形参数对路线走向进行有效控制，进而确定其位置，并进行几何计算和绘图，最终形成以曲线为主体，流畅、多变的平面线形。曲线形的设计方法较多，各种方法都有自己的设计理论依据，但这些方法的总体设计思路却大体相同。

（二）道路线形组合优化设计

道路线形优化设计包括平面、纵断面及空间线形（线形组合）优化设计。线形组合优化设计并不是设计的上下道工序，而是一个相互关联，互为一体的过程，所以要进行线形组合优化设计必须要先进行平面和纵断面线形优化设计。平面优化就是依平面几何条件取得最优的平面线形；纵断面优化就是使工程量与工程费用最少，运营效益最高，车辆行驶舒顺、安全；空间线形优化就是使平、纵、横三方面相结合达到最佳空间线形。

1. 平面线形优化设计

（1）平面线形技术指标的均衡连续及转角的设置

平面线形设计应根据不同条件合理选用三要素，妥善组合运用，宜直则直，宜曲则曲，直中有曲，曲中有直，既不强拉直线，也不硬性设置不必要的曲线。如直线过长，易显僵直，景观呆板单调，容易引起驾驶员麻痹与疲劳，还会导致出现超速行驶发生交通事故。曲线具有柔和的几何线形，一般情况下宜采用极限最小平曲线半径的 4～8 倍或超高为 2%～4% 的圆曲线半径。做到保护环境、美化景观、行车安全、节省费用。

保持线形的连续性，避免突变，就必须注意线形技术指标的均衡与连续性。如长直线的顶端不宜设小半径曲线，因为曲率突变、行车速度过大将导致交通事故。

路线的转角不宜过小，否则驾驶员容易把曲线看得比实际上更小，产生急弯错觉，从而造成事故。不得已时，可考虑设置过渡曲线。

(2) 直线、圆曲线与缓和曲线的运用

直线、曲线的合理运用是线形几何形状的技术体现，并综合考虑可能的纵断面线形的条件下，达到经济合理、美观安全、线形流畅顺捷。

两同向曲线或两反向曲线间都不得以短直线相连，夹有短直线的线形常因出乎意料，易产生交通事故，同时线形又不美观，产生扭曲现象。在保证行车安全条件下，为避免曲线间长直线可能带来的高填深挖及造成的昂贵工程费用，同向间最小直线长度一般应不小于 4.5V (m)，在地形复杂条件下可不小于 3V (m)，否则应调整线形。

2. 纵断面线形优化设计

(1) 纵断面指标的均衡和平面、纵断面指标的协调

纵断面线形设计主要研究纵坡的大小、长度以及它们之间的配合，要求在整条路线上紧密配合平曲线，要综合考虑地形条件、工程运营经济以及线形的连续圆滑与行车的舒适。

纵断面线形必须根据地形条件设计成视觉连续、平顺而圆滑的线形，在纵断面上，避免在短距离内出现锯齿形断面或中间暗凹的线形。隐蔽的暗凹路段将造成视觉中断、线形不连贯、无法预见前方的情况，增加发生事故的可能性。

(2) 纵坡与竖曲线设计

纵坡设计应均匀平缓，尽量不采用极限指标，否则会降低车速，影响通行能力。同时要注意控制路基平均填土高度，特别是在平原区，须妥善处理与地方群众交通之间的关系，避免在同向竖曲线间（特别是凹形竖曲线）插入短的直线坡段，断背曲线在视觉上很不舒适，会产生视觉不自然、线形扭曲现象。为改善视觉舒适性，宜把两个竖曲线包络为一个大的单竖曲线或改成复竖曲线。若是反向曲线，为使汽车的增重、减重之间有一个过渡段，宜插入直线坡

段,也可直接连接。

两相邻路段纵坡变化小时,竖曲线半径尽可能大些,在长的陡坡端部不要设计急剧变化的竖曲线。

3. 平纵线形组合优化设计

道路线形设计如果只按平面、纵断面线形标准优化设计,而不是将二者结合考虑,最终不一定是良好的设计,因为道路是个三维的空间实体,它的中线是一条空间曲线,线形设计最终是以平、纵组合的立体线形展现在驾驶员眼前的,所以必须要满足驾驶员在视觉和心理方面的连续、舒适、与周围环境的协调的要求。线形组合设计应采用绘制透视图的方法进行反复修正和调整,有条件时可运用动态连续透视图进行检查。

(1) 平曲线与竖曲线的组合

道路线形的组合应保持平面、纵断面两种线形的均衡。如果平曲线与竖曲线的半径均比较小,将两种曲线分开设,不要重合。如果两种曲线的半径都较大,宜将平曲线与竖曲线重合,形成平包竖,这样视觉效果好。

在一个平曲线内应避免存在竖曲线反复凹凸情况,否则在视觉上会出现线形切断情况而产生不安全感。为了使平面和纵断面线形均衡,一般取竖曲线半径为平曲线半径的10~20倍。但是在平原地区修建高速公路时,为了降低填土高度,当纵坡差小于等于1%,竖曲线半径又很大,在一个平曲线内有3~4个竖曲线时,通过透视图形的视觉仍然良好,且不影响行车的舒适性的线形设计是可行的。

(2) 直线与曲线的组合

避免在长的直线段插入小半径的竖曲线。当长直线下坡段上有凹形竖曲线时,司机会将前方上坡看成比实际要大的坡度而采取不必要的加速措施,从而造成驾驶上的失误。

避免使用短的平曲线、竖直线和直线,特别在同一方向转弯的曲线之间应避免加入短的直线。

(3) 平、纵线形组合与景观的协调配合

平、纵线形组合必须要充分考虑与道路所经地区的自然环境景观相协调配合。优美的线形组合景观会使驾驶员和旅客感到赏心悦目,以减轻高速驾驶员的疲劳感,同时也起诱导视线的作用。通过绘制透视图来检查环境配合及景观协调。

第三节 道路交叉设计

一、立体交叉设计

（一）立体交叉规划设计的内容

立体交叉规划设计范围宽、内容多，它包括多层次、多方面的设计内容。按照立体交叉设计的阶段不同可以分为以下几项。

1. 立体交叉规划

立体交叉规划主要内容有立体交叉设置与否、确定立体交叉位置、间距、数目、规模、分类及分级；初步确定立体交叉类型和立体交叉设置原则及依据等方面的研究规划工作。立体交叉规划是立体交叉设计的前期工作，其目的是为下阶段的方案设计或初步设计提供依据。

2. 方案设计

方案设计是指在立体交叉设计前进行的总体安排和布局的工作。其核心是类型选择。其主要内容有立体交叉的形式和类型选择；方案拟定与比选；方案的推荐与确定；立体交叉的总体布局；工程估算等方面。其目的是通过方案设计最终为初步设计和施工图设计提供适用、可行、合理、经济、美观的最优的立体交叉方案。

3. 初步设计

初步设计是在规划设计和方案设计的基础上，对立体交叉进行的进一步深化设计的工作。其内容包括立体交叉的定位、方案的确定、初步测量、初步设计图表编制、设计概算编制等工作。初步设计成果是上报立项、审批的重要资料。批准后的初步设计是下一步施工图设计的依据。

4. 施工图设计

施工图设计是以提交详细的施工图为目的的详细设计工作。其内容包括详细测量、施工图表的编制和施工图预算的编制等工作。批准后的施工图设计是工程招投标和具体施工的基本依据。另外，按照立体交叉设计内容，施工图设计还可以分为立体交叉总体设计、立体交叉平面设计、立体交叉纵断面设计、立体交叉横断面设计、桥跨设计、其他附属工程设计等方面。

（二）立体交叉规划设计的原则

设计时，除应遵循道路设计的一般原则外，考虑到立体交叉工程是一项综合性的、涉及道路路线、桥梁、路基、路面以及各种交通设施的复杂工程，还应遵循以下原则。

1. 功能性原则

①确保行车安全,减少交叉口交通事故。

②车辆行驶快速、顺畅,路线短捷,使交叉口耽误时间尽可能缩短。

③行车方向明确。

④主次分明,首先确保主线的交通。

⑤通行能力大,能满足远景设计年限的交通量要求。

2. 经济性原则

①投资少,工程费用节省。

②少拆迁,少占地。

③运营费以及车辆行驶的油耗、轮耗、车损最小。

④养护和管理费用最小。

3. 适应性原则

①因地制宜,立体交叉应与自然环境、社会及经济条件相适应。

②立体交叉应与其所在的路网中的作用及地位相适应。

③立体交叉应与其周围的土地利用及经济发展相适应。

④立体交叉规划应与区域规划相适应。

4. 艺术性原则

①立体交叉的造型和结构,要保证其自身的建筑艺术性和完美性,并具有独特的艺术风格。

②要注意与自然景物相协调,达到与外界相融洽的自然美。

③立体交叉的建设不能对区域的自然景观产生破坏或削弱作用。

(三)立体交叉线形设计

立体交叉线形设计的技术要求如下。

1. 立体交叉的计算行车速度

①立体交叉直行方向和定向方向计算行车速度。分离式、苜蓿叶形、环形立体交叉的直行方向和定向式立体交叉的定向方向的计算行车速度应采用与路段相应等级道路的计算行车速度。在菱形立体交叉中,通过其平面交叉直行车流的计算行车速度应采用与路段相应等级道路的计算行车速度的70%。

②匝道计算行车速度。匝道的计算行车速度通常取道路计算行车速度的50%~70%,以便使车辆适应匝道的行车条件。

③环形立体交叉环道的计算行车速度。环形立体交叉环道的计算行车速度一般采用25~35km/h。

2. 立体交叉的间距

①互通式立体交叉在城市道路中,两个相邻立体交叉之间的最小净距离应

符合相关规定。

②互通式立体交叉在高速公路上，两个相邻交叉口之间的最小净距应大于4km。

3. 立体交叉道路的横断面设计

立体交叉道路横断面形式和组成部分宽度，应根据道路的规划、等级、交通量、机动车与非机动车所占比重和交通组织方式等要求决定。为确保立体交叉上高速行驶的车辆安全，直行道路应设置中央分隔带，所以通常采用双幅路和四幅路的横断面形式。双幅路型用于机动车和非机动车分层行驶的立体交叉，机动车道一般设4条或6条，每条车道宽度采用3.75m，中央分隔带宽度为0.5～2m，安全距离为0.5～1.5m。四幅路型用于机动车和非机动车在同一层行驶的立体交叉。

4. 立体交叉的纵断面设计

立体交叉中主线的纵坡，直接影响到主体交叉的工程规模和行车安全，所以，设计纵坡应尽可能平缓一些。立体交叉引道和匝道的最大纵坡度应符合相应的规定值。机动车与非机动车在同一坡道上行驶时，最大纵坡度按非机动车行道的有关规定处理。立体交叉范围内的回头曲线的纵坡度宜小于或等于2%。立体交叉范围内竖曲线设计，其半径和最小长度应按照道路纵断面设计的有关规定执行。非机动车道凸形或凹形竖曲线的最小半径为500m。立体交叉范围内的视距应符合行车视距要求。

（四）匝道设计

1. 匝道端部的设计

匝道端部为匝道与干道相连接的部分，包括变速车道、锥形车道、分叉点交通岛等。匝道端部设计是立体交叉几何构造很重要的一部分，它与立体交叉的交通运行有着密切的关系，设计中应予以重视。

（1）匝道口的设计

匝道口的设计具体分为匝道出口和进口的布置、分流点和合流点交通岛的布置、匝道端部出口或入口横断面的布置。

（2）匝道口的净距

立体交叉范围内相邻匝道口之间的最小净距应符合相关规范的规定。

（3）变速车道

变速车道包括加速车道和减速车道。变速车道的布置分为直接式变速车道和平行式变速车道两种形式。直接式变速车道适用于立体交叉直行方向交通量较少时；直行方向交通量较大时则采用平行式变速车道。变速车道与干线正常路段应设置一定的过渡段来衔接。

2. 匝道的"平、纵、横"设计

(1) 匝道的平面设计

匝道的半径是匝道平面设计的依据，它也将影响立体交叉规模的大小，城市道路立体交叉中匝道半径取决于立体交叉所在位置的地形和地物。为了不扩大拆迁面积和增加占地，匝道半径不宜过大，但匝道半径过小将影响立体交叉的使用效果，所以，匝道半径应符合具体规定。

(2) 匝道的纵断面设计

由于上下道路高差较大，匝道的纵坡度也较大，一般可取 4%；匝道与主干道连接处匝道的端部应设置小于 2% 的缓坡段，缓坡长度应大于缓坡与陡坡之间设置竖曲线的切线长度。单向匝道的纵坡度可以大于双向匝道，上坡匝道的纵坡度可以比下坡的稍大。匝道弯道的最大纵坡度，应符合合成坡度的规定。

(3) 匝道的横断面设计

匝道宜设计为单向行驶，若采用双向行驶，则应设置分隔带（交通量较小时，也可以用路面画线分隔）。单向行驶的匝道路面宽度不得小于 7m，若为机、非混行则不宜小于 12m，而且弯道处应加宽。城市立体交叉匝道上的人行道宽度不小于 3m。

二、平面交叉设计

(一) 道路平面交叉口类型

平面交叉是相交道路在同一平面上相交的地方，一般不用于高速公路。平面交叉形式多样，运用灵活。根据平面交叉的几何形状，常见的平面交叉口可以分为十字形交叉口、T 字形交叉口、Y 字形交叉口、X 字形交叉口、错位交叉口、复合式交叉口。

①十字形交叉口是指两条道路以 90°交角垂直相交的交叉口。它是平面交叉中用得较多的一种形式，具有形式简单、交通组织方便、适用范围广、外形整洁、行车视线好等特点。

②T 字形交叉口一般用于主要道路与次要道路的交叉，或一条尽头式道路与另一条道路搭接。

③Y 字形交叉口通常用于道路的合流或分流处。

④X 字形交叉口是两条道路以非 90°交角斜交的交叉口。平面交叉路线应为直线并尽量正交；必须斜交时，交叉角应大于 45°，若交叉角太小，则会增加交叉口的面积，导致行车视线不良，特别是出现斜方向的对向行车时，对交通安全及交通组织都不利；同时，交叉口面积增大，会增加车辆通过时间而降

低通行能力。

⑤错位交叉口相邻两 T 字形或 Y 字形交叉口，相隔很近，形成错位的交叉形式。

⑥复合式交叉口是指五条或五条以上道路相交的交叉口形式。

同时，根据交叉口的交通组织形式和交通特性，平面交叉口又分为以下几种形式。

第一，加铺转角式。加铺转角式指用适当半径的圆曲线将相交道路的路基、路面直接相连的平面交叉形式。此类交叉口具有形式简单、占地少、造价低、设计方便、通行能力小等特点，适用于交通量小、车速低、转弯车辆少的三、四级公路或地方公路。若斜交角度不大，也可以用于转弯交通量较小的主要道路与次要道路的交叉。设计的关键是确定合适的加铺转角半径，以满足行车和通视的要求。

第二，扩宽路口式。扩宽路口式指为保证转弯车辆不影响其他车辆的正常行驶，在交叉口连接处增设变速车道和转弯车道的平面交叉形式。此类交叉口可减少转弯交通对直行交通的干扰，具有车速较高、交通事故少、通行能力大等优点，但其占地多、投资大，适用于交通量较大、转弯车辆较多的二级公路和城市主干道。设计的关键是确定扩宽车道数以满足交通量要求。

第三，分道转弯式。分道转弯式指设置交通岛、划分车道等措施，使单向右转或双向左、右转车流以较大的半径分道行驶的平面交叉形式。此类交叉口转弯车辆分道行驶，因此其行车速度和通行能力都较高。其适用于车速较高、转弯车辆较多的一般道路。设计的关键是确定较大的转弯半径，并设置合理的交通导流岛。

第四，环形交叉。环形交叉是指中央设置中心岛，用环道组织渠化交通，使进入环道的所有车辆一律按逆时针方向绕岛单向行驶，直至到达所要去的路口离岛驶出的平面交叉形式，俗称转盘。环形交叉适用于交通量适中，转弯车辆较多且地形较平坦时的 3～5 路交叉。设计时，主要解决中心岛的形状和半径、环道的布置和宽度、交织段长度、交织角、进出口曲线半径、入口车道数和视距要求等问题。

（二）平面交叉口类型的选择

交叉口类型的选择涉及的因素较多，如交叉口现状、交通量及交通组成、地形地物和道路用地等，应根据具体情况进行具体分析，做出不同设计方案加以比较，择优选用。选择和改建交叉口的类型，应有利于减少或消除冲突点以及提高交叉口通行能力。

1. 交叉口类型选择的要求

①既占地面积小又能安全迅速地通过最大交通量。

②平面形式、断面组成应符合道路等级、交通量的要求。

③交叉口立面设计既能满足排水、管线的要求，又与周围地形环境相适应。

④具有合理的交通管理、导流及防护安全等措施。

2. 交叉口类型的选择和改建的原则

（1）类型要尽量简单，应避免锐角相交

尽量采用正交十字形交叉或 T 字形交叉。①适当改线，改 X 字形交叉口为十字形交叉口。②改斜交为双 T 字形错位交叉口。

（2）尽量使相邻交叉口之间的道路直通

对于斜交的平面交叉口，宜做部分改进和优化。①改小交角为大交角（尽可能改为正交）。②改 Y 字形交叉口为 T 字形交叉口。

（3）主次分明，主流交通的道路线形应尽量顺直，任何一侧不宜有两条以上路段与之交会

例如，当交叉口的主流交通为左、右转弯时，此时其一侧有两条路线与之交会，这样，会影响主流方向的交通安全和通行能力。为此，可以把主流交通的转弯半径加大，待两条支路会合后，再与主流路线形成 T 字形交叉。

（4）应尽量避免近距离的错位交叉

当相邻的两个 T 字形交叉口（错位交叉）之间的距离很短时，交织段长度很短，将影响进出错位交叉口的车辆不能顺利行驶，因此阻碍主干道上的直行交通，这时可把相邻的两个交叉口合二为一。

（三）平面交叉口立面设计

1. 交叉口立面设计的要求

交叉口立面设计的目的，是要统一解决相交道路之间，以及交叉口和周围建筑物之间在立面位置上的行车、排水和建筑艺术三个方面的要求。设计要求包括以下几点：①使相交的道路在交叉口内有一个平顺的共同面，便于车辆和行人通行。②使交叉口范围内的地面水能迅速排除。③使车行道和人行道的各点标高可以与建筑物的地面标高相协调而具有良好的空间观感。

2. 交叉口立面设计的一般原则

交叉口的立面设计，在很大程度上取决于相交道路的等级、交通量、横断面形状、纵坡的方向和大小以及当地的地形情况。设计时，首先应照顾主要道路上的行车方便，在不影响主要道路行车方便的前提下，也应适当改变主要道路的纵横坡度，以照顾次要道路的行车方便。交叉口立面设计的一般原则如

下：①主、次要道路相交，主要道路的纵横坡度一般均保持不变（非机动车道纵横坡度可变），次要道路的纵横坡度可适当改变。②同级道路相交，纵坡度一般不变，横坡度可变。③路口设计纵坡度不宜太大，一般不大于2%，在困难情况下，不大于3%。④交叉口立面设计标高应与四周建筑物地表标高相协调。⑤为了保证交叉口排水流畅，设计时至少应有一条道路的纵坡背向交叉口。如遇困难地形，如交叉口设在盆状地形，所有道路纵坡都向着交叉口时，必须预先考虑修筑地下排水管道和设置进水口。⑥合理确定变坡点和布置雨水口。在交叉口布置进水口，应不使地面水流过交叉口的人行横道，也不使地面水在交叉口内积水或流入另一条道路。为此，进水口应设置在交叉口人行横道的前面能截住来水的地方和立面设计的低洼处。

第二章　路基设计与施工

第一节　路基设计概述

一、路基工程的特点与要求

路基工程的特点：工艺较简单，工程数量大（微丘区的三级公路每公里的土石方数量为 8000～10000m³，山岭重丘区为每公里 20000～60000m³），耗费劳力多，涉及面较广，耗资也较多。路基是一项线形工程，决定了路基工程复杂多变的特点，给施工带来了很多难度。路基施工改变了沿线原有自然状态，挖填借弃土石方涉及当地生态平衡、水土保持和农田水利。土石方相对集中或条件比较复杂的路段，路基工程往往是施工期限的关键之一。

为了保证道路与城市道路最大限度的满足车辆运行的要求，提高车辆行驶速度、增强安全性和舒适性、降低运输成本和延长道路使用年限，路基不仅应具有足够的承载能力、良好的稳定性和耐久性，还应具有一定的表面平整度。

（一）承载能力

汽车在路面上行驶时，车辆通过车轮把垂直荷载和水平荷载传递给路基；在路基结构内部产生应力、应变及位移。如果路基结构的强度或抗变形能力，不足以抵抗这些应力、应变及位移，则路基结构会出现沉陷，路面表面会出现波浪或车辙，使路况恶化，服务水平下降。因此，要求路基结构整体具有与行车荷载相适应的承载能力，即具有足够的强度和刚度。

路基结构承载能力，主要包括强度和刚度两个方面，这是两个既相互联系又相互区别的力学特性。路面结构应具有足够的强度，以抵抗车轮荷载引起的各个部位的各种应力，保证路基不发生压碎、拉断、剪切等各种破坏。路基应具有足够的刚度，使得在车轮荷载作用下不发生过大的变形，保证不发生沉陷等病害。

（二）稳定性

在天然地表面建造的道路结构物，改变了原来的自然平衡，在达到新的平衡状态之前，道路结构物处于一种暂时不稳定状态。新的路基结构暴露在大气之中，经常受到大气温度、降水与湿度变化的影响，结构物的物理状态、力学性质将随之发生变化，处于另一种不稳定状态。路基结构能否经受这种不稳定的状态，保持工程设计要求的几何形态及物理力学性质，称为路基结构的稳定性。

在地表上开挖或填筑路基时，必然会改变原地面地层结构的原来结构和受力状态。原来处于稳定状态的地层结构，有可能由于填挖筑路而引起不平衡，从而导致路基失稳。如在软土地层上修筑高路堤，或者在岩质或土质山坡上开挖深路堑时，有可能由于软土层承载力不足，或者由于坡体失去支承，而出现路堤的沉陷或坡体坍塌。路线如果选择在不稳定的地层上，则填筑或开挖路基会引发滑坡或坍塌等病害的出现。因此，在道路的选线、勘测、设计和施工中，应给予足够的重视，并采取必要的工程措施，以确保路基具有足够的稳定性。

大气降水使路基结构的内部湿度状态发生较大变化，如果低洼地带的路基排水不良，造成长期积水，会使低路堤发生软化，失去承载能力。如果是山坡路基，有时还会因排水不良，引发滑坡或边坡滑塌。

大气温度周期性的变化对路面结构的稳定性有着重要影响。在严重冰冻地区，低温引起的路基不稳定更是体现在多方面，低温会引起路基收缩裂缝，地下水源丰富的地区，低温会引起冻胀变形，路基上面的路面结构也随之断裂。在春天升温融冻季节，在交通繁重的路段，有时会引发翻浆，路基路面发生严重的破坏。

（三）耐久性

高等级公路的路基标准高、距离长、宽度大，不仅工程量巨大，投资也非常高，从规划、勘测、设计、施工到建成通车需要较长的时间。这种大型工程应有较长的使用年限，一般道路工程的使用年限至少数十年，因此，路基工程应具有良好的耐久性能。

路基的稳定性可能在长期经受自然因素的侵袭后，逐年削弱。因此，提高路基的耐久性，保持其强度刚度和良好的几何形态，除了精心设计、精心施工和精选材料之外，还要把长年的养护、维修、恢复路用性能的工作放在非常重要的位置。

（四）表面平整度

路基的平整度虽没有路面平整度要求那么高，在路面标高一定的情况下，路基的平整度直接影响路面结构层的厚度，路面结构层的厚度对承载能力会产生影响，影响路面结构层的使用寿命。同时，路基的平整度会影响工程造价，平整度差会造成投资的增加。

二、道路自然区划与土基干湿类型

（一）道路自然区划原则

由于我国地幅辽阔，各地气候、地形、地貌、水文地质条件等相差很大，而自然条件与道路建设密切相关，各种自然因素对道路构造物产生的影响和造成的病害也各不相同，因此，在不同地区的路基设计中，应考虑的问题也各有侧重，如季节性冰冻地区的道路病害主要是冻胀和翻浆，而干旱地区主要病害则是路基的平稳性问题。因此，根据各地自然条件特点对路线勘测、路基路面的设计、筑路材料选择、施工方案的拟定等问题进行综合考虑是十分必要的。

根据影响道路工程的地理、地貌及气候的差异特点，道路自然区划按照以下三项原则进行划分：

1. 道路工程特征相似性原则

道路工程特征相似性原则即在同一区划内，在同样自然条件下筑路具有相似性，如北方不利季节主要是春融时期，有翻浆病害，南方不利季节在雨季，有冲刷、水毁等病害。

2. 地表气候区域差异性原则

地表气候区域差异性原则即地表气候是地带性差异与非地带性差异的综合结果。通常，地表气候随当地纬度而变，如北半球，北方寒冷，南方温暖，这称为地带性差异。除此之外，还与高程变化有关，即沿垂直方向变化，如青藏高原，由于海拔高，与纬度相同的其他地区相比，气候更加寒冷，称为非地带性差异。

3. 自然气候因素既综合又有主导作用的原则

自然气候因素既综合又有主导作用的原则即自然气候的变化是各种因素综合作用的结果，但其中又有某种因素起主导作用。如道路冻害是水和热综合作用的结果，但在南方，有水而没有寒冷气候的影响，就不会有冻害，说明温度起主导作用；西北干旱地区与东北潮湿区，同样都有负温，但前者冻害轻于后者，说明水起主导作用。

（二）道路自然区划划分

一级区划首先将全国划分为多年冻土、季节冻土和全年不冻土三大地带，再根据水热平衡和地理位置，划分为冻土、温湿、干湿过渡、湿热、潮暖、干旱和高寒七个一级区。二级区划是在一级区划基础上以潮湿系数为主进一步划分。三级区划是在二级区划内划分更低一级的区划或类型单元。

（三）土基干湿类型划分

1. 路基潮湿的来源

引起路基湿度变化的水源主要有：大气降水；通过路面、路肩和边坡渗入路基；边沟水及排水不良时的地表积水，以毛细水的形式渗入路基；靠近地面的地下水，借助毛细作用上升到路基内部；在土粒空隙中流动的水汽凝结成的水分。

各种水源对路基的影响，因路基所在地的地形、地质与水文等具体条件而不同，同时也随路基结构、断面尺寸、排水设施及施工方法而变化。

2. 路基干湿类型划分

路基的强度与稳定性不但与土质有关，而且与干湿状态密切相关，并在很大程度上影响路面结构及厚度的确定。因此，确定土基干湿类型对路面结构设计具有重要的意义。在路基路面设计中，把路基干湿类型划分为干燥、中湿、潮湿和过湿。由于土的稠度较准确地表示了土的各种形态与湿度的关系，稠度指标综合了土的塑性特性，包含了液限与塑限，全面直观地反映了土的软硬程度，物理概念明确，因此，用稠度作为划分土基干湿类型的指标。

以稠度作为路基干湿类型的划分标准是合理的，但是不同的自然区划，不同土的分界稠度是不同的。在道路勘测设计中，确定路基的干湿类型需要在现场进行勘查，对于原有道路，按不利季节路槽底面以下80cm深度内土的平均稠度确定。在路槽底面以下80cm内，每10cm取土样测定其天然含水率、塑限含水率和液限含水率。

新建道路的路基尚未建成，不能得到路槽底以下80cm范围内土基的平均含水率，这时土基的干湿类型可以用路基临界高度为标准来确定。

路基临界高度是指在最不利季节，当路基分别处于干燥、中湿或潮湿状态时，路槽底距地下水位或长期地表积水水位的最小高度。

三、路基破坏形式与原因分析

（一）路基的破坏形式

路基在自然因素及荷载的作用下，产生不断累计的变形，最后导致破坏，这就是路基的病害现象。路基病害的形状多种多样，常见的路基病害现象有以下几种：

1. 路堤沉陷

塌方路基下沉导致断面尺寸改变的病害现象称为路堤沉陷。沉陷是不均匀的，严重时会破坏局部路段造成交通中断。它有路堤本身的下陷和地基的沉陷两种，如图2-1和图2-2所示。

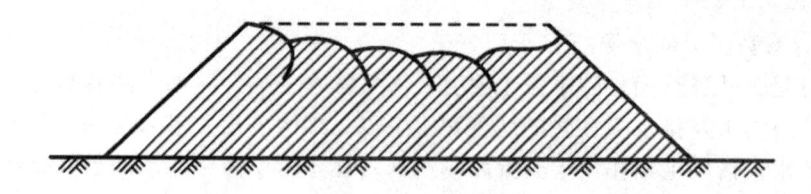

图 2－1　堤身下陷

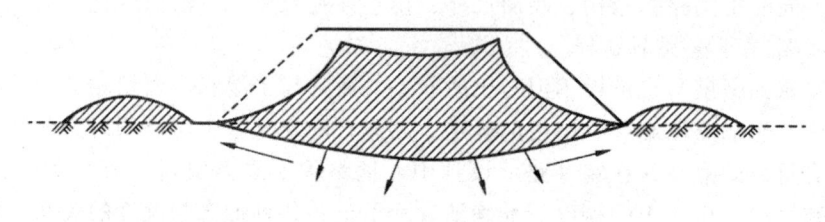

图 2－2　地基下陷

2. 路基边坡的塌方

边坡的塌方是常见的病害，也是水毁的普遍现象，尤其在山区新建道路上，几乎是普遍的病害现象。塌方的具体表现形式有剥落、碎落、滑塌和崩塌，如图 2－3 所示。

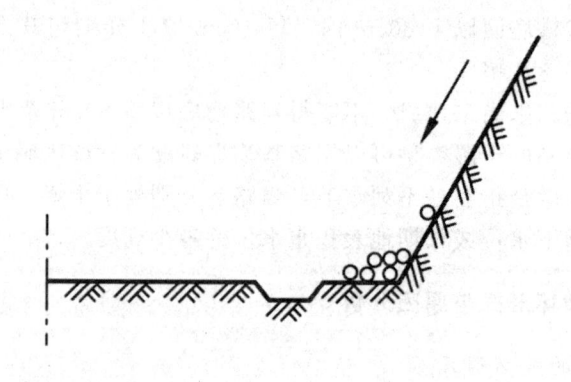

(a)

(b)

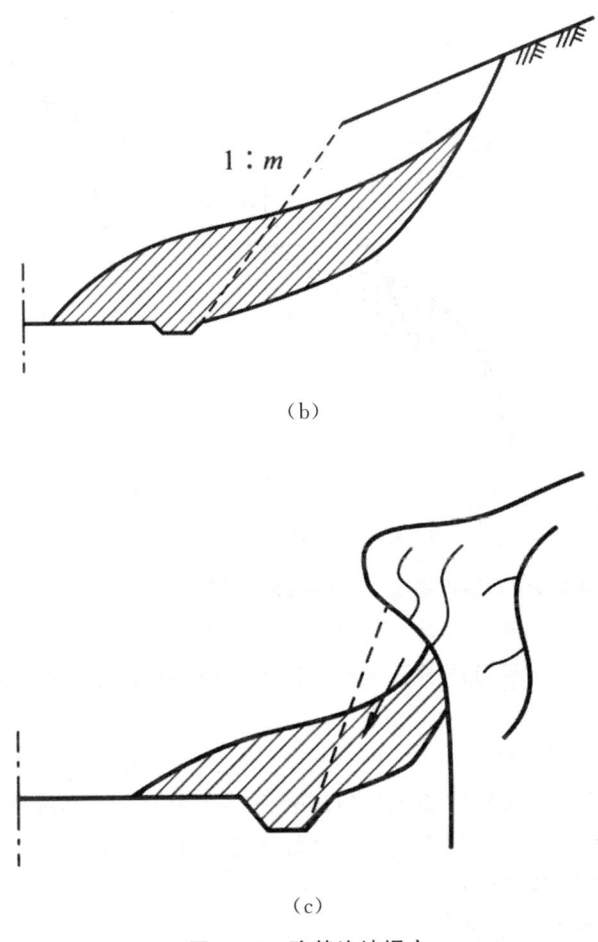

(c)

图 2—3　路基边坡塌方
(a) 碎落；(b) 滑坍；(c) 崩塌

3. 路基沿山坡的滑动

在较陡的山坡上填筑路基，如果原地面较光滑，未经处理，坡脚处又未进行必要的支撑，特别在受到水的浸润后，填方路基与原地面之间摩擦力减小，在荷载、自重作用下，有可能使路基整体或局部沿地面移动，使路基失去整体稳定性，如图 2—4 所示。

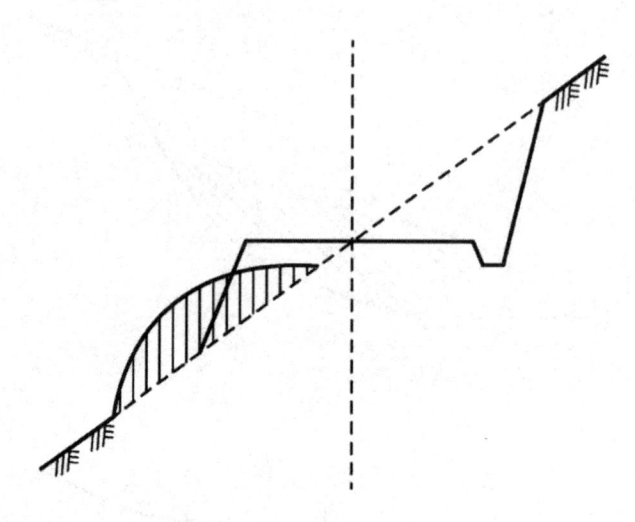

图2-4 路基沿山坡滑动

4. 不良的地质水文条件造成的路基破坏

巨型滑坡、泥石流、地震、特大暴雨等，都可以导致路基的大规模毁坏。在道路勘测中，要求尽可能避开这些地区或采取相应的技术措施，保证道路的正常使用。

5. 碎落和崩塌

剥落和碎落是指路堑边坡风化岩层表面，在大气温度和湿度的交替作用及雨水冲刷和动力作用之下，表层岩石从坡面上剥落下来，向下滚落，大块岩石脱离坡面沿边坡滚落称为崩塌。

(二) 路基破坏的原因

路基破坏的原因是多方面的，各种变形破坏既具有各自特点，又具有共同原因，大致可以归纳为以下几个方面：

①不良的工程地质和水文地质条件，如地质构造复杂、岩层走向及倾角不利、岩性松软、风化严重、土质较差、地下水位较高以及其他特殊不良地质灾害等。

②不利的水文与气候因素，如降雨量大、洪水猛烈、干旱、冰冻、积雪或温差特大等。

③设计不合理，如断面尺寸不符合要求，包括边坡取值不当、挖填布置不符合要求、最小填土高度不足、未进行合理的防护、加固和排水设计等。

④施工不符合规定，如填筑顺序不当、土基压实不足、盲目采用大型爆破以及不按设计要求和操作规程施工、工程质量不满足标准等。

在上述原因中，地质条件是影响路基工程质量和产生病害的基本前提，水是造成路基病害的主要原因。为此，设计前，应必须详细地进行地质与水文的勘察工作，针对具体条件及各种因素的综合作用，采取正确的设计方案与施工方法，消除和尽可能减少路基病害，确保路基工程达到规定的质量要求。

（三）保证路基强度和稳定性的措施

路基稳定性是指路基在各种外界因素作用下保持其强度的性质。路基在水的作用下保持其强度的性质称为水稳性，在温度作用下保持其强度的性质称为温度稳定性。路基稳定性包括两种含义：一方面是指路基整体在车辆荷载及自然因素作用下，不致产生过大的变形和破坏，称为路基整体稳定性；另一方面是指路基在水温等自然因素的长期作用下保持其强度，称为路基强度稳定性。

路基的整体稳定性，一方面取决于路基土的强度；另一方面取决于路基与基底的结合情况（路堤）或边坡岩层的稳定性（路堑）。根据水温状况对路基强度的影响，在进行路基设计时，必须充分考虑当地的自然环境条件，采取有效措施，保证路基在各种气候条件下具有足够的强度和稳定性。

为保证路基强度和稳定性，必须深入进行调查研究，细致分析各种自然因素与路基之间的关系，抓住主要问题，采取有效措施。一般采取的措施如下：

①合理选择路基断面形式，正确确定边坡坡度。

②选择强度和水、温稳定性良好的土填筑路堤，并采取正确的施工方法。道路路基用土将土分成砂土、砂性土、粉性土、黏性土及重黏土五大类。作为路基材料，砂性土最优，粉性土次之，黏性土属于不良材料，最容易引起路基病害，重黏土特别是蒙脱土也是不良路基土。

③充分压实土基，提高土基的强度和水稳定性。

④搞好地面排水，保证水流畅通，防止路基过湿或水毁。

⑤保证路基有足够高度，使路基工作区保持干燥状态。

⑥设置隔离层或隔温层，切断毛细水上升，阻止水分迁移，减少负温差的不利影响。

⑦采取边坡加固与防护措施并修筑支挡结构物。

第二节 一般路基与路基边坡稳定性设计

一、一般路基设计

一般路基是指在良好的水文地质等条件下，填方高度不超过20m或挖方深度不超过30m可以结合当地的地形、地质情况直接选用长期生产实践和科学研究总结拟定的典型横断面图或设计规范进行设计，而不必进行个别论证和验算的路基。对于超过相关规范规定高度的高填、深挖路基及特殊水文地质条件下的路基（即特殊路基），必须进行个别设计和验算，合理地选择路基断面形式，正确确定边坡坡度，并采取相应的防护和加固结构。

为了确保路基的强度与稳定性，使路基在各种外界因素作用下，不致产生不允许的变形，路基的整体结构设计中还必须包括路基排水、路基防护与加固以及与路基工程直接相关的附属设施（如弃土堆、取土坑、护坡道、碎落台、堆料坪和错车道等）的设计。因此，路基横断面结构形式的确定与路基排水设施及防护加固结构物的设计都是路基设计的基本内容。

（一）路基基本构造

路基本体由路基宽度、高度和边坡坡度三者组成。路基宽度取决于道路技术等级；路基高度取决于路线的纵坡设计及地形；路基边坡坡度取决于土质、地质构造、水文条件及边坡高度，并由边坡稳定性和横断面经济性等因素比较确定。路基宽度、高度和边坡是路基本体设计的基本要素，就路基稳定性和横断面经济性的要求而论，路基边坡坡度及相应的防护、加固措施，是路基本体设计的基本内容。

1. 路基宽度

路基宽度为行车道路面及其两侧路肩宽度之和。当设有中间带、紧急停车带、爬坡车道、变速车道、错车道时，路基宽度还包括这些部分的宽度。路面是供机动车辆行驶，两侧路肩可以保护路面稳定，并兼供错车、临时停车及行人和非机动车通行。路面宽度根据设计通行能力及交通量大小而定，一般每个车道宽度为 3.50~3.75m，技术等级高的公路及城镇近郊的一般公路，路肩宽度尽可能增大，一般取 1~3m，并铺筑硬质路肩，以保证路面行车不受干扰。

2. 路基高度

路基高度是指路堤的填筑高度或路堑的开挖深度，是路基设计标高和地面标高之差。路基设计标高通常以路肩边缘为准，即路肩边缘标高路基设计标高。对新建公路、高速公路和一级公路采用中央分离带外侧边缘标高，二、三、四级公路采用路基边缘标高，在设置超高和加宽路段则指在设置超高和加宽之前该处的标高。改建道路一般按照新建道路的规定办理，也可采用中央分离带中线或行车道中线标高。对城市道路，路基设计标高一般指车道中心标高。边坡高度指填方坡脚或挖方坡顶标高与路基设计标高之差。当原地面平坦时，路基高度与边坡高度相等，而山坡地面上，两者不等，且两侧边坡高度也不相等。

路基高度由路线纵坡设计确定。确定时，要综合考虑地形、地质、地貌、水文等自然条件；重要构造物（如桥梁、涵洞）的控制标高；纵坡坡度应平顺，纵坡设计时要满足平包竖的原则；土石方工程数量的平衡，尽量满足挖填平衡的原则；以及路基的强度和稳定性，设计合理的路基高度。

在进行平原或者湖区道路设计时，路基的最小填筑高度应根据临界高度，并结合沿线具体条件和排水及防护措施，按照道路等级及有关的规定确定，一般应保证路基处于干燥或中湿状态。沿河受水浸淹的路基，其高度一般应根据现行《标准》所规定的设计洪水频率确定，求得设计水位，在此基础上再增加0.5m的安全高度，若河道因路堤而压缩河床使上游有壅水，或河面宽阔而有风浪，那么还应增加壅水的高度和波浪冲上路堤的高度。沿河浸水路堤的高度，应高出上述各值之和，以保证路基不致被淹没，并据此进行路基的防护加固设计。

3. 路基边坡坡度

路基边坡坡度是指边坡高度与边坡宽度的比值，通常取边坡高度为1，用$1:m$来表示；也可以用边坡角（边坡与水平面的倾角）表示。路基边坡坡度对于路基稳定十分重要，确定边坡坡度是路基设计的重要任务。

路基边坡坡度的大小，取决于边坡的土质、岩石的性质及水文地质条件等自然因素和边坡的高度。一般路基的边坡坡度可根据多年工程实践经验和设计规范推荐的数值采用。填方路基边坡坡度应根据填料种类、边坡高度、水文条件和基底工程地质条件等确定。基底良好时，边坡坡度按规范确定。土质挖方边坡设计应根据边坡高度，土的湿度密实程度，地下水、地面水的情况，土的成因类型及生成时代等因素确定。在一般情况下，土质挖方边坡坡度应根据调查路线附近已建工程的人工边坡及自然山坡稳定状况，参照规范确定。岩石挖方边坡坡度应根据岩性、地质构造、岩石的风化破碎程度、边坡高度、地下水及地面水等因素综合分析确定。岩石挖方边坡应注意岩体结构面的情况，如受结构面控制的挖方边坡，则应按结构面的情况设计边坡。当岩层倾向路基时，应避免设计高的挖方边坡。在一般情况下，岩石挖方边坡坡度可以参照规范来确定。当软质岩层倾向路基，倾角大于25°，走向与路线平行或交角较小时，边坡坡度宜与倾角一致。当挖方边坡高度超过20～30m时，可根据现场情况，调查附近已建工程的人工边坡及自然山坡情况进行边坡稳定性分析，参照规范确定。

4. 路拱

为迅速地排除路面上的积水需将路面做成一定的横向坡度，称为路拱横坡。

路拱横坡坡度的确定既要保证排水通畅又要保证行车安全，路拱横坡坡度一般依照路面类型和当地自然条件而定。

（二）路基附属设施

与一般路基有关的附属设施有取土坑、弃土堆、护坡道、碎落台、堆料坪及错车道等。

1. 取土坑

取土坑指的是在道路沿线挖取土方填筑路基或用于养护所留下的整齐土坑。取土坑的设置应有统一规划，使之具有规则的形状及平整的底部。取土坑的边坡，内侧宜为1∶1.5，外侧不宜小于1∶1，当地面横坡陡于1∶10时，路侧取土坑应设置在路基上方一侧。平原地区的高速公路及一级公路不宜设路侧取土坑。取土坑底应设纵、横向坡度，以利排水。填方路基设置路侧取土坑，路基边缘与取土坑底的高差大于2m时，应设置护坡道。一般公路的护坡道宽度为1~2m。高速公路、一级公路，护坡道宽度不应小于3m。取土坑还可以起排水沟渠的作用。

2. 弃土堆

弃土堆指的是将开挖路基所废弃的土地放于道路沿线一定距离的整齐土堆。弃土场应符合设计要求并及时完成防护工程。

弃土场的位置与高度应保证路堑边坡、山体和自身的稳定，并不得影响附近建筑物、农田、水利、河道、交通和环境等。当不能符合上述要求时，应加设挡护或采取其他措施。弃土堆不宜在堑顶设置。弃土堆还应符合下列要求：①严禁在岩溶漏斗、暗河口、泥石流沟上游及贴近桥墩、台弃土弃渣；②沿河岸或傍山路堑的弃土，不得弃入河道、挤压桥孔或涵管口、改变水流方向和加剧对河岸的冲刷，必要时应设置挡护设施；③严禁向江、河、湖泊、水库、沟渠弃土、弃渣。

3. 护坡道

护坡道是为保护路基坡脚不受流水侵蚀，保证边坡稳定，而在路基坡脚与取土坑内侧坡顶之间预留的1~2m甚至4m以上宽度的平台。

当路堤较高时，为保证边坡稳定，在取土坑与坡脚之间或边坡坡面上，沿纵向保留或筑成有一定宽度的平台也称为护坡道。其目的是加宽边坡横距，减缓边坡平均坡度。护坡道越宽，越有利于边坡稳定，但工程量随之增加，根据实际情况，宽度至少为1.0m，并随填土高度增加而增大。一般道路的护坡道的宽度为1~2m；高速公路、一级公路的护坡道宽度不应小于3m。一般情况下，护坡道宽度 d 为：$h<3.0\text{m}$，$d=1.0\text{m}$；$h=3~6\text{m}$，$d=2\text{m}$；$h=6~12\text{m}$，$d=2~4\text{m}$。

4. 碎落台

碎落台是指在路堑边坡坡脚与边沟外侧边缘之间或边坡上,为防止碎落物落入边沟而设置的有一定宽度的纵向平台。碎落台设置于容易产生碎落的风化破碎岩石、软质岩石、砾(碎石)类土等地段,主要供零星土石碎块下落时临时堆积之用,以保护边沟不致堵塞,亦有保护坡道的作用。其宽度视边坡高度和土质而定,最小不得小于1m,高速公路、一级公路边坡高度超过12m时,宽度不宜小于2m。在砂类土、黄土、易风化碎落的岩石和其他不良的土质路堑中,其边沟外侧边缘与边坡坡脚之间,宜设置碎落台。其宽度视边坡高度和土质而定,一般不小于1m。当边坡已适当加固或其高度小于2m时,可以不设置碎落台。如碎落台兼有护坡作用,宽度应适当加大。高度与路肩齐平的碎落台上的堆积物应定期清理。

5. 堆料坪

路面养护用矿质材料,可以就近选择路旁合适地点堆置备用,也可以在路肩外缘设置堆料坪,其面积可以结合地形与材料数量而定,例如,每隔50~100m设置一个堆料坪,长为5~8m,宽为2m。高级路面或采用机械化养路的路段可以不设置,或另外设置集中备用料场,以维护道路外形的视觉平顺和景观优美。

6. 错车道

错车道是指在单车道道路上可通视的一定距离内,供车辆交错避让用的一段加宽车道。当四级公路采用4.5m单车道路基时,为错车而在适当距离内设置加宽车道。

错车道应设置在有利地点,并使驾驶员能够看到相邻两错车道间驶来的车辆。设置错车道路段的路基宽度不小于6.5m,有效长度不小于20m。为了便于错车车辆的驶入,在错车道的两端应设置不小于10m的过渡段。有效长度为至少能容纳一辆全挂车的长度。

错车道的间距是根据错车时间、视距、交通量等情况而决定的,如果间距过长,错车时间长,通行能力就会下降。国外有的规定错车时间为30s左右,其最大间距应不大于300m。我国相关标准未做硬性规定,只规定要结合地形等情况,在适当距离内,能看到相邻两个错车道的有利地点设置即可。

(三) 路基的防护与加固

1. 路基防护工程类型

路基防护工程是防治路基病害,保证路基稳定,改善环境景观,保护生态平衡的重要设施。其类型可以分为以下几种:

(1) 边坡坡面防护

坡面防护，主要是保护路基边坡表面，免受雨水冲刷，减缓温差及温度变化的影响，防止和延缓软弱岩土表面的风化、碎裂、剥蚀演变进程，从而保护路基边坡的整体稳定性，在一定程度上还可美化路容，协调自然环境。

植物防护：种草、铺草皮、植树。

工程防护（矿料防护）：框格防护、封面、护面墙、干砌片石护坡、浆砌片石护坡、浆砌预制块护坡、锚杆钢丝网喷浆、喷射混凝土护坡。

(2) 沿河河堤河岩冲刷防护。

直接防护：植物、砌石、石笼、挡土墙等。

间接防护：丁坝、顺坝等导流构造物以及改河营造护林带。

2. 路基加固工程的类型划分

路基加固工程的主要功能是支撑天然边坡或人工边坡以保持土体稳定或加强路基强度和稳定性，以及防护边坡在水温变化条件下免遭破坏。按照路基加固的不同部位分为坡面防护加固、边坡支挡、湿弱地基加固三种类型。

坡面防护加固：路基防护中均具有加固的作用。

边坡支挡：边坡支挡包括路基边坡支撑和堤岸支挡。路基边坡支撑包括护肩墙、护坡、护面墙、护脚墙、挡土墙等。堤岸支撑包括驳岸、浸水挡墙、石笼、抛石、护坡、支垛护脚等。

湿弱地基加固：碾压密实、排水固结、挤密、化学固结、换填土等。

(四) 路基横断面形式与设计要求

1. 路基横断面形式

路基横断面是指垂直于线路中心线截取的路基断面。根据其所处的地形条件不同，具有各种断面形式。路基按照其横断面的挖填情况分为路堤、路堑、半路堤半路堑以及不填不挖断面等。在进行路基设计时，先要进行横断面设计，待横断面确定以后，再全面综合考虑路基工程在纵断面上的配合以及路基本体工程与其他各项工程的配合。路基典型横断面的形式包括路堤（填方）、半填半挖和路堑（挖方）。

(1) 路堤（填方）

路堤是指全部用岩土填筑而成的路基。路堤的几种常用横断面形式：矮路堤（填土高度低于1.0m者），高路堤，一般路堤（填土高度介于两者之间），浸水路堤，护脚路堤，挖沟填筑路堤。

(2) 半填半挖

当原地面横坡大，且路基较宽，需一侧开挖另一侧填筑时，为挖填结合路基，也称为半填半挖路基。在丘陵或山区公路上，挖填结合是路基横断面的主要形式。

(3) 路堑（挖方）

路堑是指全部在原地面开挖而成的路基。路堑横断面的几种基本形式为全挖式路基、台口式路基、半山洞式路基。

2. 路基设计要求

路基应根据其使用要求和当地自然条件（包括地质、水文和材料情况等）并结合施工方案进行设计，既应有足够的强度和稳定性，又要经济合理。影响路基强度和稳定的地面水和地下水，必须采取拦截或排出路基以外的措施，并结合路面排水，做好综合排水设计，形成完整的排水系统。修筑路基取土和弃土时，应符合环保要求，宜将取土坑、弃土堆栈加以处理，减少弃土侵占耕地，防止水土流失和淤塞河道。通过特殊地质、水文条件地带时，应做调查研究，并结合当地实践经验，进行特别设计。

二、路基边坡稳定性设计

路基边坡稳定性是指路基结构的稳定性。一般情况下，路基结构按相关规范要求确定，无须进行稳定性设计。在特殊条件下，包括高路堤、深路堑、陡坡路堤、浸水路堤及滑坡与软土等不良地质水文条件下的路基，需要通过稳定性分析与验算，做出合理的路基结构设计。路基边坡稳定性设计的任务，就是对路基边坡的稳定性进行分析与验算，判定边坡的稳定性，以寻求安全可靠、经济合理的路基结构形式和稳定的边坡的加固措施。

路基边坡滑坍是道路上常见的一种破坏现象，它影响到车辆的正常运营和安全，严重者甚至造成事故，中断交通。根据土力学原理，路基边坡滑坍是由于边坡土体中的剪应力超过其抗剪强度所产生的剪切破坏，因此，凡是使土体剪应力增加或抗剪强度降低的因素，都可能引起边坡滑坍。

(一) 影响路基边坡稳定性的因素

1. 边坡土质

土的抗剪强度首先取决于土的性质，土质不同则抗剪强度也不同。路堑边坡，除与土或岩石的性质有关外，还与岩石的风化破碎程度和形状有关。

2. 水的活动

水是影响边坡稳定性的主要因素，边坡的破坏总是或多或少地与水的活动有关。土体的含水量增加，既降低了土体的抗剪强度，又增加了土体的剪应力。在浸水情况下，还有浮力和动水压力作用，都使边坡处于最不利状态。

3. 边坡的几何形状

边坡的高度、坡度等直接关系到边坡的稳定性，高大、陡直的边坡，因重心高、稳定性条件差，易发生滑坍或其他形式的破坏。

4. 活荷载增加

坡脚因水流冲刷或其他不适当的开挖而造成边坡失去支撑等，均可能加大边坡土体的剪应力。

(二) 边坡稳定性分析的力学分析方法

边坡稳定性分析与验算方法有力学验算法和工程地质比拟法两类。

1. 力学验算法称为极限平衡法

根据滑动面形状不同又分为直线法、圆弧法和折线法三种。力学验算法的基本假定是：①不考虑滑动土体本身内应力的分布；②土的极限平衡状态只在破裂面上达到；③极限滑动面位置要通过试算来确定。用力学验算法进行边坡稳定性分析时，为简化计算，通常都按照平面问题来处理。

2. 工程地质比拟法

工程地质比拟法是根据已成不同土类或岩体边坡的大量经验数据，拟定出路基边坡稳定值参考表，供设计采用。一般情况下，土质边坡的设计是先按照力学验算法进行验算，再以工程地质比拟法予以校核。岩石或碎石土类边坡则主要采用工程地质比拟法，有条件时也以力学验算法进行校核。

(三) 浸水路堤稳定性验算

浸水路堤除承受自重和行车荷载作用外，还受到水浮力和渗透动水压力的作用。水的浮力取决于浸水深度，渗透动水压力则视水的落差而定。

水位变化对路堤边坡不利的为水流向外，如果落水迅猛，渗透流速高，坡降大，则易带出路堤内的细粒土，动水压力使边坡失稳。透水性强的砂性土路堤，动水压力较小。黏性土路堤经过人工压实后，透水性差，动水压力也不大。介于两者之间的土质路堤，如粉质砂或粉质黏土等，浸水时的边坡稳定性较差。遇水膨胀及易溶或严重风化的岩土，浸水路堤边坡的稳定性更差。

浸水路堤的设计中，一般按照设计洪水位及考虑壅水和浪高等因素，选定路堤高程。浸水部分采用较缓边坡，必要时设置护坡道，流速较大时应进行防护加固或设置导流结构物。为使设置更加合理，浸水路堤的边坡需要进行稳定性计算。

浸水路堤的边坡稳定性计算，通常假定滑动面为圆弧，最危险的滑动面通过坡脚，圆心位置的确定与条分法相似。稳定性计算方法有多种，常用的方法有假想摩擦角法、悬浮法和条分法。

无论采用何种计算方法，浸水路堤的稳定性分析应按照路堤处于最不利的情况进行。

其破坏一般发生在高洪水位骤然降落时，边坡稳定性分析的原理和方法与普通路堤稳定性的圆弧法基本相同。当路堤一侧浸水时，只要注意浸水土条基本参数的变化即可。

第三节 挡土墙设计

一、挡土墙的分类与使用条件

（一）挡土墙的分类

按照挡墙结构形式，挡土墙可以分为重力式挡土墙、悬壁式及扶壁式挡土墙、锚杆挡土墙、锚定板挡土墙、加筋土挡土墙等；按照墙体结构材料，挡土墙可以分为石砌挡土墙、混凝土挡土墙、钢筋混凝土挡土墙、钢板挡土墙等。一般应根据工程需要、土质情况、材料供应、施工技术及造价等因素合理地选择。

1. 重力式挡土墙

重力式挡土墙依靠墙身自重平衡墙后填土的土压力来维持墙体稳定，一般用块（片）石、砖或素混凝土筑成。

重力式挡土墙结构形式简单，易于施工，施工工期短，可以就地取材，适应性较强，应用广泛。其适用于一般地区、浸水地区、地震地区等的边坡支挡工程。但其工程量大，对地基承载要求高，当地基承载力较低时或地质条件复杂时适当控制墙高。

2. 悬壁式及扶壁式挡土墙

悬臂式挡土墙多用钢筋混凝土做成，悬壁式挡土墙由立臂、墙趾板、墙踵板三部分组成。它的稳定性主要靠墙踵悬臂以上的土所受重力维持。当墙身较高（超过6m）时，沿墙长每隔一定距离设置一道扶壁连接墙面板及踵板，以减小立臂下部的弯矩，称为扶壁式挡土墙。

它们的共同特点是：墙身断面较小，结构的稳定性不是依靠本身的重量，而主要依靠踵板上的填土重量来保证。它们自重轻，圬工省。其适用于墙高较大的情况，由于它的悬臂部分的拉应力由钢筋来承受，因此需要使用一定数量的钢材。宜在石料缺乏、地基承载力较低的填方地段使用。

3. 锚杆挡土墙

锚杆挡土墙是一种轻型挡土墙，主要由预制的钢筋混凝土立柱、挡土板构成墙面，与水平或倾斜的钢锚杆联合组成。锚杆挡土墙适用于墙高较大、石料缺乏或挖基困难地区，且具备锚固条件的一般岩质边坡加固工程。

按照墙面构造的不同，挡土墙分为柱板式和壁板式两种。柱板式锚杆挡土墙是由挡土板、肋柱和锚杆组成，肋柱是挡土板的支座，锚杆是肋柱的支座，墙后的侧向土压力作用于挡土板上，并通过挡土板传递给肋柱，再由肋柱传递给锚杆，由锚杆与周围地层之间的锚固力即锚杆抗拔力使之平衡，以维持墙身及墙后土体的稳定。壁板式锚杆挡土墙是由墙

面板和锚杆组成，墙面板直接与锚杆连接，并以锚杆为支撑，土压力通过墙面板传给锚杆，依靠锚杆与周围地层之间的锚固力（即抗拔力）抵抗土压力，以维持挡土墙的平衡与稳定。

锚杆挡土墙的特点有以下几点：①结构质量小，使挡土墙的结构轻型化，与重力式挡土墙相比，可以节约大量的圬工和节省工程投资。②利于挡土墙的机械化、装配化施工，可以提高劳动生产率。③不需要开挖大量基坑，能够克服不良地基开挖的困难，并利于施工安全。但是锚杆挡土墙也有一些不足之处，使设计和施工受到一定的限制，如施工工艺要求较高，要有钻孔、灌浆等配套的专用机械设备，且要耗用一定的钢材。

4. 锚定板挡土墙

锚定板挡土墙由墙面系、钢拉杆及锚定板和填料共同组成。墙面是由预制的钢筋混凝土肋柱和挡土板拼装，或者直接用预制的钢筋混凝土面板拼装而成。钢拉杆外端与墙面的肋柱或面板连接，而内端与锚定板连接。

锚定板挡土墙是一种适用于填土的轻型挡土结构，锚定板挡土墙和锚杆挡土墙一样，也是依靠"拉杆"的抗拔力来保持挡土墙的稳定。但是，这种挡土墙与锚杆挡土墙又有着明显的区别，锚杆挡土墙的锚杆必须锚固在稳定的地层中，其抗拔力来源于锚杆与砂浆、孔壁地层之间的摩擦力；而锚定板挡土墙的拉杆及其端部的锚定板均埋设在回填土中，其抗拔力来源于锚定板前填土的被动抗力。因此，墙后侧向土压力通过墙面传给拉杆，后者则依靠锚定板在填土中的抗拔力抵抗侧向土压力，以维持挡土墙的平衡与稳定。在锚定板挡土墙中，一方面填土对墙面产生主动土压力，填土越高，主动土压力越大；另一方面填土又对锚定板的移动产生被动的土抗力，填土越高，锚定板的抗拔力也越大。

从防锈、节省钢材和适应各种填料三个方面比较，锚定板挡土结构都有较大的优越性，但施工程序较为复杂。

5. 加筋挡土墙

加筋挡土墙，它是由填土、填土中布置的拉筋条以及墙面板部分组成，在垂直于墙面的方向，按照一定间隔和高度水平地放置拉筋材料，然后填土压实，通过填土与拉筋之间的摩擦作用，把土的侧压力传给拉筋，从而稳定土体。拉筋材料通常为镀锌薄钢带、铝合金、高强塑料及合成纤维等。墙面板一

般用混凝土预制,也可以采用半圆形铝板。

加筋挡土墙属于柔性结构,对地基变形适应性大,建筑高度大,通用于填方挡土墙。其结构简单,圬工量少,与其他类型的挡土墙相比,可以节省投资30%~70%,经济效益大。

(二)挡土墙的使用条件

挡土墙类型应综合考虑工程地质、水文地质、冲刷深度、荷载作用情况、环境条件、施工条件、工程造价等因素,按照表2-1的规定采用。

表2-1　　　　　　　　各类挡土墙适用条件

挡土墙类型	适用条件
重力式挡土墙	适用于一般地区、浸水地区和地震地区的路肩、路堤和路堑等支挡工程。墙高不宜超过12m,干砌挡土墙不宜超过6m,高速公路、一级公路不应采用干砌挡土墙
半重力式挡土墙	适用于不宜采用重力式挡土墙的地下水位较高或较软弱的地基上,墙高不宜超过8m
悬臂式挡土墙	宜在石料缺乏、地基承载力较低的填方路段采用,墙高不宜超过5m
扶壁式挡土墙	宜在石料缺乏、地基承载力较低的填方路段采用,墙高不宜超过15m
锚杆挡土墙	宜用于墙高较大的岩质路堑地段,可用作抗滑挡土墙,可采用肋柱式或板壁式单级墙或多级墙,每级墙高不宜大于8m,多级墙的上下级墙体之间应设置宽度不小于2m的平台
锚定板挡土墙	宜使用于缺少石料地区的路肩墙和路堤式挡土墙,但不应建筑于滑坡、坍塌、软土及膨胀土地区。可采用肋柱式或板壁式,墙高不宜超过10m。肋柱式锚定板挡土墙可采用单级墙或双级墙,每级墙高不宜大于6m,上下级墙体之间应设置宽度大于2m的平台。上下级墙的肋柱宜交错布置
加筋挡土墙	适用于一般地区的路肩式挡土墙、路堤式挡土墙,但不应修建在滑坡、水流冲刷、崩塌等不良地质地段。高速公路、一级公路墙高不宜大于12m,二级及二级以下公路不宜大于20m。当采用多级墙时,每级墙高不宜大于10m,上、下级墙体之间应设置宽度大于2m的平台

二、挡土墙的构造措施

在设计重力式挡土墙时,为了保证其安全合理、经济,除进行验算外,还需要采取必要的构造措施。主要从基础埋深、墙背的倾斜形式、墙面坡度选择、基底坡度、墙趾台阶、伸缩缝、墙后排水措施及填土质量要求等几个方面考虑。

(一)基础埋深

重力式挡土墙的基础埋深,应根据地基承载力、水流冲刷、岩石裂隙发育及风化程度等因素进行确定。在特强冻胀、强冻胀地区应考虑冻胀的影响。对于土质地基,一般在地面以下至少 1m,且位于冰冻线以下的深度不少于 0.25m,对于风化后强度锐减的地基至少在地下以下 1.5m;对于砂夹砾石,可以不考虑冰冻线的影响,但埋深至少 1m;对于一般岩石至少埋深为 0.6m,松软岩石至少为 1m。

(二)墙背的倾斜形式

当采用相同的计算指标和计算方法时,挡土墙背以仰斜时主动土压力最小,直立居中,俯斜最大,如图 2—5 所示。墙背倾斜形式应根据使用要求、地形和施工条件等因素综合考虑确定。如对于支挡挖方工程的边坡,挡墙宜采用仰斜墙背;对于支挡填方工程的边坡,挡墙宜采用俯斜或垂直墙背,以便夯实填土。

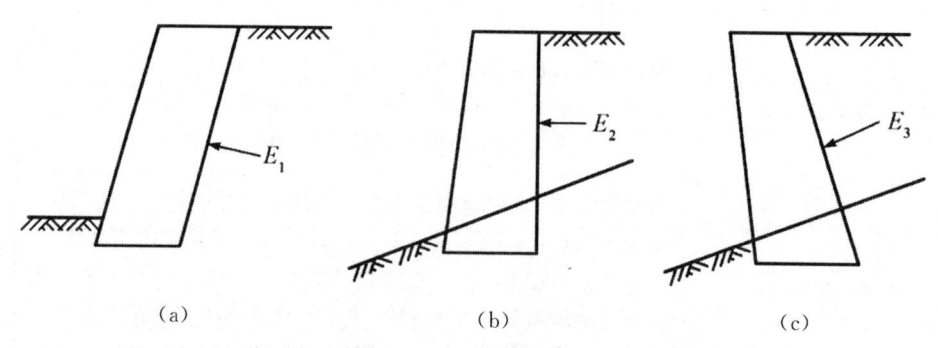

(a)   (b)   (c)

图 2—5 墙背构造形式

(a) 仰斜;(b) 直立;(c) 倾斜 $E_1 < E_2 < E_3$

(三)墙面坡度选择

当墙前地面陡时,墙面可取 1:0.05~1:0.2 的仰斜坡度,也采用直立墙面。当墙前地形较为平坦时,对中高挡土墙,墙面坡度可较缓,但不宜缓于 1:0.4。

（四）基底坡度

为增加挡土墙身的抗滑稳定性，重力式挡土墙可以在基底设置逆坡，但逆坡坡度不宜过大，以免墙身与基底下的三角形土体一起滑动。对于土质地基的基底逆坡坡度不宜大于 1：10；对于岩质地基，基底逆坡坡度不宜大于 1：5。

（五）墙趾台阶

当墙高较大时，为了提高挡土墙抗倾覆能力，可以加设墙趾台阶。墙趾台阶的高宽比可以取 $h：a = 2：1,a \geqslant 20cm$。

（六）设置伸缩缝

重力式挡土墙应每间隔 10～20m 设置一道伸缩缝。当地基有变化时宜加设沉降缝。在挡土结构的拐角处，应采取加强的构造措施。

（七）墙后排水措施

挡土墙因排水不良，雨水渗入墙后填土，使填土的抗剪强度降低，对挡土墙的稳定产生不利的影响。当墙后积水时，还会产生静水压力和渗流压力，使作用于挡土墙上的总压力增加，对挡土墙的稳定性更为不利。因此，在设计挡土墙时，必须采取排水措施。

1. 截水沟

凡挡土墙后有较大面积的山坡，则应在填土顶面与挡土墙适当的距离设置截水沟，把坡上径流截断排除。截水沟的剖面尺寸要根据暴雨集水面积计算确定，并应用混凝土衬砌。截水沟出口应远离挡土墙。

2. 泄水孔

已渗入墙后填土中的水，则应将其迅速排出。通常，在挡土墙设置泄水孔，泄水孔的尺寸一般为 5cm×10cm、10cm×10cm、15cm×20cm 的方孔或直径 5～10cm 的圆孔。孔眼间距一般为 2～3m，排水孔应沿横竖两个方向设置，其间距一般取 2～3m，排水孔外斜坡度宜为 5％。泄水孔应高于墙前水位，以免倒灌。在泄水孔入口处，应用易渗的粗粒材料做滤水层，必要时做排水暗沟，并在泄水孔入口下方铺设黏土夯实层，防止积水渗入地基不利墙体的稳定。墙前也要设置排水沟，在墙顶坡后地面宜铺设防水层。

（八）填土质量要求

挡土墙后填土应尽量选择透水性较强的填料，如砂、碎石、砾石等。因这类土的抗剪强度较稳定，易于排水。当采用黏土作填料时，应掺入适当的碎石。在季节性冻土地区，应选择炉渣、碎石、粗砂等非冻结填料。不宜采用淤泥、耕植土或膨胀土等作为填料。

三、重力式挡土墙设计

为避免发生挡土墙的破坏，保证挡土墙具有足够的整体性和结构强度，使之在使用过程中能充分发挥良好的作用，设计挡土墙时，一般均应验算沿基底的滑动稳定性、绕墙趾转动的倾覆稳定性、基底应力及偏心距以及墙身断面的强度。如地基有软弱下卧层存在时，还应验算沿基底某一可能的滑动面的滑动稳定性。

（一）挡土墙稳定性验算

1. 抗滑稳定性验算

为保证挡土墙抗滑稳定性，应验算在土压力及其他外力作用下，基底摩擦力抵抗挡土墙滑移的能力。计算图式如图2-6所示，验算式如下：

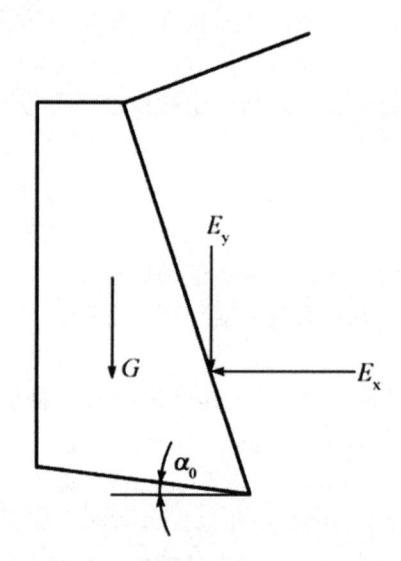

图2-6 挡土墙抗滑稳定计算示意图

$$0.9G + \gamma_{Q1}E_y \mu + 0.9G\tan\alpha_0 > \gamma_{Q1}E_x$$

式中：G——挡土墙自重（kN）；

E_x，E_y——墙背主动土压力E_0的水平分力和垂直分力（kN）；

α_0——基底倾角（°）；

μ——基底摩擦系数，可通过现场试验确定；

γ_{Q1}——主动土压力分项系数，当组合为Ⅰ、Ⅱ时，$\gamma_{Q1}=1.4$；当组合为Ⅲ时，$\gamma_{Q1}=1.3$。

2. 抗倾覆稳定性验算

当墙身产生绕墙趾转动的倾覆力矩超过阻止其转动的抗倾覆力矩时，挡土

墙即发生绕墙趾 O 点的倾覆（图2-7）。
$$0.9GZ_G + \gamma_{Q1}\ E_yZ_x - E_xZ_y > 0$$
式中：Z_G，Z_x，Z_y——G，E_y，E_x 对墙趾 O 点的力臂（m）。

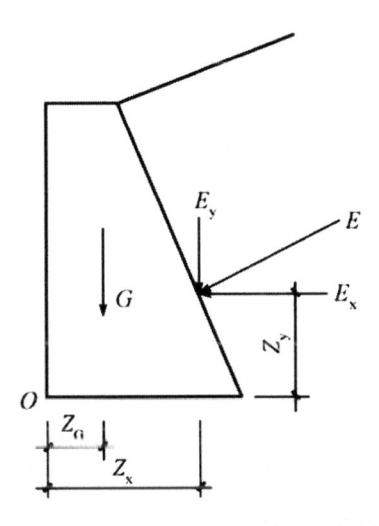

图2-7 挡土墙的抗倾覆稳定性验算

在验算挡土墙的稳定性时，一般均未计墙趾前土层对墙面所产生的被动土压力。如验算结果不满足以上要求，则表明抗滑稳定性或抗倾覆稳定性不够，应改变墙身断面尺寸重新核算。

（二）挡土墙稳定性的措施

1. 增加抗滑稳定性的方法

（1）设置倾斜基底

设置向内倾斜的基底，可以增加抗滑力和减少滑动力，从而增加了抗滑稳定性。

基底倾斜角 α_0 越大，越有利于抗滑稳定性，但应考虑挡土墙连同地基土体一起滑走的可能性，因此对地基倾斜度应加以控制。通常，对土质地基，不陡于 1∶5（α_0 11°10′）；对岩石地基，不陡于 1∶3（α_0 16°42′）。

另外，在验算沿基底的抗滑稳定性的同时，还应验算通过墙踵的地基水平面的滑动稳定性。

（2）采用凸榫基础

在挡土墙基础底面设置混凝土凸榫，与基础连成整体，利用榫前土体产生的被动土压力以增加挡土墙的抗滑稳定性。

为了增加榫前被动阻力，应使榫前被动土楔不超过墙趾。同时，为了防止因设凸榫而增加墙背的主动土压力，应使凸榫后缘与墙趾的连线同水平线的夹

角不超过 φ 角。因此，应将整个凸榫置于通过墙趾并与水平线成（$45°-\varphi/2$）角线和通过墙踵并与水平线成 φ 角线所形成的三角形范围内。

当 $\varphi=0$（填土表面水平），$\alpha=0°$（墙背垂直），$\delta=0$（墙光滑）时，榫前的单位被动土压力 σ_p 按照朗金理论计算。

$$\sigma_p = \gamma h \tan^2\left(45°+\frac{\varphi}{2}\right) \approx \frac{1}{2}\sigma_1+\sigma_2\tan^2\left(45°+\frac{\varphi}{2}\right)$$

考虑到产生全部被动土压力所需要的墙身位移量大于墙身设计所允许的位移量，为工程安全所不允许，因此铁路规范规定，凸榫前的被动土压力按照朗金被动土压力的 1/3 采用，即：

$$\sigma_p = \frac{1}{3} \times \frac{1}{2}\sigma_1+\sigma_3\tan^2\left(45°+\frac{\varphi}{2}\right)$$

$E_p = e_p \cdot h_T$

2. 增加抗倾覆稳定性的方法

为增加抗倾覆稳定性，应采取加大稳定力矩和减小倾覆力矩的办法。

（1）展宽墙趾

在墙趾处展宽基础以增加稳定力臂是增加抗倾覆稳定性的常用方法。但在地面横坡较陡处，会由此引起墙高增加。

（2）改变墙面及墙背坡度

改缓墙面坡度可以增加稳定力臂，改陡俯斜墙背或改为仰斜墙背可以减少土压力。在地面纵坡较陡处，均需要注意对墙高的影响。

（3）改变墙身断面类型

当地面横坡较陡时，应使墙胸尽量陡立。这时可以改变墙身断面类型，如改用衡重式墙或墙后加设卸荷平台、卸荷板，以减少土压力并增加稳定力矩。

第四节 路基施工技术

一、土质路基施工方法

土质路基的挖填，首先应做好施工排水，包括开挖底面临时排水沟槽及设法降低地下水位，以便始终保持施工场地的干燥。对路基填筑范围内的地表障碍物，应事先予以拆除。

（一）填方路基施工

1. 基底的处理

为使填筑在天然地面上的路堤与原地面紧密结合，以保证填筑后的路堤不致产生沿基底的滑动和过大变形，在填筑路堤前，应根据基底的土质、水文、坡度、植被和填土高度采取一定措施对基底进行相应处理。

①当基底为松土或耕地时，应先将原地面认真压实后再填筑。当基底原状土的强度不符合要求时，应进行换填处理，换填深度不得小于30cm，并分层压实。当路线经过水田、洼地和池塘时，应根据实际情况采取疏干、挖除淤泥、换填、桩基础、抛石挤淤等措施进行处理后方能填筑。

②当基底土密实稳定，且地面横坡缓于1∶10，填方高度大于0.5m时，基底可不处理；在路堤填方低于0.5m的地段，应清除原地表杂草。当地面横坡为1∶10～1∶5时，应清除地表草皮杂物再进行填筑；当地面横坡陡于1∶5时，消除草皮杂物后还应将原地面挖成不小于1m的台阶，台阶向内设置坡度为2%～4%的倒坡。

2. 路堤填料的选择

路堤填筑不得使用淤泥、沼泽土、冻土、有机土、含草皮土、生活垃圾、树根和含有腐殖质的土作为填料。路堤通常是就近利用沿线土石作为填筑材料，选择填料时应尽可能选择当地强度高、稳定性好并利于施工的土石。一般情况下，碎石、卵石、砾石、粗砂等，都具有良好透水性且强度高、稳定性好，因此可优先采用。粉质砂土、粉质黏土等经压实后也具有足够的强度，故也可以采用。粉性土水稳性差，不宜作路堤填料；重黏土、黏性土、捣碎后的植物土等由于透水性差，作路堤填料时应慎重采用。

3. 填土路堤施工

路堤填筑分为分层填筑法、竖向填筑法和混合填筑法三种方法。

（1）分层填筑法

路堤填筑必须考虑不同的土质，从原地面逐层填起并分层压实，每层填土的厚度可以按照压实机具的有效压实深度和压实度确定。分层填筑法又可分为水平分层填筑和纵坡分层填筑两种。

①水平分层填筑是最常用的一种填筑方法，如图2-8（a）所示。填筑时按照横断面全宽分成水平层次，逐层向上填筑，如原地面不平，应由最低分层填起，每填一层，经过压实符合规定要求之后，再填上一层，依次循环进行直至达到设计高程。

②纵向分层填筑宜于用推土机从路堑取土填筑距离较短的路堤，依纵坡方向分层，逐层向上填筑，如图2-8（b）所示。原地面纵坡大于12%的地段常采取此法。

（a）

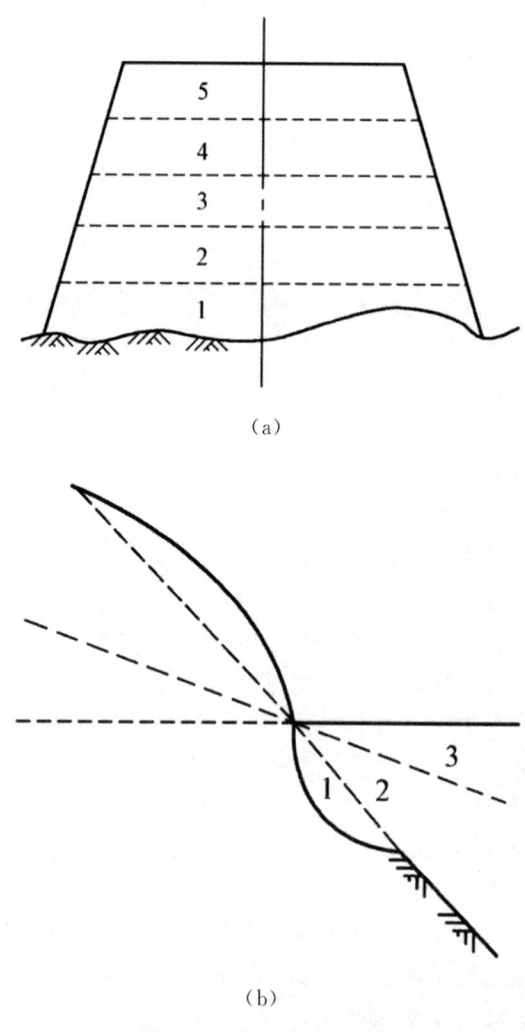

（b）

图 2－8　分层填筑施工

（a）水平分层填筑；（b）纵向分层填筑

（2）竖向填筑法

竖向填筑法是从路基一端或两端同时按照横断面的全部高度，逐步推进填筑，仅用于无法自下而上填筑的深谷、陡坡、断岩、泥沼等运土和机械无法进场的路堤，如图 2－9 所示。竖向填筑因填土过厚不易压实，施工时需采取必要的技术措施：选用振动式或夯实式压实机械；选用沉陷量较小、透水性较好及颗粒粒径均匀的砂石材料或附近开挖路堑的废石方，并一次填足路堤全宽度；暂时不修建较高级的路面，容许短期内自然沉落。

(3) 混合填筑法

混合填筑法是在深谷陡坡地段填筑路堤的一种方法，如图2—10所示，即在路堤下层竖向填筑，上层水平分层填筑，使上部填土经分层压实获得需要的压实度。混合填筑法适应于因地形限制或填筑堤身较高，不宜采用水平分层法和竖向填筑法自始至终进行填筑的情况。混合填筑法可以单机作业，也可以多机作业，一般沿线路分段进行，每段距离以20～40m为宜，多用于地势平坦，或两侧有可利用的山地土场的场合。

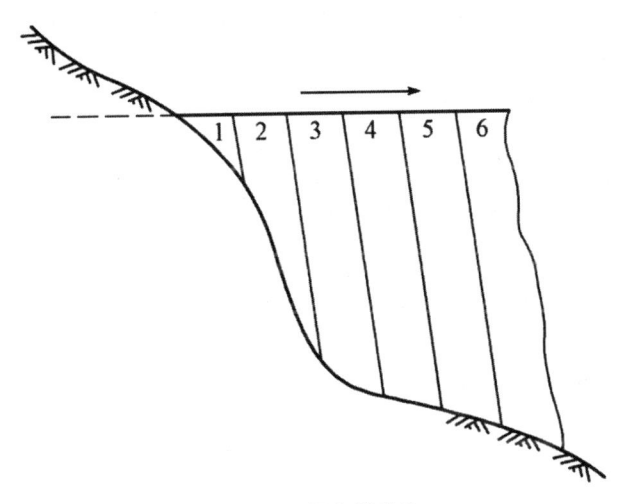

图2—9 竖向填筑法

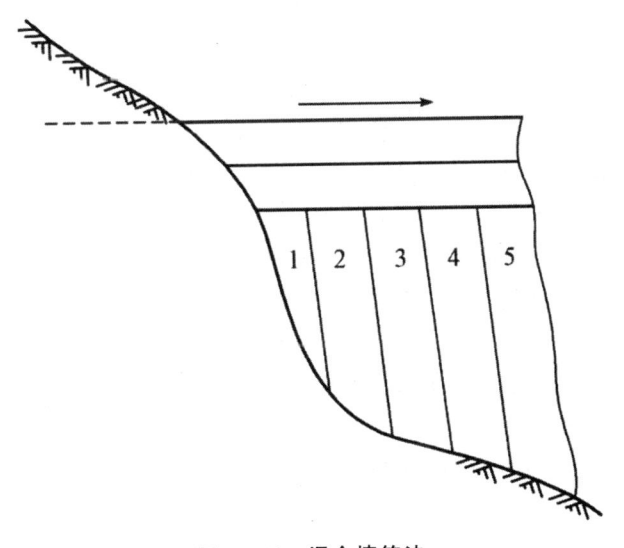

图2—10 混合填筑法

4. 施工注意事项

在高等级公路施工中采用不同土质填筑路堤，是十分常见的，若将不同性质的土任意混填，会造成路基病害，因此，必须注意下列几点：

①同土质应分层填筑，层次应尽量减少，每层总厚度最好不小于0.5m。不得混杂乱填，以免形成水囊或滑动面。

②透水性差的土填筑在下层时，其表面应做成一定的横坡（一般为双向4％的横坡），以保证来自上层透水性填土的水分及时排出。

③为保证水分蒸发和排除，路堤不宜被透水性差的土层封闭，也不应覆盖在透水性较大的土所填筑的下层边坡上。

④根据强度与稳定性要求，合理地安排不同土质的层位。一般地，凡不因潮湿及冻融而使其体积变化的优良土应填在上层，强度（形变模量）较小的土应填在下层。

⑤为防止相邻两段用不同土质填筑的路堤在交接处发生不均匀变形，交接处应做成斜面，并将透水性差的土填在斜面的下部。

⑥若填方分几个作业段施工，两段交接处不在同一时间填筑，则先填地段，应按照1∶1坡度分层留台阶；若两个地段同时填筑，则应分层相互交叠衔接，其搭接长度不得小于2m。

（二）挖方路基施工

路堑开挖前应做好截水沟，并视土质情况做好防渗工作。土方开挖不论工程量大小、开挖深度如何，均应该自上而下进行，不得乱挖超挖。严禁掏洞取土挖"神仙土"。土质路堑的开挖，根据路堑深度和纵向长度不同，其施工方法有横挖法、纵挖法和混合法几种。

1. 横挖法

以路堑整个横断面的宽度和深度，从一端或两端逐渐向前开挖的方式称为横挖法。该法适宜于短而深的路堑。用人力按照横挖法开挖路堑时，可以在不同高度分几个台阶开挖，其深度视工作面与安全而定，一般宜为1.5～2.0m。无论自两端一次横挖到路基高程或分台阶横挖，均应设置单独的运土通道及临时排水沟。机械开挖路堑时，边坡应配以平地机或人工分层修刮平整。

2. 纵挖法

纵挖法有分层纵挖法、通道纵挖法和分段纵挖法三种。

（1）分层纵挖法

沿路堑全宽以深度不大的纵第1步第2步向分层挖掘前进的方法，如图2—11所示，该法适用于较长的路堑开挖。当采用此法挖掘的路堑长度较短（不超过100m）、每层开挖深度不大于3m、地面坡度较陡时，宜采用推土机作业；当采用此法挖掘的路堑长度较长（超过100m）时，宜采用铲运机作业；较长、较宽的路堑可以使用铲运机配合运土机作业。

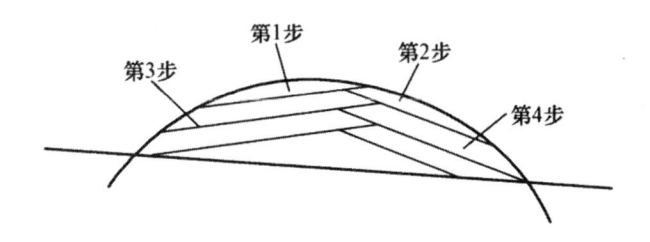

图2-11 分层纵挖法施工路堑

(2) 通道纵挖法

先沿路堑纵向挖一通道，然后将通道向两侧拓宽，直至路堑边坡设计线，如图2-12所示。上层通道拓宽至路堑边坡后，再开挖下层通道，由此向纵深开挖直至路基设计高程。该法适用于路堑较长、较深，两端地面线较小的土方路堑开挖。

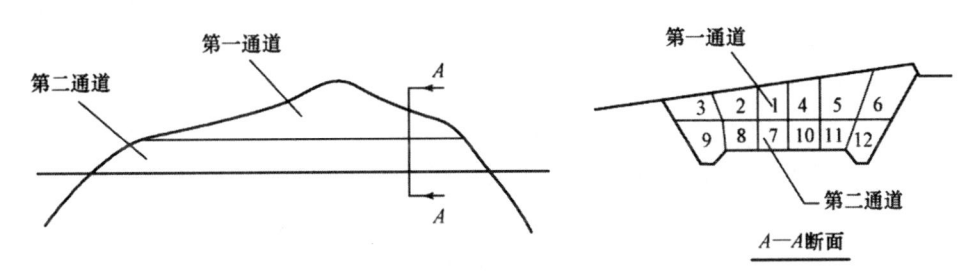

图2-12 通道纵挖法施工路堑

(3) 分段纵挖法

沿路堑纵向选择一个或几个适宜处，将较薄一侧堑壁横向挖穿，使路堑分成两段或数段，各段再进行纵向开挖。该法适用于路堑过长，开挖土方运距远的傍山路堑，其一侧的堑壁不厚的路堑开挖。

3. 混合法

当路线纵向长度和挖深都很大时，为扩大工作面，可以将横挖法和通道纵挖法混合使用，以增加工作面，提高作业效率。

(三) 土质路基压实施工

1. 影响路基压实效果的因素

路基压实的效果受很多因素影响，影响具有塑性的细粒土的压实效果的因素有内因和外因两方面。内因主要是土质和含水率；外因主要是压实功能、压实机具和压实方法等。

(1) 含水率对压实效果的影响

在路基压实过程中,如能控制工地含水率为最佳含水率,就能获得最好的压实效果。试验表明,一般塑性土的最佳含水率(按轻型击实标准)大致相当于该种土液限含水率的 0.58~0.62 倍,平均约 0.6 倍。

(2) 土质对压实效果的影响

不同的土质具有不同的最佳含水率及最大干密度,其压实效果也不同。分散性(液限、黏性)较高的土,其最佳含水率较高而最大干密度较低,这是由于土粒越细,比面积越大,土粒表面的水膜越多,加之黏土中含有亲水性较高的胶体物质。由于其颗粒粗并且呈松散状,水分易于散失,故最佳含水率对砂土没有更多的实际意义。

(3) 压实功能对压实效果的影响

压实功能是指压实机具重力、碾压次数、作用时间等。压实功能是影响压实效果的又一重要因素。通常对同一种土,随着压实功能的增大,最佳含水率会随之减小而最大干密度随之增加。因此,增大压实功能是提高土基密实度的又一种方法,然而这种方法有一定局限性,因为压实功增加到一定程度后,土的密度增长就不明显了。因此,最经济的办法是严格控制工地现场含水率,使碾压在接近最佳含水率时进行,这样便能够容易地达到规定的压实度。

(4) 压实工具和压实方法对压实效果的影响

不同的压实机具,其压力传布作用深度不同,因而压实效果也不同。通常,夯击式作用深度最大,振动式次之,静力碾压式最浅。不同压实厚度其压实效果也不同。通常情况下,夯击不宜超过 20cm,8~12t 光面碾不宜超过 20~30cm。压实作用时间越长,土的密实度越高,但随时间的进一步加长,其密实度的增长幅度会逐渐减小,故在压实时要求压实机具以较低速度行驶,以便达到预期的压实效果。

2. 压实要求

各级道路的路堤和路堑均应按照规定进行压实,并使达到规定的密实度。试验证明,经过人工压实后的土体不仅强度提高,抗变形能力增强,而且由于压实使土体透水性明显减小、毛细水作用减弱以及饱水量等减小,从而水稳性也大大提高。因此,土基压实是保证路基获得足够强度和稳定性的根本技术措施之一。由于很多道路的路面破坏都是源于路基的不均匀沉降,因此,路基压实度是衡量路基施工质量的一个重要指标。压实度是指工地上压实达到的干密度 γ 与室内标准击实试验所得的该路基土的最大干密度 γ_0 之比,用 K 表示,即:

$$K = \frac{\gamma}{\gamma_0} \times 100\%$$

显然，压实度是一个以 γ_0 为标准的相对值，意为压实的程度。在进行具体压实作业时，宜注意以下要点：

①路基工程施工的压实作业必须采用机械施工。压实机械可以根据工程规模、填料种类、气候条件、压实度要求等因素，综合考虑而确定。

②土的松铺厚度、所需压实遍数等均由试验路段确定，并在压实过程中反复检校、修正。高速公路、一级公路的土层最大松铺厚度不应超过 30cm；一般公路不宜超过 50cm。

③碾压前，要使用推土机或平地机对松土进行摊铺和整平，且自中线到两边形成 2%～4%的横向坡度，以利于排水要求。对填筑土的松铺厚度、含水率、平整度、最大粒径等均应进行检查。检查合格的部分，要及时碾压。

④路基在实施碾压的过程中，应经常检查含水率及压实度，以控制压实工作。工地的含水率通常应接近最佳含水率。若含水率过大不易碾压密实时应摊开晾晒，待其接近最佳含水率时再行碾压；如含水率过低时，需要均匀洒水至接近最佳含水率方可碾压。检查时工地含水率常采用比重法、酒精燃烧法和烘干法；干密度通常采用环刀法、灌砂法、水袋法和核子密度仪法等方法测定。

⑤采用振动式压路机碾压时，第一遍应不振动静压，然后先慢后快，由弱振至强振。

⑥各种压路机的碾压行驶速度开始用慢速，最大速度不宜超过 4km/h。碾压时路线为直线段时由两边向中间，曲线段由内侧向外侧，纵向进退式进行。

⑦注意碾压的横向接头，做到无漏压、无死角，确保碾压均匀。对振动式压路机，一般重叠 0.4～0.5m，对于三轮式压路机，一般重叠后轮的 1/2。前后相邻两段的纵向重叠长度为 1.0～1.5m。

⑧桥台背后、涵洞两侧和顶部、锥坡与挡土墙等构造物背后的填土要分层压实、分层检查，每 50m² 检查一点。每层压实层的松铺厚度不宜超过 20cm。涵洞两侧的压实应对称或同时进行。特殊路基的压实，应满足有关规范的特殊要求。

二、石质路基施工方法

山区公路路基石方工程量大而且集中，给山区公路的施工带来麻烦。采取适合于山区公路石质路基的施工方法，是山区公路施工的关键。爆破是石质路基施工中最有效的方法。

（一）爆破作用原理

爆破作用原理是药包点火后产生高温（2000℃～5000℃）、高压（1～1.5mPa）而发生冲击波（波速达1000m/s），使药包体积膨胀千倍以上。这种爆破足以使岩体破坏而产生碎裂。爆破冲击波由药包中心呈球面向外扩散，按其破坏程度大致分为四个作用圈。药包可以分为集中药包（形状接近球形或立方体，长边不超过短边4倍或高度不超过4倍直径的药包）、延长药包（长度和高度超过集中药包限制尺寸的药包）、分集药包（为提高爆破能，将一个集中药包分为两个保持一定距离的子药包）。

1. 压缩圈

爆破能够使介质粉碎，产生塑性变形，在药包周围形成空腔。

2. 抛掷圈

爆破能够冲出岩石表面，介质在重力场下做弹道飞行，产生抛掷现象。介质产生抛掷的范围边界，称为抛掷圈。

3. 松动圈

抛掷圈以外爆炸力大为减弱，但岩石结构受到破坏而松动。松动圈是指大块岩石下落崩塌，小块石块经雨水和振动作用缓慢滑坍的范围。

4. 震动圈

岩石受震动而未破坏的范围称为震动圈。

（二）爆破器材

爆破器材包括炸药和引爆材料两类。

1. 炸药

①黑火药是最常用的炸药，其威力小。

②黄色炸药又称为TNT炸药，化学名为硝基甲苯，呈粉末状，不溶于水，冲击敏感性不大，需要用雷管起爆。

③铵梯炸药又称为硝铵炸药，是TNT与硝酸铵及少量木粉的混合物。具有中等威力和一定敏感性，可用雷管安全起爆。

④胶质炸药是硝化甘油与硝酸钠的混合物。有剧毒、易爆、不安全，爆炸威力大，使用时需格外小心。

2. 引爆材料

引爆材料有导火线（如鞭炮）和传爆线（用雷管起爆）。雷管有火雷管和电雷管。火雷管用导火线点火引爆，电雷管用电线通电引爆。

（三）爆破技术

1. 小炮

小炮是用药量在1t以下的爆破，主要包括钢钎炮深孔爆破、裸露炮、药壶炮和猫洞炮。其爆破方法的采用应根据石方集中程度、地形、地质条件及路基断面形状等具体情况决定。

①钢钎炮：炮眼直径和深度分别小于7cm和5m的爆破方法。用于工程分散、石方少的情况。

②深孔爆破：炮眼孔径大于75mm、深度在5m以上（一般深8～12m），使用延长药包的爆破。该法多用于石方数量较大且较集中的情况。

③裸露炮：将药包置于被炸体表面或经清理的石缝中，药包表面用草皮或稀泥覆盖，然后进行爆破。该法仅用于破碎孤石或大块岩石的二次爆破。

④药壶炮（葫芦炮）：在炮眼底部用少量炸药经一次或多次烘膛，使炮眼底部扩大成药壶形（葫芦形），然后将炸药集中装入药壶中进行的爆破。葫芦炮炮眼较深（一般为5～7m），它适用于均匀致密黏土（硬土）、次坚石、坚石。当炮眼深度小于2.5m，且节理发育的软石、地下水发育或雨季施工时，不宜采用。

⑤猫洞炮：炮眼直径为0.2～0.5m，深度为2～6m，炮眼呈水平或略有倾斜，用集中药包进行爆破的方法。它适用于硬土、胶结良好的古河床、冰碛层、软石和节理发育的次坚石、坚石，可以利用裂隙修成导洞或药室，这种炮型对大孤石、独岩包等爆破效果较佳。

2. 大爆破

大爆破是指采用导洞和药室，装药用药在1t以上的爆破。大爆破效率高、威力大，公路石方开挖一般不宜采用。当路线穿过孤独山丘，开挖后边坡不高于6m时，根据岩石产状和风化程度，确认开挖后边坡稳定后，方可采用大爆破方案。

（四）综合爆破的设计原则

为充分发挥各种爆破方法的特点，利用地形和地质的客观条件，在路基石方工程中，常采用综合爆破。综合爆破设计应遵循以下原则：①在路基石方工程中，应充分利用地形和地质客观条件及石方集中程度，全面规划、重点设计、综合组织群爆；②利用有利地形，扩展工作面；③综合利用小炮群，分段分批爆破。

（五）爆破施工的一般注意事项

①进行爆破作业，必须由经过专业培训并取得爆破证书的专业人员施爆。

②爆破前，应查明地下有无管线，必须确保空中缆线、地下管线和施工区边界处建筑物的安全。在开挖附近有加油站、输气管等必须保证安全的建筑设施时，可采用人工开凿、化学爆破或控制爆破。

③当施爆可能对建筑物地基造成影响时，应在开挖层边界，沿设计坡面打

预裂孔（减震孔），孔深同炮孔深度，孔内不装药，孔间距不宜大于炮孔纵向间距的1/2。

④炮位设计应充分考虑岩石的产状、类别、节理发育、溶蚀等情况，避免在两种硬度相差很大的岩石交界面设置炮孔药室。

⑤炮眼的装药量一般为炮孔深度的1/3～1/2，特殊情况也不得超过2/3。对松动爆破，装药量可以降到炮孔深度的1/4～1/3。

⑥装药时间应尽可能短，避免炸药受潮。装药应自下而上，自里向外逐层堆砌平稳、密实，不得在雨雪、大风、雷电、浓雾及天黑时进行。

⑦爆破后如有瞎炮，应由原施工人员参加处理。对于大爆破，应找出线头接上电源重新起爆，或者沿导洞小心掏出堵塞物，取出起爆体，用水灌浸药室使炸药失效，然后安全清除。爆破施工后，应及时清理松石、危石和堑内土石方，并修整坡面。坡面应顺直、圆滑、大面平整。突出于设计线的石块，其突出尺寸不应大于20cm，超爆凹进部分尺寸也不应大于20cm。对于软质岩石，突出及凹进尺寸均不应大于10cm。

第三章　路面工程施工技术

第一节　路面基层（底基层）施工技术

一、无机结合料稳定类基层施工

（一）一般规定

①无机结合料稳定类基层施工宜在气温较高的季节组织。无机结合料稳定材料施工期的日最低气温应在5℃。在有冰冻的地区，应在第一次重冰冻（一般指气温达到－5～－3℃）到来的15～30d之前完成施工。

②宜避免在雨季施工，且不应在雨天施工；也不适宜在高温季节施工。

③无机结合料稳定材料在过分潮湿路段上施工时应采取措施，降低潮湿程度、消除积水。

④在正式施工前，必须铺筑试验段，对施工工艺进行总结，试验段的质量检查频率应是正常路段的两倍。

⑤压实厚度不应超过20cm，设计厚度超过20cm时，应分层铺筑，最小压实厚度为10cm。压实厚度可根据所选用的压路机种类、吨位确定。

混合料摊铺应保证足够的厚度，碾压成型后每层的摊铺厚度宜不小于160mm，最大厚度应不大于200mm。具有足够的摊铺能力和压实功率时，可增加碾压厚度，具体的摊铺厚度应根据试验结果确定。大厚度摊铺施工时，应增加相应的拌和能力。

（二）原材料选择

1. 水泥

①强度等级为32.5或42.5普通硅酸盐水泥、矿渣硅酸盐水泥或火山灰质硅酸盐水泥等均可使用。早强、快硬及受潮变质的水泥不应使用。

②所用水泥初凝时间应大于3h，终凝时间应大于6h且小于10h。

2. 石灰

①石灰技术要求应符合表3－1和表3－2的要求。

②高速公路和一级公路用石灰应不低于Ⅱ级技术要求，二级公路用石灰应不低于Ⅲ级技术要求，二级以下公路宜不低于Ⅲ级技术要求。

③高速公路和一级公路的基层，宜采用磨细消石灰。

④二级以下公路使用石灰时，有效氧化钙含量应在20%以上，且混合料强度应满足要求。

表3-1　　　　　　　　　生石灰技术要求

指标	钙质生石灰			镁质生石灰			试验方法
	Ⅰ	Ⅱ	Ⅲ	Ⅰ	Ⅱ	Ⅲ	
有效氧化钙加氧化镁含量/%	≥85	≥80	≥70	≥80	≥75	≥65	T0813
未消化残渣含量/%	≤7	≤11	≤17	≤10	≤14	≤20	T0815
钙镁石灰的分类界限，氧化镁含量/%	≤5			>5			T0812

表3-2　　　　　　　　　消石灰技术要求

指标		钙质生石灰			镁质生石灰			试验方法
		Ⅰ	Ⅱ	Ⅲ	Ⅰ	Ⅱ	Ⅲ	
有效氧化钙加氧化镁含量/%		≥65	≥60	≥55	≥60	≥55	≥50	T0813
含水率/%		≤4	≤4	≤4	≤4	≤4	≤4	T0815
细度	0.60mm方孔筛的筛余/%	0	≤1	≤1	0	≤1	≤1	T0814
	0.15mm方孔筛的筛余/%	≤	≤20	—	≤13	≤20	—	T0814
钙镁石灰的分类界限，氧化镁含量/%		≤4			>4			T0812

3. 粉煤灰等工业废渣

①干排或湿排的硅铝粉煤灰和高钙粉煤灰等均可用作基层或底基层的结合料。粉煤灰技术要求应符合表3-3规定。

②各等级公路的底基层、二级及以下公路基层使用的粉煤灰，通过率指标不满足表3-3的要求时，应进行混合料强度试验；达到本细则相关要求的强度指标时，方可使用。

③煤矿石、煤渣、高炉矿渣、钢渣及其他冶金矿渣等工业废渣可用于修筑基层或底基层，使用前应崩解稳定，宜通过不同龄期条件下的强度和模量试验

以及温度收缩或干湿收缩试验评价混合料性能。

④水泥稳定煤矸石不宜用于高速公路和一级公路。

⑤工业废渣类作为集料使用时,公称最大粒径应不大于31.5mm,颗粒组成宜有一定级配,且不宜含杂质。

表3-3　　　　　　　　　　粉煤灰技术要求

检测项目	技术要求	试验方法
SiO_2、Al_2O_3和FeO_3总含量/%	≥70	T0816
烧失量/%	≤20	T0817
比表面积/cm^2/g	≥2500	T0820
0.3mm筛孔通过率/%	≥90	T0818
0.075mm筛孔通过率/%	≥70	T0818
湿粉煤灰含水率/%	≤35	T0801

4.水

①基层材料用水应符合现行《生活饮用水卫生标准》的饮用水可直接作为基层、底基层材料拌和与养生用水。

②拌和使用的非饮用水应进行水质检验,技术要求应符合表3-4的规定。养生用非饮用水可不检验不溶物含量,其他指标应符合表3-4的规定。

表3-4　　　　　　　　　　非饮用水技术要求

项次	项目	技术要求	试验方法
1	pH值	≥4.5	《混凝土用水标准》
2	Cl^-含量/(mg·L^{-1})	≤3 500	
3	SO_4^{2-}含量/(mg·L^{-1})	≤2 700	
4	碱含量/(mg·L^{-1})	≤1 500	
5	可溶物含量/(mg·L^{-1})	≤10 000	
6	不溶物含量/(mg·L^{-1})	≤5 000	
7	其他杂质	不应有漂浮的油脂和泡沫及明显的颜色和异味	

5.粗集料

①用作被稳定材料的粗集料宜采用各种硬质岩石或砾石加工成的碎石,也可直接采用天然砾石。粗集料应符合表3-5中Ⅰ类规定,用作级配碎石的粗集料应符合表3-5中Ⅱ类规定。

②基层、底基层的粗集料规格要求宜符合表3-6的规定。

③高速公路和一级公路极重、特重交通荷载等级基层的4.75mm以上粗集料应采用单一粒径的规格料。

④作为高速公路、一级公路底基层和二级及以下公路基层、底基层稳定材料的天然砾石材料宜满足表3-6的要求，并满足级配稳定、塑性指数不大于9的要求。

⑤应选择适当的碎石加工工艺，用于破碎的原石粒径应为破碎后碎石工程最大粒径的3倍以上。碎石生产设备应包括二次或以上破碎方式的碎石生产线（其中至少有一次采用反击式或圆锥式破碎方式）、除尘设备、振动喂料机和3层以上的振动筛。

⑥碎石加工中，根据筛网放置的倾斜角度和工程经验，应选择合理的筛孔尺寸。粒径尺寸与筛孔尺寸对应关系宜符合表3-7的规定。根据破碎方式和石质的不同，可适当调整筛孔尺寸，调整范围宜为1~2mm。

⑦用作级配碎石或砾石的粗集料应采用具有一定级配的硬质石料，且不应含有黏土块、有机物等。

⑧级配碎石或砾石用作基层时，高速公路和一级公路公称最大粒径应不大于26.5mm，二级及以下公路公称最大粒径应不大于31.5mm；用作底基层时，公称最大粒径应不大于37.5mm。

表3-5　　　　　　　　　　粗集料技术要求

指标	层位	高速公路和一级公路 极重、特重交通 Ⅰ类	高速公路和一级公路 极重、特重交通 Ⅱ类	高速公路和一级公路 重、中、轻交通 Ⅰ类	高速公路和一级公路 重、中、轻交通 Ⅱ类	二级及以下公路 Ⅰ类	二级及以下公路 Ⅱ类	试验方法
压碎值/%	基层	≤22	≤22	≤26	≤26	≤35	≤30	T0316
压碎值/%	底基层	≤30	≤26	≤30	≤26	≤40	≤35	T0316
针片状颗粒含量/%	基层	≤18	≤18	22	≤18	—	≤20	T0312
针片状颗粒含量/%	底基层	—	≤20	—	≤20	—	≤20	T0312
0.075mm以下粉尘含量/%	基层	≤1.2	≤1.2	≤2	≤2	—	—	T0310
0.075mm以下粉尘含量/%	底基层	—	—	—	—	—	—	T0310
软石含量/%	基层	≤3	≤3	≤5	≤5	—	—	T0320
软石含量/%	底基层	—	—	—	—	—	—	T0320

注：对花岗岩石料，压碎值可放低至25%。

表 3－6　　　　　　　　　　粗集料规格要求

规格名称	公称粒径	通过下列筛孔（mm）的质量百分率/%									公称粒径/mm
		53	37.5	31.5	26.5	19.0	13.2	9.5	4.75	2.36	
G1	20～40	100	90～100	—	—	0～10	0～5	—	—	—	19～37.5
G2	20～30	—	100	90～100	—	0～10	0～5	—	—	—	19～31.5
G3	20～25	—	—	90～100	—	0～10	0～5	—	—	—	19～26.5
G4	15～25	—	—	—	90～100	0～10	0～5	—	—	—	13.2～26.5
G5	15～20	—	—	—	—	90～100	0～10	0～5	—	—	13.2～19
G6	10～30	—	100	90～100	—	—	0～10	0～5	—	—	9.5～31.5
G7	10～25	—	—	100	90～100	—	0～10	0～5	—	—	9.5～26.5
G8	10～20	—	—	—	100	90～100	—	0～10	0～5	—	9.5～19
G9	10～15	—	—	—	—	100	90～100	—	0～10	0～5	9.5～13.2
G10	5～15	—	—	—	—	100	90～100	40～70	0～10	0～5	4.75～13.2
G11	5～10	—	—	—	—	—	100	90～100	0～10	0～5	4.75～9.5

表 3－7　　　　　　　　　　粒径尺寸与筛孔尺寸对应表

粒径尺寸/mm	4.75	9.5	13.2	16	19	26.5	31.5	37.5
筛孔尺寸/mm	5.5	11	15	18	22	31	36	43

6. 细集料

①细集料应洁净、干燥、无风化、无杂质，并有适当的颗粒级配。

②高速公路和一级公路用细集料技术要求应符合表 3－8 的规定，规格要求应符合表 3－9 的规定。

③对 0～3mm 和 0～5mm 细集料应分别严格控制大于 2.36mm 和 4.75mm 颗粒含量。对 3～5mm 细集料应严格控制小于 2.36mm 颗粒含量。

④对于高速公路和一级公路，细集料中小于 0.075mm 颗粒含量应不大于 15%；二级及以下公路，细集料中小于 0.075mm 颗粒含量应不大于 20%。

⑤级配碎石或砾石中的细集料可使用细筛余料，或专门轧制的细碎石集料。

⑥天然砾石或粗砂作为细集料时，其颗粒尺寸应满足工程需要，且级配稳定，超尺寸颗粒含量超过现行《公路路面基层施工技术细则》或实际工程的规定时应筛除。

表 3－8 细集料技术要求

项目	水泥稳定[a]	石灰稳定	石灰粉煤灰综合稳定	水泥粉煤灰综合稳定	试验方法
颗粒分析	满足级配要求				T0302/0303/ 03270302/ 0303/0327
塑性指数[b]	≤17	适宜范围 15～20	适宜范围 12～20	—	T0118
有机质含量/%	<2	≤10	≤10	<2	T0313/0336
硫酸盐含量/%	≤0.25	≤0.8	—	≤0.25	T0341

注：①水泥稳定包含水泥石灰综合稳定。②应测定 0.075mm 以下材料的塑性指数。

表 3－9 细集料规格要求

规格名称	公称粒径/mm	通过下列筛孔（mm）的质量百分率/%								公称粒径/mm
		9.5	4.75	2.36	1.18	0.6	0.3	0.15	0.075	
XG1	3～5	100	90～100	0～15	0～5	—	—	—	—	2.36～4.75
XG2	0～3	—	100	90～100	—	—	—	—	0～15	0～2.36
XG3	0～5	100	90～100	—	—	—	—	—	0～20	0～4.75

（三）施工方法选择

无机结合料稳定类基层施工方法主要有路拌法施工和厂拌法施工两种。在实际工程中，宜根据公路等级的不同，参考表 3－10 选择基层（底基层）施工方法。对于边角部位施工，混合料拌和方式应与主线相同，可采用推土机摊铺、平地机整平的人工方式摊铺，并与主线同步碾压成型。

表 3－10 基层（底基层）施工方法选择

材料类型	公路等级	结构层位	拌和工艺		摊铺工艺	
			推荐	可选	推荐	可选
无机结合料稳定中、粗粒材料	二级及以上	基层	集中厂拌	—	摊铺机摊铺	—
无机结合料稳定细粒材料		底基层	集中厂拌	—	摊铺机摊铺	推土机摊铺，平地机整平

续表

材料类型	公路等级	结构层位	拌和工艺 推荐	拌和工艺 可选择	摊铺工艺 推荐	摊铺工艺 可选择
水泥稳定材料	二级以下	基层和底基层	集中厂拌	—	摊铺机摊铺	—
其他各种无机结合料稳定材料	二级以下	基层和底基层	集中厂拌	人工路拌	摊铺机摊铺	推土机摊铺，平地机整平
级配碎石	二级及以上	基层和底基层	集中厂拌	—	摊铺机摊铺	—
级配碎石	二级以下	基层和底基层	集中厂拌	人工路拌	摊铺机摊铺	推土机摊铺，平地机整平

二、粒料类基层施工

粒料类基层也称为柔性基层、无机结合料基层，公路工程中常指级配碎石、级配砾石及填隙碎石等材料。

级配碎石可用于各级公路的基层和底基层。级配碎石可用作较薄沥青面层与半刚性基层之间的中间层。级配砾石、级配碎（砾）石以及符合级配、塑性指数等技术要求的天然砂砾，可适用于轻交通二级及以下公路的基层以及各级公路的底基层。填隙碎石可用于各等级公路的底基层和二级以下公路的基层。

（一）级配碎（砾）石施工

级配碎（砾）石施工主要有人工路拌法和集中厂拌法。集中厂拌法施工步骤与无机结合料稳定类路面基层集中厂拌法类似。

（二）填隙碎石施工

1. 一般要求

①填隙碎石可采用干法或湿法施工。干旱缺水地区宜采用干法施工。单层填隙碎石的压实厚度宜为公称最大粒径的1.5～2.0倍。填隙碎石施工时，应符合下列规定：a. 填隙料应干燥。b. 宜采用振动压路机碾压。碾压后，表面骨料间的空隙应填满，但表面应看得见骨料。填隙碎石层上为薄沥青面层时，宜使骨料棱角外露3～5mm。c. 碾压后基层的固体体积率宜不小于85%，底基层的固体体积率宜不小于83%。d. 填隙碎石基层未洒透层沥青或未铺封层

时，不得开放交通。

②填隙碎石施工前，应按有关规定准备下承层和施工放样。

③应根据各路段基层或底基层的宽度、厚度及松铺系数，计算各段需要的骨料数量，并应根据运料车辆的车厢体积，计算每车料的堆放距离。填隙料用量宜为骨料质量的 30%～40%。

④材料装车时，应控制每车料的数量基本相等。

⑤应由远到近将骨料按计算的距离卸置于下承层，应严格控制卸料距离。

⑥用平地机或其他合适的机具将骨料均匀地铺在预定范围内，表面应平整，并有规定的路拱。应同时摊铺路肩用料。

⑦应检验松铺材料层厚度，不满足要求时应减料或补料。

2. 填隙碎石干法施工

①初压宜用两轮压路机碾压 3～4 遍，使骨料稳定就位。初压结束时，表面应平整，并具有规定的路拱和纵坡。

②填隙料应采用石屑撒布机或类似的设备均匀地撒铺在已压稳的骨料层上，松铺厚度宜为 25～30mm；必要时，可用人工或机械扫匀。

③应采用振动压路机慢速碾压，将全部填隙料振入骨料间的空隙中。无振动压路机时，可采用重型振动板。路面两侧宜多压 2～3 遍。

④再次撒布填隙料，松铺厚度宜为 20～25mm，应用人工或机械扫匀。

⑤同第③条，再次振动碾压；局部多余的填隙料应扫除。

⑥碾压后，应对局部填隙料不足之处进行人工找补，并用振动压路机继续碾压，直到全部空隙被填满，应将局部多余的填隙料扫除。

⑦填隙碎石表面空隙全部填满后，宜再用重型压碾压 1～2 遍。碾压过程中不应有任何蠕动现象。碾压之前，宜在表面洒少量水，洒水量宜不少于 3kg/m^2。

⑧需分层铺筑时，应将已压成的填隙碎石层表面骨料外露 5～10mm，然后在其上摊铺第二层骨料，按第①～⑦条要求施工。

3. 填隙碎石湿法施工

①开始工序应与填隙碎石干法施工第①～⑦条要求相同。

②骨料层表面空隙全部填满后，宜立即用洒水车洒水，直到饱和。

③宜用重型压路机跟在洒水车后碾压。应将湿填隙料及时扫入出现的空隙中。必要时，宜再添加新的填隙料。

④应洒水碾压至填隙料和水形成粉浆，粉浆应填塞全部空隙，并在压路机轮前形成微波纹状。

⑤碾压完成的路段应让水分蒸发一段时间，结构层变干后，应将表面多余

的细料以及细料覆盖层扫除干净。

⑥需分层铺筑时，宜待结构层变干后，将已压成的填隙碎石层表面填隙料扫除一些，使表面骨料外露5～10mm，然后在其上摊铺第二层骨料。

第二节　沥青路面施工技术

一、沥青路面层位及类型

（一）沥青路面层位

沥青路面主要有面层、基层（底基层）和功能层。其中沥青路面面层可分为2层或3层铺筑，如高速公路沥青面层总厚度18～20cm，可分为上、中、下3层铺筑，并根据各分层要求采用不同的级配。

相对于其他类型的路面结构，沥青路面面层还有3个用于增强及保护面层寿命的处理层，分别是透层、黏层和封层，其作用见表3-11。

表3-11　　　　　　　透层、黏层和封层作用及要求

名称	作用	要求
透层	为使沥青面层与非沥青材料基层结合良好，在基层上浇洒乳化沥青、煤沥青或液体沥青而形成的透入基层表面的薄层	沥青路面各类基层都必须喷洒透层油。沥青层必须在透层油完全渗透入基层后方可铺筑。基层上设置下封层时透层油不宜省略
黏层	使上下层沥青结构层或沥青结构层与结构物（或水泥混凝土路面）完全黏结成一个整体	双层或三层热拌沥青混合料路面的沥青层之间
封层	1. 封闭某一层起保水防水的作用 2. 起基层与沥青表面层之间的过渡和有效黏结作用 3. 路的某一层表面破坏离析松散处的加固补强 4. 基层在沥青面层修筑前，要临时开放交通，防止基层因天气或车辆作用出现水毁	封层可分为上封层和下封层

（二）沥青路面类型

1. 按技术品质和使用情况分类

（1）沥青混凝土路面

由适当比例的各种不同大小颗粒的集料、矿物和沥青，加热到一定温度后

拌和，经摊铺压实而成的路面面层。采用相当数量的矿粉是沥青混凝土的一个显著特点。较高的黏结力使路面具有较高的强度，可以承受比较繁重的车辆交通。但沥青混凝土路面的允许拉应变值较小，会产生规则的横向裂缝，因而要求强度较高的基层。对高温稳定性与低温稳定性都有要求，较小的空隙率使沥青混凝土路面透水性小、水稳性好、耐久性高，有较强的抵抗自然因素的能力，使用年限达15～20年以上。沥青混凝土路面适用于各级公路及城市道路路面，多用于高等级道路。

（2）沥青碎石路面

用有一定级配或同粒径的碎石与沥青拌合而成的混合料，称为沥青碎石混合料，用其铺成的面层称为沥青碎石面层。沥青碎石又被称为黑色碎石。

用沥青碎石作为面层的路面高温稳定性好，路面不易产生波浪，冬季不易产生冻缩裂缝，行车荷载作用下裂缝少；路面较易保持粗糙，有利于高速行车，对石料级配和沥青规格要求较宽，材料组成设计比较容易满足要求；沥青用量少，且不用矿粉，造价低。但其孔隙较大，路面容易渗水和老化。热拌沥青碎石适宜用于三四级公路。

我国按矿料的最大粒径对沥青碎石混合料进行分类，共分为6种类型，并在最大粒径之前冠以字母LS，即粒径LS－35、LS－30（粗粒式），粒径LS－25、LS－20（中粒式），粒径LS－15、LS－10（细粒式）。LS－35表示最大粒径为35mm的沥青碎石混合料。中粒式、粗粒式沥青碎石宜用作沥青混凝土面层下层、联结层和整平层。

沥青玛谛脂碎石混合料简称SmA，是一种新型混合料，由间断级配集料构成粗集料嵌挤骨架，并由沥青玛谛脂（沥青、填料、砂和纤维稳定剂组成）填充骨架孔隙而组成的沥青混合料，具有良好的抗剪切变形性能、抗疲劳开裂性能和耐久性，并具有良好的抗滑和降低噪声的性能，但工程造价较高，适用于承受特重和重交通荷载等级公路。经常应用于高速公路、一级公路和其他重要公路的表面层。

（3）沥青贯入式路面

用沥青贯入碎（砾）石作为面层的路面，即把沥青浇洒在铺好的主层集料上，再分层撒布嵌缝石屑和浇洒沥青，分层压实，形成一个较致密的沥青结构层。沥青贯入式路面的强度和稳定性主要由石料相互嵌挤作用构成。厚度通常为4～8cm，但乳化沥青贯入式路面的厚度不宜超过5cm。当贯入式上部加铺拌和的沥青混合料封层时，总厚度宜为6～10cm，其中拌合层的厚度宜为2～4cm。

沥青贯入式路面需要2～3周的成型期，在行车碾压与重力作用下，沥青逐渐下渗包裹石料，填充孔隙，形成整体的稳定结构层，温度稳定性好，热天不易出现推移、壅包，冷天不宜出现低温裂缝。贯入式路面最上层应撒布封层料或加铺拌合层。

沥青贯入式碎石适用于做二级及以下公路的沥青面层，也可以作为沥青混凝土面的联结层。

（4）沥青表面处治路面

用沥青和集料按层铺法或拌和法在具有一定强度的基层或面层上铺筑而成、厚度不超过 3cm 的沥青路面。沥青表面处治路面厚度一般为 1.5～3.0cm。层铺法可分为单层、双层、三层。单层表处厚度为 1.0～1.5cm，双层表处厚度为 1.5～2.5cm，三层表处厚度为 2.5～3.0cm。沥青表面处治路面的使用寿命不及沥青贯入式路面，设计时一般不考虑其承重强度，其作用主要是对非沥青承重层起保护和防磨耗作用。

沥青表面处治路面适用于三级、四级公路的面层、旧沥青面层上加铺罩面或抗滑层、磨耗层等。

2. 按组成结构分类

（1）密实－悬浮结构

采用连续密级配矿料配置的沥青混合料中，一方面，矿料颗粒由大到小连续分布，并通过沥青胶结作用形成密实结构；另一方面，较大一级的颗粒只有留出充足的空间才能容纳下一级较小的颗粒，这样粒径较大的颗粒往往就被较小一级的颗粒挤开，造成粗颗粒之间不能直接接触，也就不能形成相互支撑形成嵌挤骨架结构，而是彼此分类悬浮于较小的颗粒和沥青胶浆中间，形成密实－悬浮结构沥青混合料。工程常用的 AC－I 型沥青混凝土就是这种结构的典型代表。

（2）骨架－空隙结构

采用连续开级配矿料与沥青组成沥青混合料时，由于矿料多集中在较粗的粒径上，所以粗粒径的颗粒可以相互接触，彼此相互支撑，形成嵌挤的骨架但因很少含有细颗粒，粗颗粒形成的骨架孔隙无法填充，从而压实后在混合料中留下较多的孔隙，形成骨架－空隙结构。工程中使用的沥青碎石混合料（AN）和排水沥青混合料（OGFC）是典型的骨架空隙型结构。

（3）密实－骨架结构

采用间断型密级配矿料与沥青组成的沥青混合料时，由于颗粒集中在级配范围内的两端，缺少中间颗粒，所以一端的粗颗粒相互支撑嵌挤形成骨架，另一端较细的颗粒填充于骨架留下的空隙中间，使整个矿料结构呈现密实状态，形成密实－骨架结构。

沥青玛琦脂碎石混合料（SmA）是一种典型的骨架密实型结构。

3. 按矿料级配分类

（1）密级配沥青混凝土混合料

各种粒径的颗粒级配连接、相互嵌挤密实的矿料，与沥青拌和而成，且压实后的剩余孔隙率小于10%的混凝土混合料。剩余空隙率为3%～6%（行人道路2%～6%）的是Ⅰ型密实式改性沥青混凝土混合料；剩余空隙率为4%～10%的是Ⅱ型半密实式改性沥青混凝土混合料。代表类型有沥青混凝土、沥青稳定碎石。

（2）半开级配沥青混合料

由适当比例的粗集料、细集料及少量填料（或不加填料）与沥青拌合而成，压实后剩余空隙率在10%以上的半开式改性沥青混合料。代表类型有改性沥青稳定碎石，用Am表示。

（3）开级配沥青混合料

矿料级配主要由粗集料组成，细集料和填料较少，采用高黏度沥青结合料黏结形成，压实后空隙率大于15%的开式沥青混合料。代表类型有排水式沥青磨耗层混合料，以OGFC表示；另有排水式沥青稳定碎石基层，以ATPCZB表示。

（4）间断级配沥青混合料

矿料级配组成中缺少1个或几个档次而形成的级配间断沥青混合料。代表类型有沥青玛谛脂碎石混合料（SmA）。

4. 按矿料粒径分类

（1）砂碑式沥青混合料

矿料最大粒径等于或小于4.75mm（圆孔筛5mm）的沥青混合料，也称为沥青石屑或沥青砂。

（2）细粒式沥青混合料

矿料最大粒径为9.5mm或13.2mm（圆孔筛10mm或15mm）的沥青混合料。

（3）中粒式沥青混合料

矿料最大粒径为16mm或19mm（圆孔筛20mm或25mm）的沥青混合料。

（4）粗粒式沥青混合料

矿料最大粒径为26.5mm或31.5mm（圆孔筛30～40mm）的沥青混合料。

(5) 特粗粒式沥青混合料

矿料最大粒径等于或大于 37.5mm（圆孔筛 45mm）的沥青混合料。

5. 按施工温度分类

(1) 热拌热铺沥青混合料

沥青与矿料经加热后拌和，并在一定的温度下完成摊铺和碾压过程的混合料。

(2) 冷拌（常温）沥青混合料

采用乳化沥青或稀释沥青在常温下（或者加热温度很低）与矿料拌和，并在常温下完成摊铺和碾压过程的混合料。

(3) 温拌沥青混合料

一类拌和温度介于热拌沥青混合料（150～180℃）和冷拌（常温）沥青混合料之间，性能达到（或接近）热拌沥青混合料的新型节能减排沥青混合料。

各种沥青混合料的主要性能见表 3－12。

表 3－12　　　　　各种沥青混合料性能

项目	冷拌沥青混合料	热拌沥青混合料	温拌沥青混合料
拌和温度	10～40℃	150～180℃	110～120℃
性能	路用性能不稳定	性能好	性能好但长期性有待验证
能耗	低	高	相比 HmA 节能 20% 左右
有害气体	几乎无	气体排放量大	气体排放量小
规范标准	有标准的试验方法和规范	有标准的试验方法和规范	无标准规范
经济成本	低	一般	相比 HmA 较高
施工	方便	时间、距离有限定	相比 HmA 工期长运输方便
应用	一般用于路面养护	应用广泛、技术成熟	处于试探阶段

6. 按施工工艺分类

(1) 路拌法

在路上用机械将矿料和沥青材料就地拌和摊铺、碾压密实形成沥青面层的方法。此类面层所用的矿料若为碎（砾）石则称为路拌沥青碎（砾）石，所用的矿料若为土则称为路拌沥青稳定土。路拌沥青面层通过就地拌和，沥青材料在矿料中的分布比层铺法均匀，路面成型期较短。但因所用的矿料为冷料，需使用黏稠度较低的沥青材料，故混合料的强度较低。

(2) 厂拌法

将规定级配的矿料和沥青材料用专用设备加热拌和，然后送到工地摊铺碾压形成沥青路面的方法。矿料中细颗粒含量少，不含或含少量矿粉，混合料为开级配的（空隙率达10%～15%），称为厂拌沥青碎石；若矿料中含有矿粉，混合料是按最佳密实级配制的（空隙率在10%以下），称为沥青混凝土。

按混合料铺筑时温度的不同，可分为热拌热铺方法和热拌冷铺方法两种。热拌热铺是将混合料在专用设备中加热拌和后立即趁热运到路上摊铺压实的方法。如果混合料加热拌和后储存一段时间再在常温下运到路上摊铺压实，则为热拌冷铺。

二、沥青路面原材料要求

（一）一般规定

①沥青路面使用的各种材料运至现场后必须取样进行质量检验，经评定合格后方可使用，不得以供应商提供的检测报告或商检报告代替现场检测。

②沥青路面集料的选择必须经过认真的料源调查，确定料源应尽可能就地取材。质量符合使用要求，石料开采必须注意环境保护，防止破坏生态平衡。

③集料粒径规格以方孔为准。不同料源、品种、规格的集料不得混杂堆放。

（二）道路石油沥青

①道路石油沥青各等级的适用范围应符合表3-13的规定。道路石油沥青的质量应符合现行《公路沥青路面施工技术规范》的相关要求。

②沥青路面采用的沥青标号，宜按照公路等级、气候条件、交通条件、路面类型及在结构层中的层位及受力特点、施工方法等，结合当地的使用经验，经技术论证后确定。

表3-13　　　　　　　　道路石油沥青的适用范围

沥青等级	适用范围
A级沥青	各个等级的公路，适用于任何场合和层次
B级沥青	1. 高速公路、一级公路沥青下面层及以下层次，二级及以下公路的各个层次； 2. 用作改性沥青、乳化沥青、改性乳化沥青、稀释沥青的基质沥青
C级沥青	三级及以下公路的各个层次

对高速公路、一级公路，夏季温度高、高温持续时间长、重载交通、山区及丘陵区上坡路段、服务区、停车场等行车速度慢的路段，尤其是汽车荷载剪应力大的层次，宜采用稠度大、黏度大的沥青，也可提高高温气候分区的温度水平选用沥青等级；对冬季寒冷地区或交通量小的公路、旅游公路宜选用稠度

小、低温延度大的沥青；对温度日温差、年温差大的地区宜注意选用针入度指数大的沥青。当高温要求与低温要求发生矛盾时，应优先考虑满足高温性能的要求。

当缺乏所需标号的沥青时，可采用不同标号掺配的调和沥青，其掺配比例由试验决定。掺配后的沥青质量应符合《公路沥青路面施工技术规范》的相关要求。

（三）乳化石油沥青

①乳化沥青适用于沥青表面处治路面、沥青贯入式路面、冷拌沥青混合料路面、修补裂缝，以及喷洒透层、黏层与封层等。乳化沥青的品种和适用范围宜符合表3－14的规定。

②乳化石油沥青质量应符合"道路用乳化沥青技术要求"的规定。

③乳化沥青类型根据集料品种及使用条件选择。阳离子乳化沥青可适用于各种集料品种，阴离子乳化沥青适用于碱性石料。乳化沥青的破乳速度、黏度宜根据用途与施工方法选择。

④制备乳化沥青用的基质沥青，对于高速公路和一级公路，宜符合表3－12道路石油沥青A、B级沥青的要求，其他情况可采用C级沥青。

⑤乳化沥青宜存放在立式罐中，并保持适当搅拌。贮存期以不离析、不冻结、不破乳为度。

表3－14　　　　　　　　乳化沥青品种及适用范围

分类	品种及代号	适用范围
阳离子乳化沥青	PC－1	表面处治、贯入式路面及下封层用
	PC－2	透层油及基层养护用
	PC－3	黏层油用
	BC－1	稀浆封层或冷拌沥青混合料用
乳化沥青	PA－1	表面处治、贯入式路面及下封层用
	PA－2	透层油及基层养护用
	PA－3	黏层油用
	BA－1	稀浆封层或冷拌沥青混合料用
阴离子乳化沥青	PN－2	透层油用
	BN－1	与水泥稳定集料同时使用（基层路拌或再生）

（四）液体石油沥青

①液体石油沥青适用于透层、黏层及拌制冷拌沥青混合料。根据使用目的

与场所,可选用快凝、中凝、慢凝的液体石油沥青,其质量应符合"道路液体石油沥青技术要求"的规定。

②液体石油沥青宜采用针入度较大的石油沥青,使用前按先加热沥青后加稀释剂的顺序,掺配煤油或轻柴油,经适当的搅拌、稀释制成。掺配比例根据使用要求由试验确定。

③液体石油沥青在制作、贮存、使用的全过程中必须通风良好,并有专人负责,确保安全。基质沥青的加热温度严禁超过140℃,液体沥青的贮存温度不得高于50℃。

(五)改性沥青

①改性沥青可单独或复合采用高分子聚合物、天然沥青及其他改性材料制作。

②各类聚合物改性沥青质量应符合"聚合物改性沥青技术要求"的规定,其中PI(针入度指数)值可作为选择性指标。当使用"聚合物改性沥青技术要求"表列以外的聚合物及复合改性沥青时,可通过试验研究制订相应的技术要求。

③制造改性沥青的基质沥青应与改性剂有良好的配伍性,其质量宜符合表3—13中A级或B级道路石油沥青的技术要求。供应商在提供改性沥青质量报告时,应提供基质沥青质量检验报告或沥青样品。

④天然沥青可以单独与石油沥青混合使用或与其他改性沥青混融后使用。沥青质量要求宜根据其品种参照相关标准和成功的经验执行。

⑤用作改性剂SBR胶乳的固体物含量宜少于45%,使用中严禁长时间暴晒或遭冰冻。

⑥改性沥青剂量以改性剂占改性沥青总量的百分数计算,胶乳改性沥青剂量应以扣除水以后的固体物含量计算。

⑦改性沥青宜在固定式工厂或在现场设厂集中制作,也可在拌和厂现场制造和使用,改性沥青的加工温度不宜超过180胶乳改性剂和制成颗粒的改性剂可直接投入拌和缸中生产改性沥青混合料。

⑧用溶剂法生产改性沥青母体时,挥发性溶剂回收后的残留量不得超过5%。

⑨现场制造的改性沥青最好随配随用,需做短时间保存或运送到附近工地时,使用前必须搅拌均匀,在不发生离析的状态下使用。改性沥青制作设备必须设有随机采集样品的取样口,采集的试样宜立即在现场灌模。

三、热拌沥青混合料路面施工

(一) 一般规定

①沥青混合料集料的最大粒径宜从上至下逐渐增大，并应与压实层厚度相匹配。对热拌热铺密级配沥青混合料，沥青层一层的压实厚度不宜小于集料公称最大粒径的 2.5～3 倍，对 SmA 和 OGFC 等嵌挤型混合料不宜小于公称最大粒径的 2～2.5 倍，以减少离析，便于压实。

②石油沥青加工及沥青混合料施工温度应根据沥青标号及黏度、气候条件、铺装层厚度确定。a. 普通沥青结合料的施工温度宜通过在 135℃ 及 175℃ 条件下测定的黏度－温度曲线确定。缺乏黏温曲线数据时，可参照表 3-15 的范围选择，并根据实际情况确定使用高值或低值。当表中温度不符实际情况时，容许作适当调整。b. 聚合物改性沥青混合料的施工温度根据实践经验并参照表 3-16 选择。通常宜较普通沥青混合料施工温度提高 10～20 采用冷态胶直接喷入法拌和的改性沥青混合料，集料烘干温度应进一步提高。c. SmA 混合料的施工温度应视纤维品种和数量、矿粉用量不同，在改性沥青混合料基础上作适当提高。

③热拌沥青混合料面层施工前，应对混合料进行配合比设计，配合比设计分目标配合比设计、生产配合比设计和生产配合比验证 3 个阶段。在施工过程中，不得随意变更经设计确定的标准配合比。对同一拌和场两台拌和机，如果使用相同品种的矿料和沥青，可使用同一目标配合比，但每台拌和机必须独立进行生产配合比设计。矿料和沥青产地、品种等发生变化，必须重新进行设计。

④热拌沥青混合料面层施工应采用集中厂拌混合料、摊铺机摊铺、压路机碾压施工工艺。

⑤正式施工前，必须铺筑试验段，对施工工艺进行总结。试验段质量检查频率应是正常路段的两倍。

⑥沥青面层应在不低于 10℃ 气温下进行施工，同时严禁雨天、路面潮湿情况下施工。施工期间应注意天气变化，已摊铺沥青层因遇雨未进行压实的应予以铲除。雨天过后，下卧层完全干燥后方可进行沥青面层施工。

表 3-15　　　　　　　热拌沥青混合料的搅拌和施工温度

施工工序		石油沥青标号			
		50 号	70 号	90 号	110 号
沥青加热温度		160~170	155~165	150~160	145~155
矿料加热温度	间隙式拌和机	集料加热温度比沥青温度高 10~30			
	连续式拌和机	矿料加热温度比沥青温度高 5~10			
沥青混合料出料温度		150~170	145~165	140~160	135~155
混合料贮料仓贮存温度		贮料过程中温度降低不超过 10			
混合料废弃温度		≥200	≥195	≥190	≥185
运输到现场温度		≥150	≥145	≥140	≥135
混合料摊铺温度	正常施工	≥140	≥135	≥130	≥125
	低温施工	≥160	≥150	≥140	≥135
开始碾压的混合料内部温度	正常施工	≥135	≥130	≥125	≥120
	低温施工	≥150	≥145	≥135	≥130
碾压终了表面温度	钢轮压路机	≥80	≥70	≥65	≥60
	轮胎压路机	≥85	≥80	≥15	≥70
	振动压路机	≥75	≥70	≥60	≥55
开放交通的路表温度		≤50	≤50	≤50	≤45

注：①沥青混合料施工温度采用具有金属探测针的插入式数显温度计测量。表面温度可采用表面接触式温度计测定。当采用红外线温度计测量表面温度时，应进行标定。②表中未列入的 130 号、160 号及 30 号沥青的施工温度由试验确定。

表 3-16　　　　　聚合物改性沥青混合料的正常施工温度范围

工序	聚合物改性沥青品种		
	SBS 类	SBR 胶乳类	EVA，PE 类
沥青加热温度	160~165		
改性沥青现场制作温度	165~170	—	165~170
成品改性沥青加热温度	≤175	—	≤175
集料加热温度	190~220	200~210	185~195
改性沥青 SmA 混合料出厂温度	170~185	160~180	165~180
混合料最高温度（废弃温度）	195		

续表

工序	聚合物改性沥青品种		
	SBS 类	SBR 胶乳类	EVA，PE 类
混合料贮存温度	拌和出料后降低不超过 10		
摊铺温度	≥160		
初压开始温度	≥150		
碾压终了表面温度	≥90		
开放交通的路表温度	≤50		

注：①同表 3-15。②当采用表列以外的聚合物或天然沥青改性沥青时，施工温度由试验确定。

（二）施工工艺流程

1. 施工准备

①沥青混合料面层施工前的技术、机械、试验检测仪器、料场与材料及作业面等各项准备可参照沥青路面施工技术细则执行。

②应对沥青混合料拌和机、摊铺机、压路机等各种施工机械和设备进行调试，对机械设备的配套情况、技术性能、计量设备等进行检查或标定。

③应准备施工过程中所需要的各种记录表格和现场温度、厚度检测设备。根据摊铺长度估算当日生产吨位，明确拌和场、施工现场、试验室责任联系人，实现拌和场与施工现场畅通联系、动态控制。

④铺筑沥青面层前，应检查基层或下卧沥青层质量，不符合要求的不得铺筑沥青面层。下卧层已被污染时，必须清洗或经铣刨处理后方可铺筑沥青混合料。

⑤根据施工方案确定的高程及厚度控制方式进行测量放线，恢复中线、设置边桩，中面层桥头处和下面层摊铺前，中分带、路肩外侧直线段宜每 10m 设一边桩，平曲线段宜每 5m 设一个边桩，中、上面层在中分带、路肩外边缘设置指示标志，应明显标记出施工桩号，用白灰画出各结构层的边缘线。

2. 试验段施工

高速公路和一级公路沥青路面在施工前应铺筑试验段。其他等级公路在缺乏施工经验或初次使用重大设备时，也应铺筑试验段。当同一施工单位在材料、机械设备及施工方法与其他工程完全相同时，也可利用其他工程的结果，不再铺筑新的试验路段。

试验段开工前 28d 安装好试验仪器和设备，配备好的试验人员报请监理工程师审核。各层开工前 14d 在监理工程师批准的现场备齐全部机械设备进行试验段铺筑，以确定松铺系数、施工工艺、机械配备、人员组织、压实遍数，并检查压实度、沥青含量、矿料级配、沥青混合料马歇尔各项技术指标等。

①试验段应选在具有代表性的主线直线段，采用两种或两种以上的试铺碾压方案，每种方案长度通常不小于250m。

②热拌热铺沥青混合料路面试验段铺筑包括试拌和试铺两个阶段，需要确定以下试验内容：a. 根据各种机械施工能力相匹配的原则，确定适宜的施工机械，依据生产能力结合实际工程决定机械数量与组合方式。b. 通过试拌确定拌和数量、时间、温度及上料速度等参数，考察计算机打印装置的可信度；验证沥青混合料的配合比设计和沥青混合料的技术性质，提出生产用的标准配合比和最佳沥青用量。c. 通过试验段确定：检验沥青混合料施工性能，评价是否利于摊铺和压实，要求混合料均匀不离析、不结块；摊铺机的操作方式——摊铺温度、摊铺速度、初步振捣夯实的方法和强度、自动找平方式等；压实机具的选择、组合，压实顺序，碾压温度，碾压速度及遍数，建立用钻孔法与核子密度仪无破损检测路面密度的对比关系，确定压实度的标准检测方法；通过试铺，确定透层油的喷洒方式和效果、摊铺、压实工艺，确定松铺系数；采用适宜的施工缝处理方法；检测试验段的渗水系数和路面平整度。

3. 沥青混合料拌和

沥青混合料可采用间歇式拌和机或连续式拌和机拌制。高速公路和一级公路宜采用间歇式拌和机拌和。连续式拌和机使用的集料必须稳定不变，一个工程从多处进料、料源或质量不稳定时，不得采用连续式拌和机。

①沥青混合料在施工过程中，应安排专人对沥青拌和机进行日常检查维护，确保拌和机运转正常。拌和厂应符合下列规定：a. 拌和厂设置必须符合国家有关环境保护、消防、安全等规定。b. 拌和厂与工地现场距离应充分考虑交通堵塞的可能，确保混合料的稳定下降不超过要求，且不致因颠簸造成混合料离析。c. 拌和厂应具有完备的排水设施。各种集料必须分隔贮存，细集料场应设防雨顶棚，料场及场内道路应做硬化处理，严禁泥土污染集料。d. 拌和机宜备有保温性能好的成品储料仓，贮存过程中混合料降温不得高于10℃，且不能有沥青滴漏。道路石油沥青混合料的贮存时间不得超过72h，改性沥青混合料的贮存时间不宜超过24h，SmA混合料只限当天使用，OGFC混合料宜随拌随用。

②高速公路和一级公路施工用的间歇式拌和机须配备计算机设备，拌和过程中逐盘采集并打印各个传感器的材料用量和沥青混合料拌和量、拌和温度等各种参数，随时在线检查矿料级配和油石比，并定期对拌和机的计量和测温进行校核。每个台班结束时打印出一个台班的统计量，按现行《公路沥青路面施

上技术规范》规定的方法进行沥青混合料生产质量及铺筑厚度的总量检验。总量检验资料有异常波动时，应立即停止生产，分析原因。

③拌和时间。道路石油沥青混合料每盘的拌和周期一般不少于45s，其中干拌时间一般不少于5s；改性沥青混合料拌和时间适当延长，改性沥青SmA混合料拌和周期一般为60～70s（表3－17）。拌和时间应根据具体情况由试拌确定，保证沥青均匀裹覆。

④生产添加纤维的沥青混合料时，纤维必须在混合料中充分分散，拌和均匀。拌和机应配备同步投料装置。松散的絮状纤维可与沥青同时或稍后喷入拌和锅，拌和时间宜延长5s以上。颗粒纤维可与粗集料同时加入，干拌5～10s。工程量很小时，也可分装成塑料小包由人工直接投入拌和锅。

⑤使用改性沥青时，应随时检查沥青泵、管道、计量器是否受堵，堵塞时应及时清洗。

⑥沥青和集料的加热温度以及沥青混合料的出厂温度应符合表3－15、表3－18的规定，集料温度应比沥青温度高10～15℃。每天开始几盘集料应提高加热温度，并干拌几锅集料废弃，再正式加沥青拌和混合料。

⑦沥青混合料出厂时，应逐车检测沥青混合料的质量和温度，目测检查混合料有无异常，如混合料有花白、冒青烟和离析等现象。若有异常，应查明原因，及时调整。出厂时，应记录出厂时间，签发运料单。

表3－17　　　　　改性沥青SmA混合料拌和时间及加料次序

生产次序	1	2	3
生产环节	加集料、加矿粉	加沥青、加纤维	出料
拌和时间	干拌约10s，湿拌约50s，总拌和周期60～70s		

表3－18　　　　　普通沥青混合料正常施工温度控制范围

工序		规定指标/℃
沥青加热温度		150～170
矿料加热温度		165～190
混合料出场温度		150～165，超过185废弃
混合料运输到现场温度		不低于150
摊铺温度	正常施工	不低于140～145，且不超过170
	低温施工	不低于145～150，且不超过175

续表

工序		规定指标/℃
初压温度	正常施工	135~145
	低温施工	145~155，不低于135
复压温度	正常施工	130~140，不低于125
	低温施工	135~145，不低于125
终压温度	正常施工	105~125
	低温施工	115~135，不低于100

4. 混合料运输

①热拌沥青混合料宜采用大吨位的车辆运输，一般应不小于15t。车辆数量应根据运输距离、摊铺速度确定，适当留有富余，摊铺机前方应有不少于5辆运料车等候卸料为宜，以确保现场连续摊铺需要。

②运输车辆在每天使用前后，要检验其完好性，装料前应将车厢清洗干净。为防混合料黏在车厢底板上，可采取涂刷隔离剂或一薄层油水（柴油：水＝1∶3）混合液，但不得有余液积聚在车厢底部。

③拌和机或储料仓向运料车放料时，料车应"前、后、中"移动，分3~5次装料。

④运料车应采用厚苫布覆盖严密，苫布至少应下挂到车厢板的一半，卸料过程中宜继续覆盖直到卸料结束。在气温较低时，运料车车厢侧面应加装保温层，确保混合料温度稳定。

⑤采用数字显示插入式热电偶温度计检测沥青混合料的出厂温度和运到现场温度，插入深度要大于150mm。在运料卡车侧面中部设专用检测孔，孔口距车厢底面约300mm。测试方法应符合《公路路基路面现场测试规程》的规定。

⑥运输到摊铺现场的混合料，如温度不符合要求或遭雨淋，应作废弃处理。

⑦运料车进入摊铺现场时，轮胎上不得黏有泥土等可能污染路面的脏物，否则应将轮胎清洗后方可进入施工现场。

⑧卸料过程中，运料车在摊铺机前10~30cm处停住，运料车不得撞击摊铺机。卸料过程中运料车应挂空挡，靠摊铺机推动前进。

有条件时，运料车可将混合料卸入转运车经二次拌和后向摊铺机连续均匀的供料。运料车每次卸料必须倒净，尤其是对改性沥青或SMA混合料，如有剩余，应及时清除，防止硬结。

SmA 及 OGFC 混合料在运输、等候过程中，如发现有沥青混合料沿车厢板滴漏时，应采取措施予以避免。

5. 混合料摊铺

热拌沥青混合料应采用沥青摊铺机摊铺。在喷洒有黏层油的路面上铺筑改性沥青混合料或 SmA 时，宜使用履带式摊铺机。

①沥青混合料摊铺时应单幅一次性摊铺，可采用两台或多台摊铺机梯队同时摊铺作业，也可采用一台摊铺机摊铺。两台摊铺机摊铺时，摊铺机必须为同一机型，新旧程度和性能相近，以保证铺筑均匀、一致。

②摊铺机开工前应提前 0.5～1h 预热熨平板，使其温度不低于 100℃。铺筑过程中，应使熨平板的振捣或夯锤压实装置有适宜的振动频率和振幅，以保证面层的初始压实度达 85% 左右。熨平板连接应紧密，避免摊铺的混合料出现划痕。

③沥青混合料底面层摊铺与桥面上下铺装层摊铺时，应采用钢丝引导控制高程的方式，简称走钢丝。钢丝为扭绞式，直径不小于 3mm，钢丝拉力大于 800 N，每 10m 设一钢丝支架。采用两台摊铺机进行摊铺施工时，靠中央分隔带侧摊铺机在前，其左架设钢丝，摊铺机上安装横坡仪或在右侧架设铝合金导梁控制摊铺层横坡；后面摊铺机右侧架设钢丝，左侧在摊铺好的层面上走"雪橇"控制高程。中、上面层应采用非接触式平衡梁控制摊铺高度和厚度。两台摊铺机摊铺层的纵向热接缝应采用斜接缝，避免出现缝痕。两台摊铺机前后距离不应超过 10m。

④调好螺旋布料器两端的自动料位器，并使料门开度、链板送料器速度和螺旋布料器转速相匹配。螺旋布料器内混合料表面以略高于螺旋布料器 2/3 高度为宜，熨平板挡板前混合料高度应在全宽范围内保持一致，避免离析现象。

⑤摊铺机作业方向应与路面车辆行驶方向一致，摊铺速度应控制在 2～6m/min，改性沥青摊铺速度宜放慢至 1～3m/min。根据拌和机的产量、施工机械配套情况及摊铺厚度、摊铺宽度予以调整，做到缓慢、均匀，连续摊铺，做到每天仅在收工时停机一次。

⑥面层压实前，禁止人员踩踏。一般不宜人工整修，若出现局部离析等特殊情况，应在技术人员指导下，由施工人员进场找补或更换混合料。

⑦在桥隧过渡段应严格按照设计要求进行施工，提前做好工作面准备，处理好欠压实、松散、不平整等问题，并扫除松散材料和所有杂物。

⑧摊铺过程中，应随时检测松铺厚度，发现异常应立即调整。

⑨中央分隔带路缘石应在摊铺面层前完工，铺筑时应在靠近路缘石位置适量多铺混合料，并确保该处沥青混合料压实度。

⑩在路面狭窄和加宽部分、平曲线半径过小的匝道、斜交桥头等摊铺机不能摊铺的部位，可辅用人工摊铺混合料。人工摊铺应严格控制操作时间、松铺厚度、平整度等。

⑪沥青路面施工的最低气温应考虑铺筑层厚度、气温、风速及下卧层表面温度的确定。考虑施工需要，根据下卧层表面温度调整沥青混合料的最低摊铺温度，且满足表3－15和表3－18规定的温度要求。每天施工开始阶段宜采用较高温度的混合料。温度测试仪器可选用手持式红外测温仪或数字插入式测温仪测定。

6. 混合料压实

沥青混凝土道路施工中，对沥青混凝土必须进行压实，其目的是提高沥青混凝土混合料的强度稳定性以及疲劳特性。所以，压实质量的好坏直接影响沥青路面的平整度和密实度。

沥青路面的压实度采取重点对碾压工艺进行过程控制，综合采用钻孔抽检压实度和核子密度仪法测定压实度。碾压工艺的控制包括压路机的配置（台数、吨位及机型）、排列和碾压方式、压路机与摊铺机的距离、碾压温度、碾压速度、压路机洒水（雾化）情况、碾压段长度、掉头方式等。

（1）碾压设备配置

沥青面层施工应配备足够数量的压路机。当施工气温低、风速大、碾压层薄时，应增加压路机数量。沥青混合料面层压实应采用重型压路机，双钢轮压路机应不小于12t。轮胎压路机应不小于25t。必要时应采用30t以上的轮胎压路机进行碾压作业，OGFC沥青混合料宜采用小于12t双钢轮压路机。压路机使用性能良好，不得出现漏油现象。

（2）应选择合理的压路机组合方式及碾压步骤

初压应在混合料不产生推移、开裂且较高温度下进行。初压一般采用双钢轮压路机，AC和Superpave型混合料复压宜采用轮胎压路机，SmA、OGFC宜采用双钢轮压路机；终压采用双钢轮压路机。单幅两车道沥青混合料路面的碾压模式可参照表3－19执行。

（3）碾压原则

为避免碾压时混合料推挤产生臃包，碾压时驱动轮应朝向摊铺机；碾压路线及方向不应突然改变；压路机启动、停止必须减速缓行，不得刹车制动；压路机折回位置应呈阶梯状，不应在同一横断面。

表 3－19　　　　　　　　常见沥青混合料路面的碾压模式

面层	碾压阶段	压路机类型	数量/台	碾压模式
AC、superpave混合料	初压	双钢轮振动压路机（11t以上）	2	整幅范围内，前后振压2遍
	复压	轮胎压路机（25t以上）	3	整幅范围内套轮循环碾压，各2遍
	终压	双钢轮振动压路机（12t以上）	1	静压1~2遍
SmA混合料	初压	双钢轮振动压路机（11t以上）	2	整幅范围内，前后振压2遍
	复压	双钢轮振动压路机（11t以上）	2	整幅范围内套轮循环碾压，各2遍
	终压	双钢轮振动压路机（11t以上）	1	静压1~2遍
OGFC混合料	初压	双钢轮振动压路机（12t以上）	2	整幅范围内，前后振压2遍
	复压	双钢轮振动压路机（12t以上）	2	整幅范围内套轮循环碾压，各2遍
	终压	双钢轮振动压路机（12t以上）	1	静压1~2遍

（4）碾压工序流程（遍数）

沥青混合料压实应按初压、复压、终压（包括成型）3个阶段进行。压路机应以缓慢而均匀的速度碾压，压路机的适宜碾压速度随初压、复压、终压及压路机的类型而不同。

（5）压实注意事项

①碾压现场应设专岗对碾压温度、碾压工艺进行管理和检查，做到不漏压、不超压。初压、复压、终压段落应设置明显标志。②在当天碾压完成的沥青面层上，不得停放压路机及其他施工设备，并防止矿料、油料和杂物散落在沥青面层上。③宜用沾有隔离剂的拖布擦涂轮胎，防止沥青混合料黏轮，禁止使用柴油、机油等作为压路机隔离剂。④钢轮压路机碾压过程中，应使用洁净的可饮用水作为隔离剂，喷水量不宜过大，使钢轮表面湿润不黏轮为度。⑤碾压成型的面层外观应均匀。压实完成12h后或路面温度低于50℃，方能允许施工车辆通行。

7. 接缝处理

沥青面接缝形式主要有纵缝、横缝、新旧路面的接缝等各类施工缝。施工缝往往由于压实不足，容易产生台阶、裂缝、松散等病害，影响路面的平整度和耐久性，施工时必须十分注意。

沥青路面施工必须接缝紧密、连接平顺，不得产生明显的接缝离析，上下层的裂缝应错开15cm（热接缝）或30~40cm（冷接缝）以上。相邻两幅及上下层的横向接缝均应错位1m以上。接缝施工应用3m直尺检查，确保平整度符合要求。

第三节 水泥混凝土路面施工技术

一、水泥混凝土路面用料要求

(一) 水泥

①极重、特重、重交通荷载等级道路面层水泥混凝土应采用旋窑生产的道路硅酸盐水泥、硅酸盐水泥、普通硅酸盐水泥,中、轻交通荷载等级道路面层水泥混凝土可采用矿渣硅酸盐水泥。高温期施工宜采用普通型水泥,低温期宜采用早强型水泥。

②面层水泥混凝土所用水泥各龄期的实测抗折强度、抗压强度应符合表3-20的规定。水泥进场时,每批量应附有化学成分、物理、力学指标合格的检验证明,并通过混凝土配合比试验,根据其配制弯拉强度、耐久性和工作性优选适宜的水泥品种、强度等级。

③用机械化铺筑时,宜选用散装水泥。对于散装水泥的夏季出厂温度,南方不宜高于65℃,北方不宜高于55℃。对于混凝土搅拌时的水泥温度,南方不宜高于60℃,北方不宜高于50℃,且不宜低于10℃。

表3-20　　　面层水泥混凝土用水泥各龄期的实测强度值

混凝土设计弯拉强度标准值/MPa	5.5		5.0		4.5		4.0	
龄期/d	3	28	3	28	3	28	3	28
水泥实测抗折强度/MPa	≥5.0	≥8.0	≥4.5	≥7.5	≥4.0	≥7.0	≥3.0	≥6.5
水泥实测抗压强度/MPa	≥23.0	≥52.5	≥17.0	≥42.5	≥17.0	≥42.5	≥10.0	≥32.5

当贫混凝土和碾压混凝土用作基层时,可使用各种硅酸盐类水泥。不掺入粉煤灰时,宜使用32.5级以下水泥。掺入粉煤灰时,只能使用道路水泥、硅酸盐水泥、普通水泥。水泥的抗压强度、抗折强度、安定性和凝结时间必须检验合格。

(二) 掺合料

①面层水泥混凝土可单独或复配掺用符合规定的粉状低钙粉煤灰、矿渣粉或硅灰等掺合料,不得掺用结块或潮湿的粉煤灰、矿渣粉和硅灰。粉煤灰质量不应低于Ⅱ级粉煤灰的要求。不得掺用高钙粉煤灰或Ⅲ级及以下低钙粉煤灰。粉煤灰宜用散装,进货应有等级检验报告。

②应确切了解所用水泥中已经加入的掺合料种类和数量，掺加于面层水泥混凝土中的矿渣粉、硅灰，其质量应符合规定。使用矿渣硅酸盐水泥时不得再掺加矿渣粉。高温期施工时，不宜掺用硅灰。

③各种掺合料在使用前，应进行混凝土配合比试配检验与掺量优化试验，确认面层水泥混凝土弯拉强度、工作性、抗磨性、抗冰冻性、抗盐冻性等指标满足设计要求。

（三）粗集料与再生粗集料

①粗集料应使用质地坚硬、漂亮、耐久、干净的碎石、碎卵石或卵石，并应符合表3-21的规定。

②用作路面和桥面混凝土的粗集料不得使用不分级的集料，应按最大公称粒径的不同采用2~4个粒级的集料进行掺配，并应符合合成级配的要求。卵石最大公称粒径不宜大于19.0mm，碎卵石最大公称粒径不宜大于26.5mm，碎石最大公称粒径不应大于31.5mm。贫混凝土基层粗集料最大公称粒径不应大于31.5mm，钢纤维混凝土与碾压混凝土粗集料最大公称粒径不宜大于19.0mm，碎卵石或碎石中粒径小于75μm石粉含量不宜大于1%。

表3-21　　　　　碎石、破碎卵石和卵石质量标准

项次	项目		技术要求		
			Ⅰ级	Ⅱ级	Ⅲ级
1	碎石压碎值/%		≤18.0	≤25.0	≤30.0
2	卵石压碎值/%		≤21.0	≤23.0	≤26.0
3	坚固性（按质量损失计）/%		≤5.0	≤8.0	≤12.0
4	针片状颗粒含量（按质量计）/%		≤8.0	≤15.0	≤20.0
5	含泥量（按质量计）/%		≤0.5	≤1.0	≤2.0
6	泥块含量（按质量计）/%		≤0.2	≤0.5	≤0.7
7	吸水率（按质量计）/%		≤1.0	≤2.0	≤3.0
8	硫化物及硫酸盐含量（按SO_3质量计）/%		≤0.5	≤1.0	≤1.0
9	洛杉矶磨耗损失/%		≤28.0	≤32.0	≤35.0
10	有机物含量（比色法）		合格	合格	合格
11	岩石抗压强度/MPa	岩浆岩	≥100		
		变质岩	≥80		
		沉积岩	≥60		

续表

项次	项目	技术要求		
		Ⅰ级	Ⅱ级	Ⅲ级
12	表观密度/（kg·m^{-2}）	≥2500		
13	松散堆积密度/（kg·m^{-2}）	≥1350		
14	空隙率/%	≤47		
15	磨光值/%	≥35.0		
16	碱活性反应	不得有碱活性反应或疑似碱活性反应		

注：①有抗冻、抗盐冻要求时，应检验粗集料吸水率。
②硫化物及硫酸盐含量、碱活性反应、岩石抗压强度在粗集料使用前应至少检验一次。
③洛杉矶磨耗损失、磨光值仅在要求制作露石水泥混凝土面层时检测。

（四）细集料

①细集料应采用质地坚硬、耐久、洁净的天然砂或机制砂，不宜使用再生细集料。使用天然砂或机制砂时，应符合各自对应的质量标准。极重、特重、重交通荷载等级道路面层混凝土用的细集料质量应不低于Ⅱ级要求，中、轻交通荷载等级道路面层混凝土可使用Ⅲ级细集料。机制砂宜采用碎石为原料，并用专用设备生产，对机制砂母岩的抗压强度应满足相应的技术要求。

②细集料的级配要求应符合规范规定，路面和桥面用天然砂宜为中砂，也可使用细度模数 2.0～3.5 的砂。同一配合比用砂的细度模数变化范围不应超过 0.3，否则，应分别堆放，并调整配合比中的砂率后使用。

（五）水

饮用水可直接作为混凝土搅拌和养护用水。非饮用水应进行水质检验，并符合现行《公路水泥混凝土路面施工技术细则》的规定，还应与蒸馏水进行水泥凝结时间与水泥胶砂强度的对比试验。对比试验的水泥初凝与终凝时间，其允许偏差不应大于 30min，水泥胶砂 3d 和 28d 强度不应低于蒸馏水配制的水泥胶砂 3d 和 28d 强度的 90%。养护用水可不检验，但也应符合相关要求。

（六）外加剂

①外加剂主要有普通减水剂、高效减水剂、早强减水剂、缓凝高效减水剂、缓凝减水剂、引气减水剂、引气高效减水剂、引气缓凝高效减水剂、早强高效减水剂、引气早强高效减水剂、早强剂、缓凝剂、引气剂、阻锈剂等。其产品质量应符合相应技术指标。供应商应提供有相应资质外加剂检测机构出示的品质检测报告，检验报告应说明外加剂的主要化学成分，认定对人员无毒副

作用。

②引气剂应选用表面张力降低值大、水泥稀浆中起泡容量多、不溶残渣少的产品。有抗冰（盐）冻要求地区，各交通等级路面、桥面、路缘石、路肩及贫混凝土基层必须使用引气剂；无抗冰（盐）冻要求地区，二级及以上公路路面混凝土中应使用引气剂。

③各交通等级路面、桥面混凝土宜选用减水率大、坍落度损失小、可调控凝结时间的复合型减水剂。高温施工宜使用引气缓凝（保塑）（高效）减水剂，低温施工宜使用引气早强（高效）减水剂。选定减水剂品种前，必须与所用的水泥进行适应性检验。

④处在海水、海风、硫酸根离子环境或冬季撒盐除冰的路面或桥面钢筋混凝土、钢纤维混凝土宜掺阻锈剂。

（七）钢筋

①各交通等级混凝土路面、桥面和搭板所用钢筋网、传力杆、拉杆等钢筋应符合国家有关标准的技术要求。

②各交通等级混凝土路面、桥面和搭板所用钢筋应顺直，不得有裂纹、断伤、刻痕、表面油污和锈蚀。传力杆钢筋加工应锯断，不得挤压切断；断口应垂直、光圆，用砂轮打磨掉毛刺，并加工成圆锥形或半径为 2～3mm 圆倒角。

二、现浇水泥混凝土路面施工

现浇水泥混凝土路面施工工艺流程主要有现场清理→测量放线、垫高抄水平→模板制作及安装雨水、污水管网、井篦子→混凝土搅拌、运输→铺筑混凝土→接缝施工→混凝土振捣、整平→混凝土抹面、压实→切缝、清缝、灌缝→养护。

（一）模板及其架设与拆除

①施工模板应采用刚度足够的槽钢、轨模或钢制边侧模板，不应使用木模板、塑料模板等易变形模板。

②支模前，在基层上应进行模板安装及摊铺位置的测量放样，核对路面标高、面板分块、胀缝和构造物位置。

③纵横曲线路段应采用短模板，每块横板中点应安装在曲线切点上。

④模板安装应稳固、平顺、无扭曲，应能承受摊铺、振实、整平设备的负载行进，冲击和振动时不发生位移。

⑤模板与混凝土拌合物接触表面应涂脱模剂。

⑥模板拆除应在混凝土抗压强度不小于 8.0mPa 方可进行。

（二）混凝土拌合物搅拌

①搅拌楼的配备，应优先选配间歇式搅拌楼，也可使用连续搅拌楼。

②每台搅拌楼投入生产前，必须进行标定和试拌。在标定有效期满或搅拌楼搬迁安装后，均应重新标定。施工中应每15d校验一次搅拌楼计量精确度。搅拌楼配料计量偏差不得超过规定。不满足时，应分析原因，排除故障，确保拌和计量精确度。采用计算机自动控制系统的搅拌楼时，应使用自动配料生产，并按需要打印每天（周、旬、月）对应路面摊铺桩号的混凝土配料统计数据及偏差。

③应根据拌合物的黏聚性、均质性及强度稳定性试拌确定最佳拌和时间。

④外加剂应以稀释溶液加入，其稀释用水和原液中的水量应从拌和加水量中扣除

⑤拌和引气混凝土时，搅拌楼一次拌和量不应大于其额定搅拌量的90%。纯拌和时间应控制在含气量最大或较大时。

（三）混凝土拌合物运输

①应根据施工进度、运量、运距及路况，选配车型和车辆总数。总运力应比总拌和能力略有富余，确保新拌混凝土在规定时间内运到摊铺现场。

②运输到现场的拌合物必须具有适宜摊铺的工作性。不同摊铺工艺的混凝土拌合物从搅拌机出料到运输、铺筑完毕的允许最长时间应符合时间控制的规定。不满足时，应通过试验、加大缓凝剂或保塑剂剂量。

③运输过程中应防止混凝土漏浆、漏料和污染路面，途中不得随意耽搁。自卸车运输应减小颠簸，防止拌合物离析。车辆起步和停车应平稳。

（四）混凝土的现场铺筑

1. 小型机具铺筑

①施工机具配置。小型机具施工是以人工为主，配以常用混凝土振捣及收面工具，主要以插入式振捣棒、平板振动器、提浆滚杠及抹面工具为主。

②混凝土浇筑：a. 施工前按照设计及规范要求安装模板。b. 混凝土浇筑过程中应沿横断面连续振捣密实，并应注意路面板底、内部和边角处不得欠振或漏振。振捣棒在每一处的持续时间，应以拌合物全面振动液化、表面不再冒气浆为限，不宜过振，也不宜少于30s。振捣棒移动间距不宜大于500mm，至模板边缘的距离不宜大于200mm。应避免碰撞模板、钢筋、传力杆和拉杆。c. 在振捣棒已完成振实的部位，可开始振动板纵横交错两遍全面提浆振实，每车道路面应配备1块振动板。d. 振动板移位时，应重叠100~200mm，振动板在一个位置的持续时间应不少于15s。振动板须由两人提位振捣和移位。e. 对于缺料的部位，应铺以人工补料找平。f. 采用振动梁振实，每车道路面宜

使用一根振动梁。振动梁应垂直路面中线沿纵向拖行,往返 2～3 遍,使表面泛浆均匀平整。

③整平饰面:a.每车道路面应配备 2 根滚杠,每个作业面应配备 2 根滚杠。振动梁振实后,应拖动滚杠往返 2 遍提浆整平。b.拖滚后的表面宜采用 3m 刮尺,纵模各 1 遍整平饰面,或采用叶片式或圆盘式抹面机往返 2～3 遍压实整平饰面。c.抹面机完成作业后,应进行清边整缝,清除黏浆,修补缺边、掉角。精平饰面后的面板表面应无抹面印痕,致密均匀,无露骨,平整度应达到规定要求。d.小型机具施工三、四级公路混凝土路面时,应优先在拌合物中掺外加剂。无掺外加剂条件时,应使用真空脱水工艺。该工艺适用于面板厚度不大于 240mm 混凝土面板施工。e.使用真空脱水工艺时,混凝土拌合物的最大单位用水量可比不采用外加剂时增大 3～12kg/m^3;对于拌合物适宜坍落度,高温天气为 30～50mm,低温天气为 20～30mm。

2. 三辊轴机械铺筑

三辊轴施工与小型机具施工工艺类似,不同之处在于配备了施工效率更高的一体化设备三辊轴机组。

3. 滑模摊铺机铺筑

滑模摊铺工艺宜用于高速公路、一级公路、二级公路普通水泥混凝土面层以及配筋混凝土面层、纤维混凝土面层、钢筋混凝土桥面、隧道混凝土面层、混凝土路缘石、路肩石及护栏等滑模施工。上坡纵坡大于 5%、下坡纵坡大于 6%、平面半径小于 50m 或超高横坡超过 7%的路段,不宜采用滑模摊铺机进行。

采用滑模摊铺机在基层上行走的铺筑方案时,基层侧边缘到滑模摊铺面层边缘的宽度不宜小于 650mm。

(五) 接缝施工

普通水泥混凝土、钢筋混凝土、碾压混凝土和钢纤维混凝土面层均应设置接缝。按平面位置分类,接缝可分为纵向接缝和横向接缝。面板的平面布局宜采用矩形分块,其纵缝和横缝应垂直相交,纵缝两侧的横缝不得相互错位。

1. 纵缝施工

纵缝从功能上分为纵向施工缝和纵向缩缝两类,从构造上分为设拉杆平缝型和设拉杆假缝型。

①当一次铺筑宽度小于路面宽度时,应设置纵向施工缝,位置应避开轮迹,并重合或靠近车道线,构造可采用设拉杆平缝型。上部应锯切槽口,深度为 30～40mm,宽度为 3～8mm,槽内灌塞填缝料。采用滑模摊铺机施工时,纵向施工缝的拉杆可用摊铺机的侧向拉杆装置插入。采用固定模板施工方式

时，应在振实过程中从侧模预留孔中手工插入拉杆。

②当一次铺筑宽度大于4.5m时，应设置纵向缩缝，构造可采用设拉杆假缝型。锯切的槽口深度应大于纵向施工缝的槽口深度。纵缝位置应按车道宽度设置，并在摊铺过程中用专用拉杆插入装置插入拉杆。

③钢筋混凝土路面、桥面和搭板的纵缝拉杆可由横向钢筋延伸穿过接缝代替。钢纤维混凝土路面切开的纵向缩缝可不设拉杆，纵向施工缝应设拉杆。

④插入的侧向拉杆应牢固，不得松动、碰撞或拔出。若发生拉杆松脱或漏插，应在横向相邻路面摊铺前，钻孔重新植入。当发现拉杆可能被拔出时，宜进行拉杆拔出力（握裹力）检验。

⑤纵缝应与路线中线平行。纵缝拉杆应采用螺纹钢筋，设在板厚中央，并应对拉杆中部100mm进行防锈处理。

2. 横缝施工

横缝从功能上分为横向缩缝、横向胀缝和横向施工缝。横向缩缝从构造上分为设传力杆假缝型和不设传力杆假缝型；横向胀缝通常采用固定的结构形式；横向施工缝从构造上分为设传力杆平缝型和设拉杆企口型，通常与横向缩缝、横向胀缝合设。

(1) 横向缩缝

①普通水泥混凝土路面横向缩缝宜等间距布置，不宜采用斜缝。必须调整板长时，最大板长不宜大于6.0m，最小板长不宜小于板宽。

②在特重和重交通公路、收费广场、邻近胀缝或路面自由端的3条缩缝应采用设传力杆假缝型，在其他情况下可采用不设传力杆假缝型。

③缩缝传力杆的施工方法可采用前置钢筋支架法或传力杆插入装置（DBI）法。传力杆应采用光面钢筋。

④横向缩缝的切缝方式有全部硬切缝、软硬结合切缝和全部软切缝3种。切缝方式的选用，应由施工期间该地区路面摊铺完毕到切缝时的昼夜温差确定。

(2) 横向胀缝

①邻近桥梁或其他固定构造物处或与其他道路相交处，应设置横向胀缝（简称"胀缝"）。

②普通混凝土路面、钢筋混凝土路面和钢纤维混凝土路面视集料的温度膨胀性大小、当地年温差和施工季节酌情设置胀缝。高温施工的，可不设胀缝；常温施工且集料温缩系数和年温差较小时，可不设胀缝；集料温缩系数或年温差较大，路面两端构造物间距不小于500m时，宜设一道中间胀缝；低温施工且路面两端构造物间距不小于350m时，宜设一道胀缝。

③普通混凝土路面的胀缝应包括补强钢筋支架、胀缝板和传力杆，胀缝构造。钢筋混凝土和钢纤维混凝土路面可不设钢筋支架。胀缝宽20～25mm，使用沥青或塑料薄膜滑动封闭层时，胀缝板及填缝宽度宜加宽到25～30mm。传力杆一半以上长度的表面应涂防黏涂层。端部应戴活动套帽，套帽材料与尺寸应符合有关规定的要求。胀缝板应与路中心线垂直，缝壁垂直，缝隙宽度一致，缝中完全不连浆。

④胀缝应采用前置钢筋支架法施工，也可采用预留一块面板，高温时再铺封。前置法施工时，应预先加工、安装和固定胀缝钢筋支架，并在使用手持振捣棒振实胀缝板两侧的混凝土后再摊铺。宜在混凝土未硬化时，剔除胀缝板上部的混凝土，嵌入（20～25）mm×20mm木条，整平表面。胀缝板应连续贯通整个路面板宽度。

（3）横向施工缝

每日施工结束或临时原因中断施工时，应设置横向施工缝，其位置应尽可能选在胀缝或缩缝处。横向施工缝设在缩缝处应采用设传力杆平缝型。施工缝设在胀缝处其构造与胀缝相同。确有困难需设置在缩缝之间时，横向施工缝应采用设拉杆企口缝型。

（六）抗滑构造施工

水泥混凝土路面抗滑构造是确保行车安全的一项关键技术措施。尤其是高等级公路，设计行车速度较高、抗滑构造指标不足时，路表面在雨天容易打滑，对行车安全很不利，极易出现交通事故。因此，各等级公路水泥混凝土路面的表面要求是"平而不滑"，既要求高平整度，又要求足够的细观抗滑构造。

目前，水泥混凝土路面抗滑构造主要通过拉毛处理、塑性刻槽和硬刻槽来实现。

1. 拉毛处理

水泥混凝土面层摊铺完毕或精整平表面后，使用钢支架拖挂1～3层叠合麻布、帆布或棉布，洒水湿润后做拉毛处理。布片接触路面的长度以0.7～1.5m为宜，细度模数偏大的粗砂，拖行长度取小值；砂较细时，取大值。人工修整表面时，宜使用木抹。用钢抹修整过的光面，仍需进行拉毛处理，以恢复细观抗滑构造。

2. 塑性拉槽

当日施工进度超过500m时，抗滑沟槽制作宜选用拉毛机械施工。没有拉毛机时，可采用人工拉槽方式。在混凝土表面泌水完毕20～30min内应及时进行拉槽。拉槽深度应为2～4mm、槽宽3～5mm，每耙与槽间距为15～25mm。可采用等间距或非等间距抗滑槽，考虑减小噪声，宜采用后者。衔接间距应保持一致，槽深基本均匀。

3. 硬刻槽

特重和重交通混凝土路面宜采用硬刻槽，凡使用真空吸水或圆盘、叶片式抹面机精平后的混凝土路面、钢纤维混凝土路面必须采用硬刻槽方式制作抗滑沟槽。

硬刻槽机有普通手推式、支架式及自行式3种。刻槽方法也有等间距和不等间距两种。为降低噪声，宜采用非等间距刻槽，尺寸宜为槽深3～5mm、槽宽3mm，槽间距在12～24mm随机调整。对路面结冰地区，硬刻槽的形状宜使用上宽6mm、下窄3mm梯形槽，目的是向上分散结冰冻胀力，保持槽口完好；硬刻槽机重量宜重不宜轻，一次刻槽最小宽度不应小于500mm。硬刻槽时不应掉边角，也不得中途抬起或改变方向，并保证硬刻槽到面板边缘。抗压强度达到40%后可开始硬刻槽，且宜在两周内完成。硬刻槽后应随即冲洗干净路面，并恢复路面养生。

（七）灌缝作业

水泥混凝土路面由于构造的原因存在纵横向接缝，这些接缝的存在为雨水渗流入路面结构提供了通道，而水是路面及路面结构诱发病害的主要原因之一。因此，必须对水泥混凝土路面接缝进行填塞处理，又称为灌缝作业。各级公路水泥混凝土路面接缝在养生期满后必须及时灌缝，以提高路面板防水密封性、板间嵌锁和荷载传递能力。

1. 清缝

应先采用切缝机清除接缝中夹杂的砂石、凝结的泥浆等，再使用压力大于或等于0.5mPa的压力水和压缩空气彻底清除接缝中的尘土及其他污染物，确保缝壁及内部清洁、干燥。缝壁检验以擦不出灰尘为灌缝标准。

路面胀缝和桥台隔离缝等应在填缝前，凿去接缝板顶部嵌入的木条。涂胶黏剂后嵌入胀缝专用多孔橡胶条或灌进适宜的填缝料。当胀缝宽度不一致或有啃边、掉角等现象时，必须灌缝。

2. 灌缝

使用常温聚氨酯和硅树脂等填缝料时，应按规定比例将两组分材料按1h灌缝量混拌均匀后使用。填缝料配制要求随配随用。

使用加热填缝料时，应将填缝料加热至规定温度。加热过程中应将填缝料彻底熔化，搅拌均匀，并保温使用。

3. 灌缝质量控制

灌缝的形状系数宜控制宜为1.5，钢筋混凝土、连续配筋混凝土面层、过渡板、搭板与桥面的灌缝形状系数为1.0；灌缝深度宜为15～20mm，最浅不得小于15mm。先挤压嵌入直径9～12mm多孔泡沫塑料背衬条，再灌缝。灌缝顶面热天应与板面齐平；冷天应填为凹液面，中心低于板面1～2mm。填缝必须饱满、均匀、厚度一致并连续贯通，填缝料不得缺失、开裂和渗水。

4. 灌缝料养护

常温施工式填缝料的养护期，低温天宜为24h，高温天宜为12h。加热施工式填缝料的养护期，低温天宜为2h，高温天宜为6h。在灌缝料养护期间应封闭交通。

（八）养护

①混凝土路面铺筑完成或软做抗滑构造完毕后立即开始养护。机械摊铺的各种混凝土路面、桥面及搭板宜采用喷洒养护剂同时保湿覆盖的方式养护。在雨天或养护用水充足的情况下，也可采用覆盖保湿膜、土工毡、土工布、麻袋、草袋、草帘等洒水湿养护方式，不宜使用围水养护方式。

②养护时间根据混凝土弯拉强度增长情况而定，不宜小于设计弯拉强度的80%，应特别注重前7d的保湿（温）养护。一般养护天数宜为14～21d，高温天不宜小于14d，低温天不宜小于21d。对于掺粉煤灰的混凝土路面，最短养护日时间不宜少于28d，低温天应适当延长。

③混凝土板养护初期，严禁人、畜、车辆通行。在达到设计强度40%后，行人方可通行在路面养护期间，平交道口应搭建临时便桥。面板达到设计弯拉强度后，方可开放交通。

三、装配式水泥混凝土路面施工

装配式水泥混凝土路面是指将水泥混凝土路面板在预制场集中生产，然后运输至施工现场拼装成型的路面结构。其最大的好处在于可以便于施工现场的交通运输，且还能够对扬尘进行预防，在很大程度上降低了工程成本，同时，减少了临时修筑所产生的各类建筑垃圾。

（一）路面板的预制

路面板采用在工厂集中预制的方法施工。根据实际工程设计，按照普通钢筋混凝土及预应力钢筋混凝土结构要求进行施工及质量控制，其主要有钢筋加工及安装、吊钩预埋、模板安装及加固、混凝土浇筑及养护、路面板构造深度施工、预应力筋张拉施工等。

（二）路面板的运输

路面板一般采用汽车运输，以平放运输为原则，路面板间必须垫以15cm以上的硬质方木，采取三点或四点支承。

路面板装车时，应规范作业人员的装车作业，确保板件装载稳定，捆绑牢靠，路面板堆码整齐，便于装卸。

装车后必须采用运输车上的固定装置锁死路面板，防止路面板倾斜，进行全面检查。严禁出现支撑不平稳、捆绑不牢靠现象。

路面板运输过程中，应保证行车平稳，路面不平整的道路要减速行驶，避免震动过大使路面板开裂。

路面板装卸、运输应严格按规定进行，轻起轻落，严禁碰撞。装车层数符合规定，并采取有效的加固措施。

（三）基层调平处理

由于装配式水泥混凝土路面具有快速开放交通的要求，目前经常采用早强自流平砂浆、铺撒沥青冷补料和乳化沥青碎石封层等方式进行基层的处治与找平。

施工过程中，应设置整平基准线，将基层松散破碎的材料进行清除，并严格按照基准线进行基层处治材料刮平或压实。

装配式水泥混凝土路面的调平主要通过在拼装板接缝之间设置传力杆搭接和采用调平构件两种方式。

拼装板之间的传力杆搭接，是板块预制过程中在一端预埋传力杆，另一端预制传力杆槽。装配施工时，将带传力杆槽搭接在相邻板块所预埋的传力杆上。通过传力杆对板块的支撑，实现装配式路面板与板之间的平整。

调平构件辅助调平是指板块预制过程中，在边角位置设置调平构件，装配过程中根据相邻板错台量，通过调节调平装置的调平螺栓，以保证装配式路面的平整度。由此产生的板块与基层之间的空隙，通过灌浆措施进行消除。该方式既保证了装配式路面平整度，同时又改善了板块与基层之间的界面，提高了路面结构的耐久性。

（四）路面板安装

路面板采用运输车辆运输至现场后，根据路面结构采用不同的安装方式。对水泥砂浆找平层，先施工砂浆找平层后采用吊车直接吊放至设计位置；路面板下采用沥青类等具有流动性的材料填充层时，先采用千斤顶配合吊车安装至设计位置后进行灌浆施工。

第四章　道路排水设计与养护管理

第一节　道路排水设计

一、路基排水设计

根据水源的不同，影响道路路基的水流可以分为地面水和地下水两大类。其排水工程分为地面排水和地下排水两类。

（一）地面排水设施

常用的地面排水设施包括边沟、截水沟、排水沟、跌水与急流槽等，必要时还有渡槽、倒虹吸等。这些排水设施分别设在路基的不同部位，各自的排水功能、布置要求或构造形式，均有所差异。

1. 边沟

边沟设置在挖方路基的路肩外侧或低路堤的坡脚外侧，多与路中线平行，用以汇集和排除路基范围内和流向路基的少量地面水。平坦地面填方路段的路旁取土坑，常与路基排水设计综合考虑，使之起到边沟的排水作用。边沟的排水量不大，一般不需要进行水文和水力计算，选用标准横断面形式。边沟不宜过长，尽量使沟内水流就近排至路旁自然水沟或低洼地带，必要时设置涵洞，将边沟水横穿路基，从路基另一侧排除。

边沟的横断面形式有梯形、流线形、三角形及矩形等。

边沟出水口的间距，一般地区不宜超过 500m，多雨地区不宜超过 300m，纵坡应与路线保持一致，最小纵坡为 0.25%，沟壁铺砌后可为 0.12%，纵坡大于 3% 时需进行加固和防护。

（1）梯形边沟

内侧沟壁坡度为 1:1～1:1.5，外侧边沟坡度与挖方边坡相同。边沟底宽与深度为 0.4～0.6m，水流少的地区线路段，取低限或更小，但不宜小于 0.3m，降水量集中或地势低洼的路段，取高限或更大值，长度一般小于 500m。梯形边沟的特点是排水量大，边坡稳定性好，适用于土质或软弱石质边沟。

(2) 矩形边沟

矩形边沟沟壁边坡直立或稍有倾斜。底宽与深度为 0.4～0.6m，干旱或水流较小的地区取低限，但不能少于 0.3m，降水量大的地区或低洼路段取上限或者更大值。矩形边沟占地少，施工方便，适用于石质或铺砌的边沟。

(3) 流线形边沟

曲线半径 R 多采用 30cm，深度为 0.4～0.6m，降水量集少或者地势低洼路段取高限或者更大值。流线形的边沟美观大方，与环境相协调，适用于沙漠或积雪覆盖地区的路基。

(4) 三角形边沟

沟壁边坡坡度为 1∶2～1∶3，深度为 0.4～0.6m，在水流量较大时沟深宜适当加大，长度不宜超过 200m。采用三角形边沟便于机械化施工，在矮路堤或少雨浅挖路段土质三角形边沟较为常用。

2. 截水沟

截水沟一般设置在挖方路基边坡坡顶以外，或山坡路堤上方的适当地点，用以拦截并排除路基上方流向路基的地面径流，减轻边沟的水流负担，保证挖方边坡和填方坡脚不受流水冲刷，又称为天沟。它适用于降水量较多且暴雨频率较高、山坡覆盖层比较松软、坡面较高、水土流失比较严重的地段，必要时可设置两道或多道截水沟。降水量少、冲刷不大的路段可以不设置截水沟。

截水沟的位置，应尽量与绝大多数地面水流方向垂直，以提高截水效能和缩短沟的长度。截水沟应保证水流畅通，就近引入自然沟内排出，必要时配以急流槽或涵洞等泄水结构物将水流引入指定地点。截水沟水流不应引入边沟，当必须引入时，应增大边沟横断面，并进行防护。沟底应具有 0.5% 以上的纵坡，沟底和沟壁要求平整密实、不滞流、不渗水，必要时予以加固和铺砌。截水沟的长度以 200～500mm 为宜。

截水沟的横断面形式，一般为梯形，沟的边坡坡度，因岩土条件而定，一般采用 1∶1.0～1∶1.5。沟底宽度的 b 不小于 0.5m；沟深 h 按设计流量而定，也不应小于 0.5m。

3. 排水沟

排水沟主要用于排除路基范围内边沟、截水沟或其他水源的水流，并将水流引至桥涵或路基范围以外的指定地点。当路线受到多段沟渠或水道影响时，为保护路基不受水害，可以设置排水沟或改移渠道，以调节水流，整治水道。

排水沟的布置，可以根据需要并结合当地地形等条件而定，离路基尽可能远些，距路基坡脚不宜小于 2.0m，平面上应力求直接，需要转弯时也应尽量圆顺，做成弧形，其半径不宜小于 10～20m，连续长度宜短，一般不超过 500m，排水沟应具有合适的纵坡，以保证水流畅通，不致流速太大而产生冲刷，亦不可流速太小而形成淤积，为此宜通过水文水力计算而择优选定。一般情况下，可以取 0.5%～1.0%，不宜小于 0.3%，也不宜大于 3%。

排水沟的横断面一般采用梯形，尺寸大小应经过水力、水文计算选定。用于边沟、截水沟及取土坑出水口的排水沟，横断面尺寸根据设计流量确定，底宽与深度不宜小于 0.5m，土沟的边坡坡度为 1:1～1:1.5，石质排水沟或加固排水沟，可采用矩形断面形式。

排水沟水流注入其他沟渠或水道时，应使原水道不产生冲刷或淤积。通常，应使排水沟与原水道两者成锐角相交，排水沟水流注入其他沟渠或水道时，应使原水道不产生冲刷或淤积。通常，应使排水沟与原水道两者成锐角相交，且交角不大于 45°，如有条件可以用半径 $R=10b$（b 为沟顶宽）的圆曲线朝下游与其他水道相接，如图 4-1 所示。必要时对排水沟渠应予以加固，以防止水流对沟渠的冲刷与渗漏。

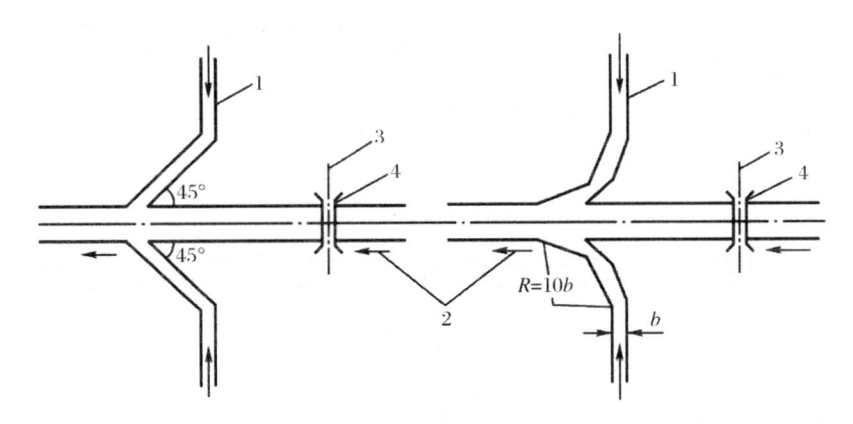

图 4-1 排水沟与水道衔接示意图
1—排水沟；2—其他渠道；3—路基中心；4—桥涵

4. 跌水与急流槽

跌水与急流槽是人工排水沟渠的特殊形式，用于陡坡地段，沟底纵坡可达 100%，是山区道路的常见排水构造物。由于纵坡陡，水流速度快，冲刷力大，要求跌水与急流槽的结构必须稳固耐久，通常，应采用浆砌块石或水泥混凝土预制块砌筑，并具有相应的防护加固措施。

跌水呈台阶式，有单级和多级之分，沟底有等宽和变宽之别。单级跌水适用于排水沟渠连接处，由于水位落差较大，需要消能或改变水流方向，如路基边沟水流通过涵洞排泄时，采用单级跌水，如图 4-2 所示。

较长陡坡地段的沟渠，为减缓水流速度，并予以消能，可以采用多级跌水，如图4-3所示。多级跌水底宽和每级长度，可以根据实际的需要，采用各自相等的对称形，也可以做成变宽或不等长度与高度。

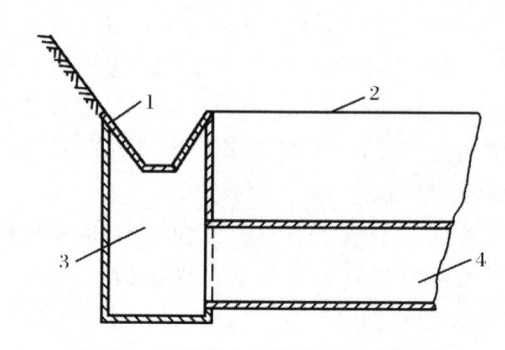

图 4-2　边沟与涵洞单级跌水连接
1—边沟；2—路基；3—跌水井；4—涵洞

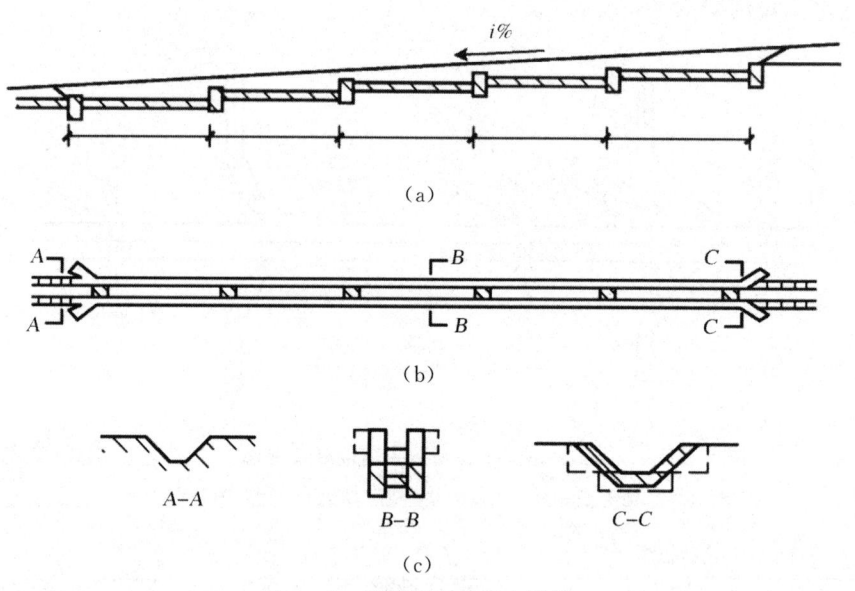

图 4-3　等截面多级跌水结构
（a）纵剖面；（b）平面；（c）横剖面

急流槽是使坡度较陡路段的水流不离开沟底的一种排水构造物。急流槽多用于路堤和路堑，或者边坡平台上从坡顶向下竖向排水流入涵洞，或者天然水道以及在特殊情况下用于拦截水流流入沟渠的场合，是山区道路回头展线，沟通上下线路基排水及沟渠出水口的一种常见的排水设施。

急流槽的纵坡比跌水的平均纵坡更陡。急流槽主体部分的纵坡依地形而定，一般可以达到1∶1.5，如果地质条件良好，需要时还可以更陡，但结构要求更严，造价也相应提高，设计时应通过比较确定。按照水力计算特点，由内进口、主槽（槽身）和出口三部分组成。急流槽的进出口主槽连接处，因沟槽横断面不同，为了能平顺衔接，可以设置过渡段。出口部分设有消力池。进水口与沟渠泄水口之间做成喇叭口式连接，变宽段有至少15cm的下凹，并做成砌铺防护。急流槽多用砌石（抹面）和水泥混凝土结构，也可以利用岩石坡面挖槽。如临时急需时，可就近取材，采用竹木结构。急流槽的基础必须稳固，端部及槽身间隔为2～5m，在槽底设耳墙埋入地面以下。槽身较长时，宜分段砌筑，每段长5～10m，预留伸缩缝，并用防水材料填缝。

5. 倒虹吸与渡水槽

（1）倒虹吸构造与布置

当路基横跨原有沟渠，沟渠水位高于路基设计标高，且不宜设置涵洞，也不能架空时，通常采用倒虹吸。

倒虹吸是利用上下游沟渠水位差，利用势能使水流降落后再复升，经路基下部埋设的管道，水流流向路基另一侧。竖井式倒虹吸的水流在管道中多次垂直改变方向，水流条件较差，结构要求较高，管内易漏水和淤塞，也难以清理和修复，使用时必须合理设计，进行水力计算，同时要求保证施工质量，经常检查维修。

倒虹吸管道有箱形和圆形两种，以水泥混凝土和钢筋混凝土结构为主，有条件时可采用铸铁管。管道的孔径为0.5～1.5m，管道附近的路基填土厚度一般不小于1.0m，以免行车荷载压力过于集中，在严寒地区时，可赖以防冻。由于倒虹吸的泄水能力有限，管道不宜埋置过深，以填土高度不超过3.0m为宜。管道两端设竖井，井底标高低于管道，起沉淀泥沙与杂物作用。也可以改用斜管式或缓坡式，以代替竖井式升降管，此时，虽然改善了水流条件，但增加了路基用地宽度和管道长度。

倒虹吸管进出口处所设的沉沙池位于原沟渠与管道之间的过渡段，池底和池壁采用砌石抹面或混凝土抹面，厚度为0.3～0.4m（砌石）或0.25～0.30m（混凝土），池的容量以不溢水为度。水流经过沉沙池后，水中仍含有细粒泥沙或轻质漂浮物，可设网状拦泥栅子以清除，确保虹吸管道不致堵塞，但拦泥栅子本身容易被堵塞，需要经常清理，以保证水流畅通，避免沉沙池和沟渠溢水而危害路基。倒虹吸的出口也应设过渡段与下游沟渠平顺衔接，应对原有土质沟渠进行适当加固。

（2）渡水槽的构造和布置

渡水槽相当于渡水桥，是穿过农田地区路段常用的过水形式之一，是当水道与路基设计标高相差较大,且路基两侧地形有利时,设置的沟通路基两侧水流的排水构造物。渡水槽中由进出水口、槽身和下部支承三部分组成。渡水槽的受力特点与桥梁相似,所以其构造也桥梁相似,渡水槽主要作用是沟通水流,故除在结构上应具有足够强度外,在性能上还应满足排水的要求,以及防止冲刷和渗漏等。

为降低工程造价,槽身过水横断面一般均较两端的沟渠横断面小,槽中水流速度相应有所提高,因此,进出口段应注意防止冲刷和渗漏。进出水口处设置过渡段,根据土质情况,分别将槽身两端伸入路基两侧地面 2~5m,而且进出水口过波段宜长一些,以防淤积。如果上槽较短,可以取槽身与沟渠的横断面相同,沟槽直接衔接,不设置过渡段。水流横断面不同时,过渡段的平面收缩角为 10°~15°,据此可以确定过波段的有关尺寸。对与槽身连接的土质沟渠,应予以防护加固,其长度至少是沟渠水深的 4 倍。

(二)地下排水设施

拦截、汇积和排除地下水,或降低地下水位,使路基免遭破坏的结构物,称为地下排水结构物。其构造一般比地面排水结构物复杂,且维修改建困难,投资也较大,故在施工中应予以高度重视,以免建成后因结构物失效而造成后患。道路上,常用的地下排水结构物有暗沟、渗沟和渗井等。

1. 暗沟

暗沟是引导地下水流的沟渠。其本身不起渗水、汇水作用,而是把路基范围内的泉眼或渗沟汇集的水流排到路基范围以外,使水不致在土基中扩散,危害路基。

暗沟的构造一般比较简单,在路基填土之前,或挖成之后,按照泉眼范围大小,剥除泉眼上层浮土,挖出泉井,砌筑井壁与沟壁,上盖混凝土(或石)盖板。井深应保证盖板顶的填土厚度不小于 50cm。井宽按照泉眼的范围大小确定,一般为 20~30cm,高 h 约为 20cm。如沟身两侧为石质,盖板可直接放在两侧石壁上。暗沟沟底纵坡一般不小于 1%,出口处沟底应高出边沟最高水位 20cm 以上,不允许出现倒灌现象。

为防止泥土或砂粒落入沟槽或泉眼,造成淤塞,在其周围可铺筑碎(砾)石反滤层。

2. 渗沟

渗沟是一种常见的地下排水沟渠。其作用是为了切断、拦截有害的含水层和降低地下水位,保证路基经常处于干燥状态。

渗沟分为填石渗沟、洞式渗沟和管式渗沟三种形式。填石渗沟也称盲沟,一般用于流量不大、渗沟不长的路段,是道路上常用的一种渗沟,盲沟深度不超过 3m，宽度一般为 0.7~1.0m。管式渗沟设置于地下引水较长的地段。但渗沟过长时，应加设横向泄水管，将纵向渗沟内的水流，分段迅速排除。沟底最小纵坡为 0.5%，以免淤塞。当地下水流量较大，或缺乏水管时，可以采用洞式渗沟，洞孔大小依设计流量而定。沟底纵坡最小为 0.5%。

3. 渗井

渗井属于水平方向的地下排水设备。当地下存在多层含水层，其中影响路基的上部含水层较薄，排水量不大，且平式渗沟难以布置时，采用立式（竖向）排水，设置渗井，穿过不透水层，将路基范围内的上层地下水，引入更深的含水层中去，以降低上层的地下水位或全部予以排除。鉴于渗井施工不易，单位渗水面积的造价高于渗沟，一般尽量少用。

二、路面排水设计

（一）路面排水设计原则与要求

由降雨形成的路面水若不能及时排除，形成的路面水膜会使车轮产生液面滑移，使高速行驶的车辆在车尾形成水雾影响后面车辆驾驶员的视线而引起交通事故。下渗到路面基层中的水分会造成基层软化，最终导致路面面层的过早破坏，因此，路面排水在路面设计中被作为三大要素（交通量、强度、排水）之一。实践证明，要延长路面的使用寿命，改善路面结构使用性能，就必须完善路面的排水设施，将积滞在路面上的水分迅速排除到路面和路基以外。

1. 路面排水的设计原则

①降落在路面上的雨水，应通过路面横向坡度向两侧排流，避免行车道路面范围内出现积水。

②在路线纵坡平缓、汇水量不大、路堤较低且边坡坡面不会受到冲刷的情况下，应采用在路堤边坡上横向漫流的方式排除路面表面水。

③在路堤较高、边坡坡面未做防护而易遭受路面表面水流冲刷，或者坡面虽已采取防护措施但仍有可能受到冲刷时，应沿路肩外侧边缘设置拦水带，汇集路面表面水，然后通过泄水口和急流槽排离路堤。

④当设置拦水带汇集路面表面水时，拦水带过水断面内的水面，在高速公路及一级公路上不得浸过右侧车道外边缘，在二级及二级以下公路上不得漫过右侧车道中心线。

2. 路面排水的设计要求

①道路中，沥青混凝土路面横坡一般应为 2%左右，当为软土路基，路基完工后沉降较大，采用过渡路面时，路面横坡应适当加大到 3%。当为纵坡小或超高缓和段的扭曲路面时，最小合成坡度不小于 0.5%。

②在设有中央分隔带的道路，为了排水需要，平面线形应优先考虑采用不设超高的平曲线半径。

③在道路交叉路口排水困难地段，路面排水设计应满足行驶动力学和排水技术要求，在交叉路口前应设置泄水口。停车广场、收费站处的排水工程应适当考虑美观，主车道和附属行车道路面之间可以设置相同的排水纵坡和横坡。

④对于纵坡较大的地段，弯道内侧车道、竖曲线的凹部、高路堤的桥端部等特殊部位，为防止过大集中水流对路肩、边坡冲刷，可局部设置挡水缘石。

⑤除能满足排水要求外，所有排水设施的设置均应满足有利于今后养护、维修、管理的作业需要。

⑥为减少地表水和地下水对面层、基层、路基的侵蚀破坏，迅速排除路面结构内部的层间水，通常，可以将路面表面排水与路面结构内部排水系统综合考虑。

（二）路面表面排水

路面表面排水属于地表排水的一部分。二级及二级以下的道路路面排水，一般只有路表排水，排水设施由路拱横坡、路肩横坡、挡水带或边沟组成；高速公路和一级公路路面排水，一般由路表排水和中央分隔带排水两部分组成，路表排水设施由路拱及路肩横坡、挡水带、三角形集水槽、泄水口和急流槽等组成；中央分隔带排水设施由纵向排水沟（明沟、暗沟）、渗沟、雨水井、集水井、横向排水管等组成。

1. 分散漫流式路表排水

分散漫流式路表排水主要依靠路面及路肩的横坡及时将降水排出路面。这种排水方式一般适用于路线纵坡平缓、汇水量不大、路堤较低且边坡坡面不会受到冲刷的路段，主要用于等级较低的道路上。

2. 集中截流式路表排水

集中截流式路表排水是在硬路肩外侧边缘设置挡水带，将路面水拦在硬路肩范围内，通过一定距离设置的泄水口和路肩急流槽排入边沟。这种排水方式一般适用于路堤较高、边坡坡面未做防护而易遭受路面表面水流冲刷，或虽已采取防护措施但仍有可能受到冲刷的地段。

（1）挡水带

挡水带是设置在沿路肩外侧边缘，用以拦截路面表面水，并与路肩和部分路面构成的浅三角形过水断面，间隔一定的距离设置一个泄水口，将水汇入边坡急流槽，再排到路基坡脚以外的边沟或排水沟中。挡水带可以由沥青混凝土现场浇筑，或者由水泥混凝土预制块铺砌而成。采用水泥混凝土预制块挡水带时，应避免预制块影响路面内部水的排泄。挡水带的横断面尺寸可参考图 4—

4所示。拦水带的顶面应略高于过水断面的设计水面高。

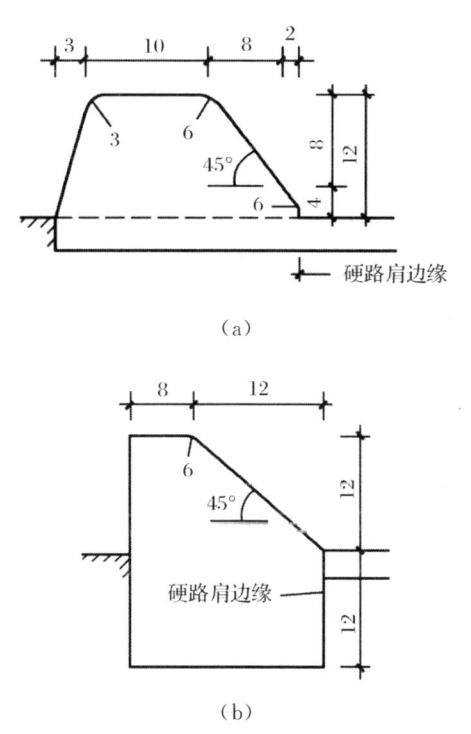

图4-4 拦水带横断面参考尺寸（单位：cm）
(a) 沥青混凝土拦水带；(b) 水泥混凝土拦水带

(2) 泄水口

拦水带的泄水口可设置成开口（喇叭口）式。在纵坡坡段上，泄水口宜做成不对称的喇叭口，并在硬路肩边缘的外侧设置逐渐变宽的低凹区，低凹区的铺面类型与路肩相同，在平坡或缓坡上，泄水口可做成对称式。

泄水口的间距以保证降雨时路面积水迅速排走，汇水不能进入行车道为原则，一般为20～50m，干旱少雨地区可达100m。泄水口长度一般为2～4m，泄水口宜设在凹曲线的底部、道路交叉口、匝道口、与桥梁等构造物连接处、超高路段与一般路段的横坡转换处。在凹形竖曲线底部，除在最低点设置泄水口外，还应在其前后相距3～5m处各增设一个泄水口，以防止雨水积聚在凹形竖曲线底部，影响路基稳定。

(3) 路肩急流槽

排除路肩积水用的急流槽，其纵坡应与所在的路基边坡坡度一致，槽身的横断面为槽形，多由水泥混凝土预制构件拼装砌筑而成。进水口为喇叭口式的簸箕形，出水口应设置消能设施，下端与路基下边坡的排水沟相接要顺适，防止水流冲出排水沟。

（4）路肩排水沟

在路肩宽度较窄或爬车道占用了路肩过水断面，而路面的汇水宽度或汇水量都较大，当拦水带的流水断面不足时，可以在土路肩上设置由 U 形水泥混凝土预制件铺筑的路肩排水沟，沟底纵坡同路肩纵坡，并不小于 0.3％。

3. 中央分隔带排水

中央分隔带排水是高速公路及一级公路路面排水的重要内容，超高路段一侧的路面水以及中央分隔带内的表面水均由中央分隔带排水设施排除。中央分隔带的常用形式有凸形、凹形、封闭形等。当中央分隔带无封面，经常有雨水侵入时，应视当地降雨量大小考虑设计中央分隔带地下排水系统；若中央分隔带有薄层现浇水泥混凝土或铺设预制水泥方砖封层，雨水难以下渗时，可以不设置地下排水系统。中央分隔带排水设施的选用应从当地气候、降水量、土石性质、排水条件、工程造价、施工和维护等方面综合考虑，采用适合本地区的排水形式，确保路基、路面稳定和行车安全。

（1）直线段中央分隔带排水

①凸形中央分隔带。直线段路基，当中央分隔带用现浇薄层水泥混凝土或预制混凝土小块封面或用其他材料封面时，可以不设置中央分隔带地下排水系统，只需在分隔带铺面上采用向两面外倾的横坡，坡度与路面横坡相同，将降落在分隔带的表面水排向两侧行车道，流入路面表面排水设施。若中央分隔带采用植草或灌木时，视降雨量大小应设置地下排水系统。

常用的凸形中央分隔带地下排水设施有填石渗沟和管式渗沟两种。填石渗沟式中央分隔带排水属防渗型排水，由具有一定级配的砂砾与碎石材料分层铺筑而成，渗沟两侧及沟底设置沥青或土工织物之类的防渗隔离层，并间隔 30～50m 设置横向排水管，将渗沟中的水排出路基。当纵坡较小时，长时间使用后，孔隙易被堵塞，因此，填石渗沟仅适用于纵坡大于 1％的场合。

管式渗沟式中央分隔带排水层可以克服填石渗沟的缺点，保证渗流水的及时排除，在单向纵坡的情况下，横向采用直径为 20cm 的排水管，设置间距可增大到 300～400m，比填石渗沟经济。

②凹形中央分隔带。第一，当凹形中央分隔带采用铺面封闭时，可采用浅碟式排水设施排除分隔带内积水；当凹形分隔带未采用铺面封闭时，可以采取以下两种方式排除分隔带内的积水：a. 通过分隔带内倾的横向坡度使表面水流向分隔带中央低凹处，再利用路线纵坡排流到横向排水管的泄水口或横穿路界的桥涵水道中。分隔带横向坡度不得陡于 1∶6，纵向排水坡度应大于

0.25%，并应做好防止分隔带表面水向下渗漏的处理。当水流速度超过地面土的允许流速时，应在过水断面宽度内对地面土进行防冲刷处理，防冲刷层可与防渗层一同考虑。b.采用石灰或水泥稳定土，或采用浆砌片石铺砌，层厚一般为10~15cm。当分隔带内的水流流量过大，超过分隔带低凹处汇水的允许范围时，应增设格栅式泄水口，并通过横向排水管排到桥涵或路界外。第二，中央分隔带的泄水口通常采用格栅式。格栅盖一般为铸铁式或钢筋混凝土。格栅铁条平行于水流方向，孔口的净泄水面积应占格栅面积的一半以上。格栅可以同周围地面齐平，也可以适当降低，并在其周围一定范围内做成低凹区，以增加泄水能力。第三，采用分隔带地下排水设施排除分隔带内积水，方式同凸形中央分隔带排水。

③封闭式中央分隔带。目前有不少高速公路的中央分隔带设计成与路面平齐、表面封闭的形式。这种形式的中央分隔带排水设计与施工都比较简单，但中央分隔带绿化存在困难，国内某些高速公路，在封闭式的中央分隔带上再浇筑一个独立绿化平台的做法，值得借鉴。

(2) 超高段中央分隔带排水

不论是凸形、凹形或封闭形中央分隔带，在超高路段，下半幅路的路面表面水自分隔带起流向路肩排出，而上半幅路面的表面水均需流向分隔带旁集中。沿分隔带旁集中的水流，视路面径流情况可以采用以下几种方式予以排除：

①分隔带上设过水明槽。一般干旱少雨地区可在分隔带上设过水明槽，明槽可用水泥混凝土筑成，底宽20~50cm，槽身的高与分隔带的高相同，每10~20m设置一道，明槽出入口槽底高程应与紧靠分隔带的路缘石处高程相同。

②分隔带内设置纵向排水沟。在中央分隔带内设置纵向排水沟，用以拦截上半幅路面的表面水，并通过横向排水管排到桥涵或路界外。中央分隔带纵向排水沟常用的有扁平式和路拦式两种形式。扁平式排水沟横断面可采用碟形、三角形、U形或矩形，路拦式排水沟多用圆形或侧沟形。排水沟的长度及横向排水管的间距通过流量计算确定，排水沟底纵坡按可与路面纵坡相同，可采用水泥混凝土预制件或浆砌片石砌筑，在过水断面无铺面时不得缓于0.25%，有铺面时不得缓于0.12%。

③封闭式刚性护栏底部设置孔洞。在封闭式中央分隔带超高路段，如分隔带采用刚性护栏，可以在其底部设置半圆形的孔洞，以排除上半幅路面流入的雨水。孔洞半径应根据设计流量确定，一般为10cm左右，孔洞间隔为50~100cm，大多在刚性护栏施工时同时完成孔洞的制作。

（三）城市道路路面排水

城市道路排水是城市排水系统的一个部分，也是城市道路的一个组成部分。城市道路排水一般采用暗管渠形式，道路上及其相邻地区的地面水依靠道路设计的纵横坡度，流向车行道两侧的街沟，然后顺街沟的纵坡流入沿街设置的雨水口，再由地下的连接支管通到干管。对于宽阔的道路，雨水管道可以安排两根。

城区道路排水一般采用管渠排水形式，其设计包括边沟（街沟）、雨水口和连接管的布设。郊区道路排水与一般道路并无差异，其设计内容包括路拱排水、边沟、排水沟与涵洞等。设计流量可以按照当地水文公式计算。

城区道路雨水沿横坡从路面上和相邻的地面上流到行车道两侧的街沟，然后沿街沟的纵坡流进雨水口，再经雨水支管、干管排至天然水系。

1. 雨水管与道路平面关系

雨水管应平行于道路的中心线。雨水干管一般布置在街道一侧，不宜设置在中间。雨水管宜设置在快车道以外，如慢车道、绿化带、较宽的人行道下，但不宜埋设在种植树木的绿带下和灯杆线及侧石线下。在路面较窄的道路上，雨水管线不得不布置在车行道下时，应尽量避开车轮轨迹集中地带，以减少管线承受的车辆荷载，并防止车轮经常对窨井盖挤压而使其振动产生跳盖现象。在路面较宽的情况下，有时采用双线分置于道路两侧。

2. 路面排水、排水管道和道路纵坡设计关系

进行城市道路纵断面设计时要妥善处理地下管线对覆土的要求。排水管道的埋设深度对整个管道系统的造价和施工影响很大，管道越深则造价越高，施工也越困难。由于雨水、污水在管道内是靠它本身的重力流动，因此管道应以一定坡降由上游向下游倾斜，排水管的纵断面应尽量与街道地形相适应，即管道纵坡尽可能与街道纵坡取得一致。道路过陡，则需要设置跌水井等特殊构筑物，相应就会增加基建费用。道路过于平坦，将增加埋设管道时开挖的土方。

3. 街沟

街沟是排水系统的一部分。街沟的侧面利用了行车道的侧石（缘石），底面利用了行车道靠边的路面部分或沿路面边缘铺设的平石。缘石宜控制在10~20cm的高度。当道路的纵坡等于0或小于0.2‰~0.3‰，纵向排水发生困难时，可以考虑将雨水口前后街沟都以大于最小排水纵坡的坡度斜向雨水口。如此连续起来，则街沟纵坡呈锯齿状，即俗称锯齿形街沟。

4. 雨水口的布置

雨水口是道路上的雨水进入雨水管的孔门，其设置位置应根据路面种类、

道路纵坡、沿路建筑与排水情况以及汇水面积所形成的流量和进水口的泄水能力而定。雨水口门有平式、立式、联合式。计算道路雨水口流量时，街沟水深不宜大于缘石高度的 2/3。道路汇水点、人行横街上游、沿街单位出入口上游和常有地面径流的街坊或庭院出水口等处均应设置雨水口。道路低洼和易积水地段应根据需要适当增加雨水口。雨水口的间距宜为 25～50m。

雨水口是一个带有进水箅子（铁箅或水泥混凝土制品）的井，包括进水箅子、井筒和连接管三部分。断面大小按照泄水量确定。井的形状分圆形和方形两种。圆形井的直径为 0.7～0.3m；矩形井的尺寸为 0.6～0.9m。井筒可以用砖砌或用水泥混凝土筑成。雨水口的深度一般不大于 1m。实践中多不设沉泥槽。雨水口底部用连接管与城市排水管线上的检查井相连，连接管最小管径为 200mm，坡度宜大于或等于 10%，长度不超过 25m，覆土厚度大于或等于 0.7m。串联的雨水口不宜超过三个，并应加大出口连接管管径。

（四）路面结构内部排水

路面工程的实践证明了路面内部排水的重要性。新建的刚性路面需要设置各种接缝，而路面在使用期间又会出现各种裂缝、松散、坑槽等病害。降落在路表的雨水，会通过路面接缝或裂缝、松散等病害处或者沥青路面面层孔隙下渗入路面结构内部。另外，道路两侧有滞水时，水分也可能侧向渗入路面结构内部。路面内部排水系统的设计通常满足三方面的要求：一是各种设施应具有足够的泄水能力，排除渗入路面结构内部的自由水；二是自由水在路面结构内的渗流时间不能太长，渗流路径不能太长；三是排水设施要有良好的耐久性。路面排水可以划分为路面表面排水和路面内部排水两部分。

1. 一般原则和要求

我国路面结构内部排水设计是《公路排水设计规范》中提出的，以往的路面结构设计中，没有将此项内容纳入。但路面的许多病害，如水泥混凝土的淤泥、错台和断裂以及沥青路面的松散、龟裂、坑槽等都与浸入路面结构内水的不良作用有关。降落到路面表面的水，不论采用何种路基、路面排水设施，均会有部分水通过路面接缝、裂缝、松散、坑槽或面层孔隙下渗到路面结构内部中去。当路基为低透水性土时，排除由路表渗入的雨水将需要很长的时间，大量的自由水将滞积在路面结构内部而无法排走。尤其在凹形竖曲线底部、曲线超高断面内侧、沿低洼河谷等路段，由于地表径流或地下水汇集，进入结构内的自由水不仅数量大，而且停滞时间长，对路面结构的破坏十分严重。因此，设置路面结构内部排水系统，迅速排除内部积水，对改善路面的使用性能，提高其使用寿命非常重要。国外对一些试验路段的观察及对比分析结果表明，设置排水基层的路面，沥青混凝土路面使用寿命可以提高 30%，水泥混凝土路面可以提高50%。

(1)《公路排水设计规范》规定

《公路排水设计规范》明确规定，不是所有等级公路都必须设置内部排水系统，只有遇到以下几种情况才宜设置：①年降水量在600mm以上的湿润和多雨地区，路基由透水性差的细粒土（渗透系数不大于 10^{-5} cm/s）组成的高速公路、一级或重要的二级公路；②路基两侧有滞水，可能渗入路面结构内；③严重冰冻地区，路基为由粉性土组成的潮湿、过湿路段；④现有路面改建或改善工程，需要排除积滞在路面结构内的水分。

(2) 路面结构内部排水系统的一般要求

在进行路面内部排水系统的设计时，通常从泄水能力、渗流时间、耐久性三方面来综合考虑，只有同时满足了这三方面的要求，才能真正起到迅速排水的作用。这三方面的要求如下所述：

①各种设施应具有足够的泄水能力，排除渗入路面结构内部的自由水。由于渗入量的估计和材料透水系数的测定精度较低，因此对设计泄水量通常采用2以上的安全系数，才能保证排水设施具有足够的泄水能力。

②自由水在路面结构内的渗流时间不能太长，渗流路径不能太长。自由水滞留时间长，会使路面结构处于饱水状态时间变久，从而影响路面的使用寿命；在冰冻地区，滞留时间过长还会使水分在基层内结冰，从而损坏路面结构，并使排水受阻。渗入水在路面结构中的最大渗流时间，在冰冻地区不应超过1h，在其他地区时，重交通荷载等级不超过2h，轻交通时不超过4h。渗流水在路面结构内的渗流路径长度不宜超过45～60m。

③排水设施要具有良好的耐久性。路面结构内部排水设施很容易被从路面结构、路基或路肩中流水带来的细粒逐步堵塞，应考虑采取反滤措施以防止细粒随流水渗入。同时为保证排水功能的持久性，各项设施要便于经常性的检查、清扫、疏通。

2. 排水设施

渗入路面结构内的自由水可以通过水平（向两侧路肩）渗流方式与垂直（向下）渗流方式逐渐排除，因此，通常可以采用两类排水设施：一类是在路肩结构内设置可使路面结构内的自由水横向排流出路基的设施，称为路面边缘排水系统；另一类是在路面结构内设置由透水性材料组成的排水层，根据排水层设置位置的不同，又分为排水基层和排水垫层两种排水系统。

(1) 路面边缘排水系统

路面边缘排水系统就是沿路面外侧边缘设置纵向集水沟和集水、出水管。渗入路面结构内的水分，先沿路面结构层的层间空隙或某一透水层次横向流入由透水性材料组成的纵向集水沟,并汇流入沟中的带孔集水管内,再由间隔一定距离的横向出水管排出路基。

路面边缘排水系统可以将面层——基层——路肩界间滞留的自由水排离路面结构,常用于基层透水性小的水泥混凝土路面,特别适用于改善排水状况不良的旧水泥混凝土路面,因为边缘排水系统可以在不扰动原路面结构的情况下改善其排水状况,从而改善原路面的使用性能和延长其使用寿命。

路面边缘排水系统的集水沟、纵向排水管、横向出水管和过滤织物(土工布)等各组成部分在施工中的要求分述如下。

①透水性填料集水沟。集水沟一般设置在路肩面层以下,纵向坡度应与路线纵坡保持一致,不得小于0.25%。新建路面的集水沟底面与基层底面齐平,最小宽度不应小于30cm;改建路面的沟底底面可低于基层顶面,其宽度不应小于17cm,且纵向排水管两侧各有至少5cm宽的透水填料。集水沟的底部、外侧应以反滤织物(土工布)包围,以防止垫层、基层和路肩内的细粒侵入而堵塞透水性填料空隙或管孔。反滤织物可以选用由聚酯类、尼龙或聚丙烯材料制成的无纺织物,能透水但不允许细粒土通过。

透水性集水沟回填料由水泥处治开级配粗集料或未处治开级配粗集料组成,孔隙率为15%～20%。粗集料最大粒径不大于40mm,粒径4.75mm以下的细粒含量不应超过16%,2.36mm以下的细粒含量不超过6%,水泥与集料的比例可在1:6～1:10范围内选取,水胶比为0.35～0.47。为避免带孔排水管被堵塞,透水性填料在通过率为85%时的粒径应比排水管槽口宽或孔口直径大1.0～1.2倍。水泥处治集料的配合比,应按照透水性要求和施工要求试配确定。

②纵向排水管。纵向排水管通常选用聚氯乙烯(PVC)或聚乙烯(PE)塑料管,以及水泥管或其他材料管。排水管设三排孔,沿管周边等间距(120°)排列,每排孔沿管长方向等间距布置,一般每隔2cm设置一排孔,每个孔洞的面积约为30mm^2(即每延米有50排孔,孔洞面积为45cm^2),排水管的管径应按设计渗流量由水力计算确定,通常在70～150mm范围内选定。其埋设深度应保证不被车辆或施工机械压裂,通常新建路面的排水管管底应与基层底面齐平;改建路面的管中心应低于基层顶面,在冰冻地区,还应超过当地的冰冻深度。

③横向出水管。横向出水管可以选用与纵向排水管相同的材料和管径,但不设置槽孔。横向出水管的间距和安设位置由水力计算并考虑附近地面高程和道路纵、横断面综合确定,一般在50～100m范围内选用。出水管的横向坡度不宜小于5%。埋设出水管所开挖的沟须用低透水性材料回填。出水

管的外露端头用镀锌钢丝网或格栅罩住。出水口下方应铺设水泥混凝土防冲刷垫板或对泄水道的坡面进行浆砌片石防护。出水水流应尽可能引至排水沟或涵洞内。

为保证水流畅通和便于疏通,中间段的出水管宜采用双管布置方案,出水管与纵向排水管之间采用半径不小于30cm的圆弧形承口管联结。

(2) 排水基层的排水系统

排水基层的排水系统是直接在路面面层下设置透水性排水基层,渗入路面结构中的水分先通过竖向渗流进入透水层,然后横向渗流到路基边坡以外,或进入纵向集水沟和管,再由横向出水管排引出路基的。由于自由水进入排水基层的渗流路径短,在高透水性材料中渗流的速度快,排水效果好,因此在高速公路和一级公路新建路面时可以采用此方案。排水基层在实施时通常采用全宽式与组合式两种。

①全宽式排水基层。排水基层可以修筑成全宽式,渗入基层的水分横向直接排流到路基边坡坡面以外,如图4-5所示。这种形式便于施工,但存在一个主要缺点,排水层在坡面出口处易于生长杂草或被其他杂物堵塞,使用几年后排泄渗入水便出现困难,造成路面结构出现损坏。因此,使用这种形式的排水基层时必须克服上述缺点。

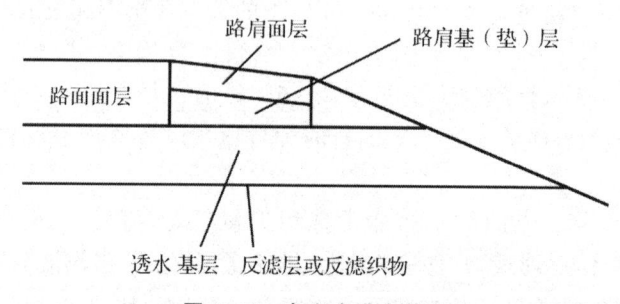

图4-5 全宽式排水基层

排水基层由水泥或沥青处治不含或含少量4.75mm以下粒径细集料的开级配碎石集料组成,或者由未经结合料处治的开级配碎石集料组成。厚度按照所需排水量和基层材料的渗透系数通过水力计算确定,通常在8~15cm范围内选用,最小厚度不得小于6cm(沥青处治碎石)或8cm(水泥处治碎石)。作为路面结构的基层,也可以按照承受荷载的需要增加排水基层的厚度,但须对结构设计方案(增加其他结构层的强度还是增加排水基层的厚度)进行经济、技术比较确定。

排水基层下必须设置不透水垫层和反滤层。不透水垫层主要防止表面水下渗入垫层,浸湿垫层和路基;反滤层主要防止垫层或路基土中的细粒进入排水基层而造成堵塞。

未经水泥或沥青处治的开级配碎石集料，在施工过程中易出现离析，碾压时不易稳定，在使用中易出现推移变形，并且难以承担重载作用，因此，在一般情况下不采用未经处治的碎石集料作为排水基层。对水泥混凝土路面，宜采用水泥处治开级配碎石集料；对沥青混凝土路面，宜采用沥青处治碎石集料。集料的级配组成情况对基层的排水作用至关重要。目前，我国大多是借鉴国外一些排水基层的集料级配情况及相应的渗透系数。

排水基层的集料应选用洁净、坚硬而耐久的碎石，其压碎值不应大于30%，最大粒径可以为20～50mm，但不得超过层厚的2/3。粒径为4.75mm以下的细料含量不应大于10%。集料级配应满足透水性要求，渗透系数不得小于300m/d；水泥处治碎石集料的水泥用量不宜少于160kg/m³，其7d浸水抗压强度不得低于3～4mPa。沥青处治碎石集料的沥青用量为集料干重的2.5%～4.5%，集料的孔隙率为15%～25%。

②组合式排水基层。为克服全宽式排水基层的缺点，可以设置组合式排水基层。此种方式的排水系统由排水基层、纵向集水沟和管及横向出水管等组成，是全宽式排水基层与路面边缘排水系统的组合，在新建道路中常采用，如图4-6所示；排水基层的设计、施工要求同全宽式排水基层。纵向集水沟和管以及横向出水管的要求同路面边缘排水系统。纵向集水沟中的填料采用与排水基层相同的透水性材料；集水沟的下部设置带槽口或圆孔的纵向排水管，并间隔适当距离设置不带槽孔的横向出水管。集水沟、纵向排水管和出水管的尺寸及布设要求可以按照边缘排水系统设置。

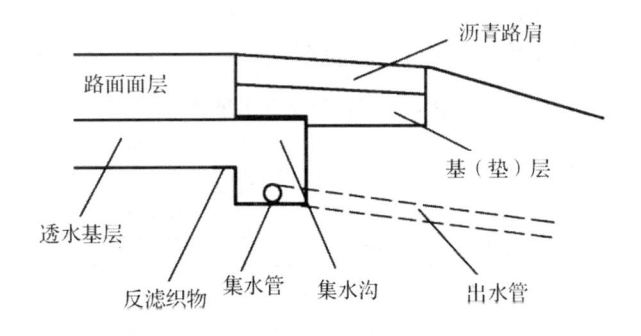

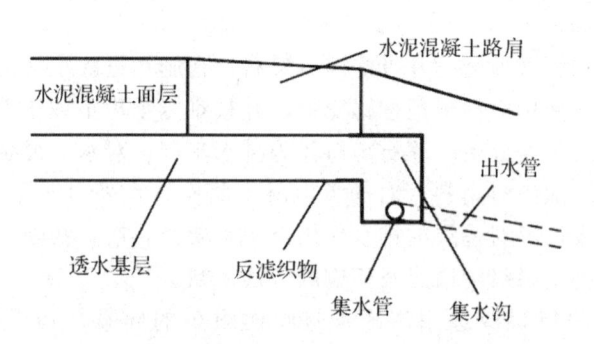

图 4-6 设纵向集水沟和管的透水基层排水系统

（3）排水垫层的排水系统

当路基存在地下水、临时滞水或泉水时，为防止这些水进入路面结构，或者迅速排除因负温差作用而积聚在路基上层的自由水，可以直接在路基顶面设置由开级配粒料组成的全宽式透水性排水垫层，并根据具体情况相应配置反滤层、纵向集水沟和管、横向出水管等组成排水系统。具体布置方案为：当路基为路堤时，水向路基坡面外侧排流，如图 4-7 所示；当路基为路堑或半路堑时，挖方坡脚处须设置纵向集水沟、排水管和横向排水管，如图 4-8 所示。

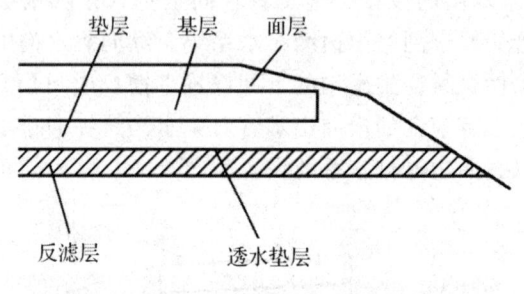

图 4-7 路堤上透水垫层

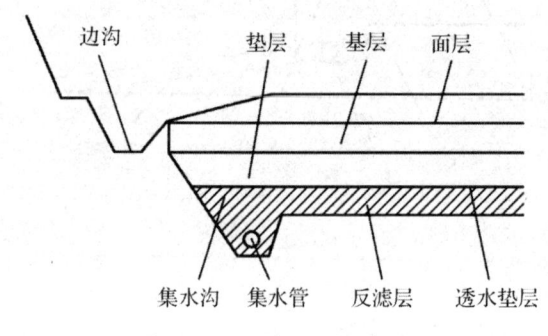

图 4-8 路堑上透水垫层

排水垫层选用开级配集料（砂或砂砾石），其级配应满足下列排水和反滤的要求：

①排水垫层集料在通过率为15%时的粒径应不小于路基土在通过率为15%时的粒径的5倍；排水垫层集料在通过率为15%时的粒径应不大于路基土在通过率为85%时的粒径的5倍。

②排水垫层集料在通过率为50%时的粒径应不大于路基土在通过率为50%时的粒径的25倍。

③反滤要求为：排水垫层集料的不均匀系数（通过率为60%的粒径与通过率为10%的粒径的比值）不大于20。

（五）综合排水系统设计

各类排水设备，均为针对某一水源，为满足某一方面的要求而设置。在实际工程中，由于自然条件、路线布置及其他人为因素的不同，情况往往比较复杂，对于某些重点路段需要进行路基、路面排水的综合设计，以提高排水效果，发挥各类排水设备的优点，降低工程费用。

综合设计的含义包括地面排水与地下排水设备的协调配合、路面排水设备与路基排水设备以及其他泄水结构物的合理布置、排水工程与防护加固工程的相互配合、路基排水与沿线农田水利规划及有关其他基本建设项目之间的联系等。但其主要目的是确保路基、路面的强度和稳定性，提高道路的使用效果。

路面表面水通过路拱横坡、路肩排水系统和中央分隔带排水系统，或排至路基边沟，或排至地下排水管道等地下排水系统，甚至直接排离路基。而路基边沟汇集的水和截水沟拦截的流向路基边坡的水或地下排水管道汇集的水等，通过排水沟、跌水及急流槽或排水管道排至桥涵处，或直接排至天然水系，形成一个完整的综合排水系统。

第二节　道路养护与管理

一、道路养护

（一）道路养护的任务

道路养护应始终坚持"预防为主，防治结合"的原则，遵循"全面规划，建养并重，协调发展；加强养护，积极改善，科学管理；提高质量，保障畅通"的指导方针，经常保持道路完好、平整、畅通、整洁、美观，及时修复损坏部分，周期性进行大修、中修，逐步改善技术状况，提高道路的使用质量和抗灾能力。道路养护的基本任务如下所述：①经常保持道路的完好状态，及时修复损坏部分，提高运输经济效益；②采取正确的技术措施，提高工作质量，延长道路的使用年限，以节省资金；③对原有技术标准过低的路线和构造物以及沿线设施进行分期改善和增建，逐步提高道路的使用质量和服务水平。

（二）道路养护的范围与工程分类

1. 道路养护的范围及等级划分

道路养护应包括道路设施的检测评定、养护工程和档案资料。道路设施应包括车行道、人行道、路基、停车场、广场、分隔带及其他附属设施。

城市道路应分类、分等养护。按照各类道路在城市中的重要性，根据"保证重点，养好一般"的原则，将道路分为三等养护：

Ⅰ等：快速路、主干路和次干路、支路中的广场、商业繁华街道、重要生产区、外事活动及游览路线。

Ⅱ等：次干路及支路中的商业街道、步行街、区间联络线、重点地区或重点企事业所在地。

Ⅲ等：支路、社区及工业区的连接主次干路的支路。

2. 道路养护的工程分类

道路养护工程应根据其工程性质、技术状况、工程规模、工程量等内容分为保养小修、中修、大修和改建四类。具体划分规定如下所述：

（1）保养小修

保养小修是指为保持道路功能和设施完好所进行的日常保养。它是对路面轻微损坏的零星修补，其工程数量不宜大于 $400m^2$。

（2）中修

对一般性磨损和局部损坏进行定期的维修，称为中修。它以恢复道路原有技术状况为目的，其工程数量宜大于 $400m^2$，且不宜超过 $8000m^2$。

（3）大修

大修是指道路的较大损坏进行的全面综合维修、加固，以恢复到原设计标准或进行局部改善以提高道路通行能力的工程，其工程数量宜大于 $8000m^2$ 或含基础施工的工程宜大于 $5000m^2$。

（4）改建

改建是指道路及其设施不适应交通量及载重要求而需要提高技术等级和提高通行能力。

道路养护应结合城市的养护技术水平，根据道路不同的技术状况进行预防性养护工作，主要内容包括恢复磨耗层的功能、提高抗滑能力、处理早期出现的裂缝等。要经常保持道路各部位技术状况良好，及时处理破损，提高道路设施的完好率，确定合理的养护周期。城市道路养护修理要做到快速优质。

(三) 道路养护的内容

1. 沥青路面养护的内容

沥青路面的养护工作可分为日常巡视与检查、小修保养、中修、大修、改建和专项养护等。

沥青路面日常巡视与检查的内容包括：路面上是否有明显的坑槽、裂缝、拥包、沉陷、松散、车辙、泛油、波浪、麻面、冻胀、翻浆等病害，其危害程度及趋势；路面上是否有可能损坏路面或妨碍交通的堆积物等。

沥青路面小修保养的内容包括：清扫路面泥土、杂物；排除路面积水、积雪、积冰、积砂，铺防滑料等；拦水带（路线石）的刷白、修理；清理边沟，维修护坡道，培土等，修补路面的泛油、拥包、轻微裂缝、横向裂缝、坑槽、沉陷、波浪、局部网裂、松散、车辙、麻面、啃边等病害。

沥青路面中修的内容包括：沥青路面整段铺装罩面或封面（稀浆封层）；沥青路面局部严重病害处理；沥青路面整段更换路缘石，整段维修路肩。

沥青路面大修的内容包括：对路面较大损坏的，应根据损坏程度，及时安排大修、中修或专项工程，进行维修和整治；对路面承载能力不足或不适应交通要求的，应根据不同情况进行补强、加宽或改线，以提高道路等级。如路面的翻修、补强等大修，或因路面受洪水等自然破坏或人为需要而对路面进行的专项整治。

沥青路面的养护应强调重视路面排水，内容包括：及时修补沥青路面的坑槽和裂缝，防止地表水渗入基层；对已渗入基层的积水，应设纵横向盲沟排水，地下水位较高的在排水沟下面设置腹式盲沟；应加强路面排水设施的维修养护，保持良好的排水功能；减少水对路基路面的危害，确保沥青路面保持完好的技术状况。

2. 水泥混凝土路面养护的内容

①清扫行车道与硬路肩上的泥土和杂物。当设有中间带、爬坡车道、应急停车带时，其上的泥土和杂物也应清扫干净。

②及时填补或清除水泥混凝土路面各种接缝的填缝料，并应防止泥土、砂石及其他杂物进入缝内，影响混凝土路面板的正常伸缩。

③经常检查和疏通路基路面的排水设施，防止积水，保护路面不受地面水和地下水的损害。

④及时清洗和恢复路面各种标线、导向箭头及文字标记，经常保持各种标线、标记完整无缺、清晰醒目，保持其反射性能。

⑤及时浇灌、剪修路肩外和中央分隔带内种植的绿化植物，保持路容整齐、美观。如有空缺或老化，应适时补植或更新。及时防治病虫害，处理影响

视距和路面稳定的绿化栽植。

⑥采取合适的材料和相应的措施对路面、路肩和路缘石等的局部损坏进行修复，以保持路面具备各级道路所要求的使用状态和服务水平。

⑦路面的损坏较大时，应根据路面检查评定结果安排大修、中修或专项工程，进行维修和整治。局部路段路面损坏严重的，应予以翻修，以达到设计标准；整个路段路面平整度、抗滑能力不足时，可以采用罩面、铺筑加铺层，以恢复其表面功能；整个路段路面接缝填缝料失效的，应予以全面更换。

⑧路面承载能力不足或不适应交通发展要求时，应根据不同情况进行加铺、加宽，以提高承载能力和通行能力。

二、道路状况调查与评价

（一）路面使用性能

路面使用性能从不同侧面反映了路面状况对行车要求的满足或适应程度。路面使用性能可以分为几个方面，即功能性能、结构性能、结构承载能力、安全性和美观。

1. 功能性能

路面的基本功能是为车辆提供快速、安全、舒适和经济的行驶表面。路面满足这一基本功能的能力反映了路面的行驶质量或服务水平。

2. 结构性能

路面的结构性能，是指路面结构保持完好的程度。路面在使用过程中会随行车荷载和环境等因素的作用及路面龄期的增长而出现各种损坏。这些损坏可按形态和影响程度的不同而归纳为以下几类：

①裂缝或断裂类——路面结构的整体性因裂缝或断裂而受到损坏。

②永久变形类——路面结构虽仍保持整体性，但形状在各种因素的作用下产生较大的变化。

③表面损坏类——路面表层部分材料的散失或磨损。

④接缝损坏类——同水泥混凝土路面接缝（纵缝或横缝）有关的损坏，如填缝材料的失效或丧失，接缝附近局部宽度和深度范围内的混凝土碎裂等。

3. 结构承载能力

路面结构的承载能力是指路面在达到预定的损坏状况之前还能承受的行车荷载作用次数，或者还能使用的年数。

对于柔性路面，通常采用路表面无破损弯沉测定方法评定路面结构的承载力，即根据弯沉值的大小确定其剩余寿命。

路面结构的承载力同损坏状况有着内在的联系；在使用过程中，路面的承载力逐渐下降，与此同时损坏逐步发展，承载力越低的路面结构，其损坏发展的速度越迅速；当承载力接近于极限（或临界）状态时，路面的损坏状况达到严重程度，此时必须采取改建措施（如设置加铺层）以恢复或提高其承载力。

4. 安全性

安全性主要指路面表面的抗滑能力。另外，在车辙深度超过 10～13mm 情况下，高速行驶的车辆会因车辙内积水而出现滑坡，发生交通事故。

路表面的抗滑能力可采用各种量测仪器进行评定，以摩擦系数或抗滑指数表征。随着车轮的不断磨损，路表面的抗滑能力因集料被磨光而逐渐下降；当表面的抗滑能力下降到不安全或不可接受的水平时，便需采取措施（如铺设抗滑磨耗层或刻槽等）以恢复其抗滑能力。

5. 美观

美观是指路面的外观给道路使用者的视觉印象。它包括反光和炫目、夜间能见度、表面结构和颜色的均匀性等方面。

（二）路面状况评价指标

为做好道路养护的技术管理工作，提高道路养护技术和服务水平，必须对道路的使用质量进行调查和评定，以确定其相应的养护维修方法和评价其养护的水平，达到既有效又经济的目的。

1. 路面结构承载能力

路面结构承载能力的测定，可以分为破损类和无破损类两种。前者从路面各结构层内钻取试样，试验确定其各项计算参数，通过同设计标准相比较，估算其结构承载能力；后者测定则通过路表的无破损弯沉测定，估算路面的结构承载能力。

目前使用的弯沉测定系统有四种，即贝克曼梁弯沉仪、自动弯沉仪、稳态动弯沉仪、脉冲弯沉仪（落锤弯沉仪 FWD）。前两种为静态测定，可以得到路表最大弯沉值；后两种为动态测定，可以得到最大弯沉值和弯沉盆。贝克曼梁式弯沉仪测得是最大回弹弯沉值，而自动弯沉仪测定的是最大总弯沉值，可以连续进行弯沉测定。

如果测定路段的弯沉值变化很大，则需要进行分段，分别确定各段落的代表弯沉值。分段可以按照统计方法，对划分的相邻路段进行显著性检验，依据是否有显著差别抉择其分或合。

有条件时，采用落锤式弯沉仪（FWD）进行动态弯沉测定。落锤式弯沉仪不仅可用于评定路面承载能力，还可以用作调查水泥混凝土路面接缝的传递荷载性能和板下的空洞等。对于高速公路和一级公路的路面强度宜采用自动弯沉仪检测。但是，由于以往我国测定路面强度多采用贝克曼梁式弯沉仪，因此需将落锤式弯沉仪测定的动态弯沉和自动弯沉仪测定的总弯沉在相同条件的路面结构上，通过对比试验得出回归方程式分别换算成贝克曼梁测定的回弹弯沉值，一般标定或对比路段的长度不小于300m。

不同路面结构具有不同的路表弯沉值，因此，不能从最大弯沉值大小来判断路面结构的剩余寿命。同时，路面结构的承载能力会在使用过程中逐渐下降。反映在弯沉值变化上，则为路段的代表弯沉值随时间（轴载作用次数）的增加而逐渐增长。随着弯沉值的增长，路面逐渐出现车辙变形和裂缝等损坏。定义某种程度的损坏作为临界状态，相应于这种损坏状况的路面弯沉值，即为路面结构的极限承载能力。为此，要判断现有路面结构的承载能力（剩余寿命），除由测定得到代表弯沉值外，还须知道路面结构类型、路面损坏状况及到调查测定时路面已承受的标准轴载作用次数。

利用沥青路面的弯沉值同标准轴载累计作用次数和路面损坏临界状态间的关系曲线，可以按照路段的代表弯沉值和路面已承受的标准轴载累计作用次数，确定现有路面结构的剩余寿命。

利用由动态弯沉测定得到的弯沉曲线，可以分别计算确定各结构层的弹性模量值。然后，配合由钻孔得到的结构层厚度数据，便可以利用有关路面结构设计图或公式计算确定路面结构的承载能力。

在我国《公路沥青路面养护技术规范》中采用结构强度系数SSI来评价沥青路面现有强度，即SSI＝路面设计弯沉值/路面代表弯沉值，表4-1列出了强度的评价标准。

表4-1　　　　沥青路面采用结构强度系数SSI评价标准

评价指标	优	良	中	次	差
高速公路和一级公路沥青路面结构强度系数SSI	≥1.2	1.0~1.2	0.8~1.0	0.6~0.8	≤0.6

（1）路面结构损坏状况评定。路面结构的损坏状况，须从损坏类型、损坏严重程度、出现损坏的范围或密度三方面进行描述。综合这三方面，才能对路面结构的损坏状况作出全面的估计。

①损坏类型。路面破损状况是反映路面整体稳定性与其结构完整性的一个指标，按照其性状可分为裂缝类、松散类、变形类、接缝类及其他五大类，每类破损所包含的内容见表4-2。

表 4—2　　　　　　　　　路面破损分类

分类	裂缝类	松散类	变形类	接缝类	其他类
沥青路面	龟裂、块状裂缝、纵缝、横裂	坑槽、松散	沉陷、车辙、波浪、拥抱	—	泛油、修补损坏
水泥混凝土路面	纵向、横向及斜向裂缝、断角、交叉裂缝	露骨、剥落、坑洞	唧泥、错台、拱起、沉陷	接缝类材料破坏、接缝破碎	修补损坏
砂石路面	—	露骨、松散、坑洞	车辙、沉陷、波浪搓板、翻浆	—	路拱不适

②损坏调查。损坏调查通常由 2 人调查小组沿线通过目测进行。调查人员鉴别调查路段上出现的损坏类型和严重程度并丈量损坏范围后，记录到调查表格上。同一个调查路段上如出现多种损坏或多种严重程度，应分别计量和记录。

目测调查很费时，如果调查的目的不是确定养护对策和编制养护计划，则可以采用抽样调查的方法，不必对整个路网的每一延米的各种损坏都进行调查。通常，可以采取每公里抽取其中 100m 长的路段代表该公里的方法，但每次调查都要在同一路段上进行，以减少调查结果的变异性和保证各次调查结果的可比性。也可以采用录像方法记录路面损坏状况，而通过人工或机器图像识别在室内确定损坏类型、严重程度和范围。

（2）损坏状况评价

路面结构的损坏状况，反映了路面结构在行车和自然因素作用下保持完整性或完好的程度，会在不同程度上影响路面的平整度。因而，可以通过平整度指标在一定程度上反映路面的损坏状况。每个路段的路面可能出现各种不同类型、严重程度和范围的损坏。为了使各路段的损坏状况或程度可以进行定量比较，需采用一项综合评价指标，把这三方面的状况和影响综合起来。通常采用的是扣分法。选择一项损坏状况度量指标，如路面损坏状况指数 PCI，以百分制或十分制计量。对于不同的损坏类型、严重程度和范围规定不同的扣分值，按照路段的损坏状况累计其扣分值后，以剩余的数值表征或评价路面结构的完好程度。水泥路面损坏状况指数可以用下式表示：

$$\text{PCI} = C - \sum_{i=1}^{n}\sum_{j=1}^{m} DP_{ijk} W_{ij}$$

式中：C——初始（无损坏时）评分值，百分制时一般用 $C=100$；

i,j——相应为损坏类型数（共 n 种）和严重程度等级数（共 m 级）；

DP_{ijk}——i 种损坏、j 级严重程度和 k 级范围的扣分值；

W_{ij}——多种损坏类型和严重程度时的权函数。

各种损坏类型和严重程度对路面完好程度及其衰变速率有不同程度的影响，对路面使用要求的满足程度有不同影响，对养护和改建措施有不同的需要，其间很难建立明确的定量关系，因而，只能采用主、客观相结合的方法，确定不同损坏类型、严重程度和范围的扣分值 DP_{ijk}。

首先制定一个统一的分组和评分标准表。例如，将路面损坏状况划分为特优、优、良、中、差和很差六个等级，采用百分制，为每一等级规定相应的级差范围和相应的养护对策类型，见表 4-3。

表 4-3　　　　　　　　路面损坏状况评价标准

损坏状况评级	特优	优	良	中	差	很差
路面损坏状况指数 PCI	91～100	85～90	71～85	51～70	31～50	≤30
养护对策	不需	日常养护	小修	小修、中修	中修、大修	大修、重建

选择一些仅具有单一损坏类型的路段，组织由道路管理部门人员组成的评分小组，按上述评价标准对路段进行评分。整理这些评分结果，可以为每种损坏类型确定扣分曲线或扣分表。

路段上有时常出现几种损坏类型或严重程度等级。如果分别按单项扣分值累加得到多种损坏（或严重程度）路段的扣分值，则有时会出现超过初始评分值 C 的情况，或者超过对多种损坏路段进行评分的结果。为此，对多种损坏的情况需进行修正。利用评分小组对多种损坏路段的评分结果和各项单项扣分值，经过多次反复试算和调整，可以得到多种损坏时的修正（权）函数 W_{ij}。

2. 路面行驶质量

路面的行驶质量同三方面因素有关：路面表面的平整度特性；车辆悬挂系统的振动特性；人对振动的反应或接受能力。其中，从路面状况的角度看，影响路面行驶质量的主要因素是路面平整度。路面平整度可以定为路表面诱使行驶车辆出现振动的高程变化。

路面平整度，随车辆荷载的反复作用、周围环境（温度和湿度）的周期性变化影响和路面龄期的增加而逐渐下降。当平整度下降到某一限值时，路面的行驶质量不能满足行车对路面基本功能的要求，便需采取改建或重建措施改善平整度，以恢复路面的功能。

(1) 平整度测定方法

路面平整度测定方法可分为断面类平整度测定和反应类平整度测定两大类型。

①断面类平整度测定。断面类平整度测定是直接沿行驶车辆的轨迹量测路面表面的高程，得到路表纵断面，通过数学分析后采用综合统计量作为其平整度指标。

属于这一类的方法主要有：水准测量采用水准测量和水准尺沿轨迹测路面表面的高程，由此得到精确的路表纵断面。这是一种测定结果较稳定的简便方法，但速度很慢，很费工。

②梁式断面仪，用 3m 长的梁（或直尺）连续测量轨迹处路表同梁底的高程差，由此得到路表纵断面。这种方法较水准测量的测定速度要快些。

③惯性断面仪，在测试车车身上安置竖向加速度计，以测定行驶车辆的竖向位置变化。车身同路表面之间的距离，利用激光、超声等传感器进行测定。两方面测定结果叠加后，便可以得到路表纵断面。

(2) 反应类平整度测定

反应类平整度测定系统是在主车或拖车上安装由传感器和显示器组成的仪器。可以传感和累积车辆以一定速度驶经不平路表面时悬挂系的竖向位移量。显示器记下的测定值，通常是一个计数数值，每计一个数相应于一定的悬挂系位移量。

反应类平整度测定系统的优点是价格低廉，操作简便，可以用于大范围的路面平整度快速测定。然而，由于这类测定系统是对路面平整度的一个间接度量，其测定结果同测试车辆的动态反应状况有关，也即随测试车辆机械系统的振动特性和车辆行驶的速度而变化。

(3) 行驶质量评价

路面行驶质量同路表面的不平整度、车辆的动态响应和人的感受能力三方面因素有关。不同的乘客乘坐同一辆车行驶在同一个路段上，由于每人对行驶舒适性的要求不同，对该路段的行驶质量会做出不同的评价。

由于评价带有个人主观性，为避免随意性，提出了主客观相结合的评价方法。一方面邀请具有不同代表性的乘客，分别按每人的主观意见进行评分，而后汇总大家的评价，以平均评分值代表众人的评价；另一方面对各评价路段进行平整度量测。通过回归分析建立主观评分同客观测量结果的相关关系。由此建立的评价模型，便可用来对路面行驶质量进行较统一的评价。

对行驶质量的评价可以采用 5 分制或 10 分制。评分小组的成员应能够覆盖对行驶舒适性有不同反应的各类人员（不同职业年龄、社会经济和文化背景等）。所选择的评分路段，其平整度和路面类型应能够覆盖可能遇到的范围和情况。评分时所乘坐的车辆，应选择其振动特性具有代表性的试验车。在整个评分过程中，应采用相同的试验车和行驶速度。

整理各评分路段的主观评分和客观测量结果后，通过回归分析可以建立线性或非线性的评价模型，如下式所示：

$$\mathrm{RQI} = \frac{100}{1 + a_0 e^{a_1 \cdot \mathrm{IRI}}}$$

式中：RQI ——行驶质量指数（%）；

　　　IRI ——国际平整度指数（m/km）；

　　　a_0 ——高速公路和一级公路采用 0.026，其他公路采用 0.0185；

　　　a_1 ——高速公路和一级公路采用 0.65，其他公路采用 0.58。

利用评价模型可以对路面行驶质量的好坏做出相对的评价。然而还需要建立行驶质量的标准，以衡量该评价对使用性能最低要求的满足程度。

行驶质量标准的制定，一方面依赖于乘客对行驶舒适性的要求；另一方面在很大程度上受经济因素的制约。标准定得过高，会使许多路段的路面需采取改建措施，从而提高所需的投资额。

乘客对路面舒适性的要求，可以通过在评分表中列入不可接受、可接受和难以确定三种意见进行选择，而后汇总其意见得出。

沥青路面和水泥路面行驶质量评价应根据 RQI、IRI 或平整度标准差（σ），将道路路面行驶质量分为 A、B、C 和 D 四个等级。

3. 路面抗滑性能

路面抗滑性能是指车辆轮胎受到制动时沿路表面滑移所产生的抗滑力。通常，抗滑性能被看作是路面的表面特性，并定义为：

$$f = \frac{F}{W}$$

式中：F ——作用在路表面的摩擦力（N）；

　　　W ——作用在路表面的垂直荷载（N）。

然而，笼统地说路面具有某一摩擦系数是不确切的。应该对轮胎在路面上的滑移条件给以规定。不同的条件和测定方法，可以得到不相同的摩擦系数值，因此，需规定标准的测定方法和条件。

（1）测定方法

抗滑性能可以采用四种方法测定，制动距离法、锁轮拖车法、偏转轮拖车法、摆式仪法。

①制动距离法。以一定速度在潮湿路面上行驶的 4 轮小客车或轻货车，当

4个车轮被制动时,车辆减速滑移到停止的距离,可以用以表征非稳态的抗滑性能,以制动距离数表示:

$$\mathrm{SDN} = \frac{v^2}{225L_s}$$

式中:v——刹车开始作用时车辆的速度(km/h);

L_s——滑移到停车的距离(m)。

测试路段应为路面混合料组成均匀、磨耗均匀和龄期相同的平直路段。测试前和每次测定之间,先洒水润湿路表面到完全饱和。制动速度以64.4km/h为标准速度。也可采用其他速度,但不宜低于32km/h。

②锁轮拖车法。装有标准试验轮胎的单轮拖车,由汽车拖拉,以要求的测定速度在洒水润湿的路面上行驶。抱锁测试轮,通过测定牵引力确定在载重和速度不变的状态拖拉测试轮时对作用在轮胎和路面之间的摩擦力。以滑移指数SN表征路面的抗滑性能:

$$\mathrm{SN} = F \cdot W \times 100$$

式中:F——作用于试验轮胎上的摩擦力(N);

W——作用于轮胎上的垂直荷载(N)。

轮上的载重为4826 N,标准测试速度为64.4km/h。牵引力由力传感器量测,速度由第五轮仪量测。

③偏转轮拖车法。拖车上安装两个标准试验轮胎,它们对车辆行驶方向偏转一定的角度(7.5°~20°)。汽车拖拉以一定速度在潮湿路面上行驶时,试验轮胎受到侧向摩擦力的作用。记下此侧向摩擦力,除以作用在试验轮胎上的载重,可得到以侧向力系数SFC(也称横向力系数)表征的路面抗滑性能。

$$\mathrm{SFC} = \frac{F_s}{W}$$

式中:F_s——作用于试验轮胎上的侧向摩擦力(N);

W——作用于轮胎上的垂直荷载(N)。

锁轮拖车法和偏转轮拖车法都具有测定时不影响路上交通、可连续并快速进行的优点。

④摆式仪法。这是一种主要在室内量测路面材料表面摩阻特性的仪器,也可以用于野外量测局部路面范围的抗滑性能。

摆式仪的摆锤底面装一橡胶滑块,当摆锤从一定高度自由下摆时,滑动面同试验表面接触。由于两者之间的摩擦而损耗部分能量,使摆锤只能回摆到一定高度。表面摩擦力越大,回摆高度越小。通过量测回摆高度,可以评定表面的摩擦力。回摆高度直接从仪器上读得,以抗滑值SRV表示。

(2) 抗滑性能评价

影响路面抗滑性能的因素有路面表面特征（细构造和粗构造）、路面潮湿程度和行车速度。

①路表面的细构造是指集料表面的粗糙度，它受车轮的反复磨耗作用而逐渐被磨光。通常采用石料磨光值（PSV）表征其抗磨光的性能。细构造在低速（30～50km/h以下）时对路表抗滑性能起决定作用。而高速时起主要作用的是粗构造。粗构造是由路表外露集料间形成的构造，其功能是使车轮下的路表水迅速排除，以避免形成水膜。粗构造由构造深度表示其性能。

②路表面应具有的最低抗滑性能，视道路状况、测定方法和行车速度等条件而定。各国根据对交通事故率的调查和分析及同路面实测抗滑性能间建立的对应关系，制定有关抗滑指标的规定。

③路表面应具有的最低抗滑性能，视道路状况、测定方法和行车速度等条件而定。沥青路面抗滑性能评价应以摆值（BPN）或横向力系数（SFC）表示。根据BPN或SFC，可以将沥青路面抗滑能力分为A、B、C和D四个等级。

(3) 路面使用性能综合评价

路面状况评价是指对整个网络或单个路段路面现有使用质量的评定，确定路面结构现时的使用性能。路况评价的结果主要应用在以下几个方面：①提供路况数据，依次判别路网的优劣程度，并制订路段的养护对策和需要的养护资金。②为管理系统积累数据，以建立起路况的预测模型，供方案评价和优化使用，并检验各模型的正确性，使管理系统的结果更加符合实际情况；③提供反馈信息，以改善现有的路面设计、施工和养护方法。

路面状况评价等级，不同的管理系统中有不同的表达方法，一般而言，评价的等级均采用符合人们日常生活习惯的表达方式，最常使用的评价用语是优、良、中、次、差，其所包含的内容如下：

优——表示路面平整、坚实、无破损、有足够的抗滑能力，仅需日常养护和小修。

良——表示路面比较平整，无明显破损和变形，仅有少量裂缝，需日常养护和小修。

中——表示路面有少部分变形和破损，稍不平整，抗滑能力基本满足要求，需小修或中修。

次——表示路面各种破损较多，不平整，强度不足，抗滑能力较差，需中修或大修。

差——表示路面破损和变形严重，强度明显不足，需大修或改造。

三、路面养护决策

路面管理系统要根据系统状况评估各种养护政策会有怎么样的养护结果，要保证某种路况水平需要投入多少资金，在一定的预算条件下，应在何时采取何种养护措施等。决策就是根据提供的各种信息对上述问题进行分析、回答，合理分配有限的养护资金等资源，确定最佳养护对策和实施时间的过程。

对于路面养护决策系统来讲，需要决策的是路面养护及大修、中修和改建的策略、计划和资金分配。路面养护决策以路面性能为基准，一个良好的性能预测模型是合理决策的基础。决策是与性能预测模型密切相关的。只有在路面性能达到某一标准时，才能考虑与之适应的养护措施；一旦采取养护措施之后，路面的性能及变化又直接影响下次养护决策。

决策模型的合理与否是系统成败的关键。它涉及系统工程、道路工程和经济分析等多种学科。在系统决策时，不仅要考虑道路材料、设计、施工等工程实际因素，同时，还与道路等级、各种路面的性能评价、路面性能预测、交通构成、养护费用以及资金预算水平等因素密切相关。另外，还包括地区养护政策等因素，以使养护决策结果能够适应地区经济发展的需要。

在决策分析期限内，某年实际只有部分路段需要进行养护处治，而其他路段则不需要考虑养护。因此，决策的第一步就是确定各个决策年度内，哪些项目需要进行处治决策。这应针对各个需求项目，选择恰当的养护对策。确定了需求项目后，还需要考虑各处治措施的费用、性能及道路使用者费用等因素。最后，如果某年度的养护经费不足以完成该年度所有的养护项目，还需要对各个工程项目进行比较，在综合考虑整个路网需求的前提下，最终确定各年的处治项目计划。此时，有可能需要对某些需求项目的措施进行调整。这样，虽然某些项目并非为最佳方案，但就整个路网而言，已经充分利用了养护资金，取得了最佳效果。

养护对策是根据现有路网中路面状况的评价结果所采取的路面养护措施，其目的是使已破损的路面经过修理和恢复达到行车所必需的服务水平。年度养护计划是根据路面现有状况对路网中所有路段安排出保养或维修的详细计划报表，为管理决策者安排本年度养护资金提供依据。

不同形式的路面破坏需要采用相应不同的养护对策；同时，不同地区根据自己的经验对路面破坏又有不同的维修措施。在我国《公路养护技术规范》中，将路面养护对策较为粗略地划分为四大类，即小修保养、中修、大修与改建。

以上这四种养护方法虽然直观，但不能反映出具体的养护措施。它基本上属于控制性养护策略，对于高层次决策部门控制养护资金合理分配有一定作用，但对项目的具体实施意义不大。养护技术人员希望根据实际情况制定出具体的养护措施。例如，在 PEMS 中，养护专家根据我国的实际情况提出了沥青路面 7 种标准养护处治对策：①小修保养；②1cm 罩面；③2~3cm 罩面；④3~4cm 罩面；⑤补强 2~3cm 面层；⑥补强 3~4cm 面层；⑦补强 5~6cm 面层。其中，①~②属于小修保养，③~⑤属于中修罩面，⑥~⑦属于大修补强。

在根据实际调查路况确定养护对策时，路网中各条道路的交通量也是一个不容忽视的因素。在确定养护对策时，会遇到如下的情况：在两个路面破损状况相同的路段中，如果交通量不同或道路的技术等级、行政等级不同，那么采用同一种养护对策显然不合理。所以，在根据实际路况确定最佳养护对策时，必须考虑交通量因素。

在路面设计和养护管理中，交通量的计算应该以标准轴载次数即 BZZ－100 为计量标准。但由于以往国内道路交通量测试受条件所限，交通量的计量单位仍以年平均日交通量为准，而标准轴载次数的实际调查和测试还没有纳入日常公路监测工作。所以，在目前国内已使用的路面养护系统中，仍采用年平均日交通量 AADT 作为标准轴载的间接计量单位。

养护对策模型是根据实际路况制定的最佳养护策略。如管理系统在路面评价时可以根据路况四项指标进行优、良、中、次、差的评价。在确定养护对策时，需要根据四项评价等级之间的不同组合，给出每一种组合的养护对策，加上交通量划分的三个等级，所以总的路面养护组合共计有 $5×5×5×5×3=1875$（种）。如果对这 1875 种组合均通过专家调查给出养护对策，不但工作量大，而且不易进行专家问卷调查。从对实际路况的调查中可以发现，虽然四个评价指标各表示一定的路面属性，但它们之间也存在着相互联系。例如，当结构强度系数小时，往往其相应的破损率、平整度都较差，而破损率较大的地段其平整度也差，即很少会出现有一个指标属于优，而其他几个指标属于差的情况。另外，在养护对策中也有相互覆盖的情况，如采用补强养护对策时，原有路面其他几个指标也会得到改善。所以，在 PEMS 中根据以上情况，并结合我国公路的现有实际情况，又减少了摩擦系数这个因素，对沥青路面制定了以下的养护对策确定准则：

①结构分析强度系数是决定路面中修或大修的唯一指标，强度评价为次、差时需进行大修。

②路面损坏状况指数 PCI 或破损率 DR 为次、差的路段，不论平整度优劣均应进行中修或大修。

③PCI、DR 为中等或中等以上，强度为次等时，只有当平整度为次、差时，才考虑进行大修。

建立路面管理系统的一个主要目的，是提供有关最佳养护和改建对策以及最佳资金分配方案的分析，以便决策者选择最经济合理的方案，合理地分配和使用有限的资金，因此，进行项目排序和方案优化是路面管理系统的核心组成部分。

路面管理系统包括项目级和网级两个层次。对于项目级来说，要做出的决策是该段路面应在何时进行改建和应采用什么改建对策。通常，按照路面使用性能下降到某一预定的最低可接受水平时，确定路面需进行改建的时间；而采取的改建对策，则按照经验或者在经济分析的基础上选择。排序和优化方法在这里起的作用不大。然而，如果要把改建同养护结合起来，考虑不同养护水平和改建对策的相互影响，选择在分析期内最经济有效的养护和改建对策序列，则需要采用优化技术。鉴于其序列性质，动态规划是较为合适的方法。

排序和优化方法可以分为以下几种类型：①根据路面使用性能参数进行排序，如现时服务能力指数 PSI、路面状况指数 PCI 等。这类方法对一客观路况进行分等，使用迅速、简便，但所得结果可能远非最优。②根据经济分析参数进行排序，如净现值、效益－费用比、内部回收率等。这类方法比较简便，分析结果较接近于最优。③利用线性规划或整数规划模型，按照总费用最小或效益最大进行优化。这类方法较复杂，可以得到最优的结果。④利用动态决策模型，按照总费用最小进行优化。这类方法主要适用于财政规划。

第五章 道路交通设施

第一节 交通信号灯与道路交通标志

一、交通信号灯

交叉口是城市道路系统中的交通密集区，也是交通冲突最易发生的地区。交通信号灯是降低交叉口事故率的有效手段。交通信号灯是指用手动、电动或电子计算机操作，以信号灯光指挥交通，在道路交叉口分配车辆通行权的设施。交通信号灯规定了交叉口车辆的运行次序，减少或消除了交叉口的冲突点，可以大大降低交叉口的事故率。

（一）交通信号灯的组成

交通信号灯由红灯、绿灯和黄灯组成。红灯表示禁止通行，绿灯表示准许通行，黄灯表示警示。警示的意思就是提醒驾驶人注意。

使用红色、绿色、黄色三种光色作为交通信号灯的信号是国际通用的标准。习惯上为了红绿色盲者容易辨认绿色光，给绿色光加了一定的蓝色。在"赤、橙、黄、绿、青、蓝、紫"七种颜色中，为什么选择这三种颜色呢？这主要依据的是光学原理。

红色——在七种颜色中，以红色的光波最长，穿透周围介质的能力最强。光度相同的条件下，红色显示最远。另外，从心理学的角度看："红色"容易使人产生火与血的联想，有危险感及兴奋与强烈刺激的感觉，所以选择红色灯光代表"禁止通行"的信号。

黄色——从光学角度看，黄色的光波仅次于红色，在七种颜色中居第二位，也会使人感到危险，但没有红色那么强烈。因此，被用作"缓冲信号"。有警告或停止之意。

绿色——在七种颜色中，除红色、橙色、黄色以外，绿色是光波较长的一种色光。由于它与红色区别很大，易辨认，也因为"绿色"能给人以和平、祥和、安全之感，因此，被用来作为允许通行的信号。

(二）交通信号灯的分类及效力

交通信号灯分为：机动车信号灯、非机动车信号灯、人行横道信号灯、车道信号灯、方向指示信号灯、闪光警告信号灯、道路与铁路平面交叉道口信号灯。

1. 机动车信号灯和非机动车信号灯

①绿灯亮时，准许车辆通行，但转弯的车辆不得妨碍被放行的直行的车辆、行人通行。

②黄灯亮时，已越过停止线的车辆可以继续通行。

③红灯亮时，禁止车辆通行。

在未设置非机动车信号灯和人行横道信号灯的路口，非机动车和行人应当按照机动车信号灯的标示通行。红灯亮时，右转弯的车辆在不妨碍被放行的车辆、行人通行的情况下，可以通行。

2. 人行横道信号灯

①绿灯亮时，准许行人通过人行横道。

②红灯亮时，禁止行人进入人行横道，但是已经进入人行横道的，可以继续通过或者在道路中心线处停留等候。

3. 车道信号灯

①绿色箭头灯亮时，准许本车道车辆按指示方向通行。

②红色叉形灯或者箭头灯亮时，禁止本车道车辆通行。

4. 方向指示信号灯

方向指示信号灯的箭头方向向左、向上、向右分别表示左转、直行、右转。

5. 闪光警告信号灯

闪光警告信号灯为持续闪烁的黄灯，提示车辆、行人通行时注意瞭望，确认安全后通过。

6. 道路与铁路平面交叉道口信号灯

道路与铁路平面交叉道口有两个红灯交替闪烁或者一个红灯亮时，表示禁止车辆、行人通行；红灯熄灭时，表示允许车辆、行人通行。

（三）交通信号灯的设置依据

设置交通信号灯的主要依据有：

①路口机动车高峰小时流量超过标准数值时，应设置信号灯；路口任意连续 8h 的机动车平均小时流量超过标准数值时，应设置信号灯。

②以下情况应设置非机动车信号灯：对于机动车单行线上的交叉口，在与机动车交通流相对的进口；非机动车驾驶人在路口距停车线 25m 范围内不能

清晰视认用于指导机动车通行的信号灯的显示状态时；其他特殊情况下，如通过交通组织仍不能解决机动车与非机动车冲突。

③在采用信号控制的路口，已施划人行横道标线的，应相应设置人行横道信号灯。

④在有专用转弯机动车道的路口，若采用多相位的相位设置方式，应设置方向指示信号灯。

⑤在可变车道入口和路段、隧道、收费站等地，应设置车道信号灯。在城市快速路进出口等地视实际情况可设置车道信号灯。

⑥在需要提示驾驶人和行人注意瞭望、确认安全后通过处，宜设置闪光警告信号灯。

（四）信号的基本参数

无论单点控制、线控制、面控制，各交叉口的信号显示均应有下列基本控制参数。

1. 信号相位

信号相位简称为相，它是信号轮流给某些方向的车或人以通行权的次序。例如，我国十字路口常用的两相位信号，东西方向绿灯亮称为东西相或第一相；南北绿灯亮，则称为南北相或第二相。相位用向量表示，其方向与车辆行驶方向一致。相位超过两个的信号统称为多相位信号。

2. 周期

信号灯表示绿色、黄色、红色一个循环所需的时间称为一个周期，以秒为单位表示。一般说来，交叉口的饱和度越高则周期越长，饱和度越低则周期越短。

3. 绿信比

在一个周期中，绿灯时间占周期时间的比率称为绿信比，通常用百分数表示。绿信比选择不当会降低交叉口的通行能力。

在信号系统控制中，除三个参数外还有一个重要的参数，即相位差。一条干道上相邻交叉口交通信号的联动控制，简称为线控制，其关键参数是相位差。

以某一交叉口的起始绿灯信号为准，与相邻信号交叉口的绿灯启亮的时间之差称为相位差，也称为时差。

我国交通管理现代化已取得初步成绩，今后城市交叉路口应普及单点定周期或单点感应式信号控制。大、中城市应有计划地建立线控制或面控制，以利交通迅速、安全，节省能源及减少交通污染。

二、道路交通标志

道路交通标志是用图形符号、颜色和文字向交通参与者传递特定信息,用于管理交通的设施。

道路交通标志设置在路侧或道路上,是交通法规具体化、形象化的表现形式。它能为道路使用者提供确切的交通情报,保证车辆安全、顺畅、有序地运行。

(一)道路交通标志的构成要素

要充分发挥交通标志的作用,必须使驾驶人在一定的距离内迅速而准确地辨认出标志形状和文字、字符图案,从而可以及时掌握交通信息和采取相应措施。因此,要求交通标志有良好的视认性。决定视认性好坏的主要因素是标志的颜色、形状和字符图案。标志的颜色、形状和字符图案通常被称为交通标志的三要素。

1. 颜色

我国安全色国家标准规定:红色、蓝色、黄色、绿色四种颜色为安全色,黑色、白色两种颜色为对比色。所谓安全色,是指表达安全信息含义的颜色,用以表示禁止、警告、指令、提示等意思,安全色的含义及用途见表5-1。对比色是使安全色更加醒目的反衬色,关于对比色的使用规定见表5-2。

表5-1　　　　　　　　　安全色的含义及用途

颜色	含义	用途举例
红色	禁止停止	禁止标志 停止信号:机器、车辆上的紧急停止手柄或按钮,以及禁止人们触动的部位
		红色也表示防火
蓝色	指令 必须遵守的规定	指令标志:如必须佩戴个人防护用具,道路上指引车辆和行人行驶方向的指令
黄色	警告注意	警告标志 警戒标志:如厂内危险机器和坑池边周围的警戒线,行车道中线,机械上齿轮箱内部,安全帽
绿色	提示 安全状态 通行	提示标志:如车间内的安全通道,行人和车辆通行标志,消防设备和其他安全防护设备的位置

注:①蓝色只有与几何图形同时使用时,才表示指令。
②为了不与道路两旁绿色树木相混淆,交通上用的指示标志为蓝色。

表 5－2　　　　　　　　　　　对比色的使用规定

安全色	相应的对比色	安全色	相应的对比色
红色	白色	黄色	黑色
蓝色	白色	绿色	白色

在交通标志中，一般是以安全色为主，以对比色为辅按规定配合使用。其中，黑色用于安全标志的图案、文字和符号以及警告标志的几何图形；白色作为安全标志红、蓝、绿色的背景色，也可用于安全标志的文字和图形符号。

2. 形状

道路交通标志应选择简单、明快的形式，以易于辨认。根据研究，同等面积的几何体的视认性随着几何形状的变化而不同。在一般情况下，具有锐角的物体外形容易辨认。在同等面积、同样距离、同样照明条件下，容易识别的外形顺序是：三角形、菱形、长方形、圆形、正方形、五边形、六边形。

我国交通标志的基本形状有矩形、长方形、圆形、三角形等几种。指示、指路和辅助标志因要标以文字说明、图像符号等，故采用长方形或正方形。警告标志主要目的是为了引起驾驶人注意，应当比较醒目、容易辨认，因此选用视认性最好的三角形。虽然圆形易见性较低，但在同样条件下，圆形内的字符图案显得大一些，看起来更清楚，并且圆形和周围其他形状，如矩形、长方形和三角形等易于区别，故选用圆形带斜杠作为禁令标志，圆形为指示标志的形状。交通标志的形状要根据易见性和使用习惯来确定，不得随意更改、替换。交通标志的图形及其含义见表 5－3。

表 5－3　　　　　　　　　　　交通标志的图形及其含义

图形	含义	图形	含义
圆加斜线	禁止	圆	指令
三角形	警告	方形和矩形	提示

3. 字符图案

交通标志的颜色和形状表示标志的种类，字符和图案则直接表示标志的具体内容。

图案设计要简单明了，与客观事物尽可能相似。同时表示不同客观事物的图案要有明显区别，以便于驾驶人在车速快、辨认时间极短的情况下能迅速识别。投影图案具有简单、清晰、逼真的特点，从远处观察视认性好，所以交通标志图案一般使用投影图案。

交通标志所用的符号也必须具有简单、易认、意义明确和不受文化程度局限等特点。在规定符号所代表的意义时，要考虑其直观性和符号的单义性，要符合人们在日常生活中的思维习惯，使人们容易理解。

虽然图案和符号具有较强的视认性，但文字也是交通标志不可缺少的部分，因为有些内容不可能用图案和符号来表达清楚。文字表达力求简洁明了，《道路交通标志和标线第 2 部分：道路交通标志》中规定：道路交通标志的字符应书写规范、正确、工整。根据需要，可并用汉字和其他文字。当标志上采用中英两种文字时，地名用汉语拼音，专用名词用英文。

（二）道路交通标志的分类及设置地点

交通标志分为主标志和辅助标志两大类。其中主标志包括警告标志、禁令标志、指示标志、指路标志、旅游区标志、作业区标志和告示标志。

1. 警告标志

警告标志是警告车辆驾驶人、行人前方有危险的标志，道路使用者需谨慎行动。

驾驶人在一条不熟悉的道路上行驶，不可能知道行驶前方存在有潜在危险。警告标志的作用就是及时提醒驾驶人前方道路线形和道路状况的变化，在到达危险点以前有充分时间采取必要行动，确保行车安全。

警告标志的颜色为黄底、黑边、黑图形。"注意信号灯"标志的图形由红色、黄色、绿色、黑色四色组成。"叉形符号""斜杠符号"为白底红色图形。其形状为等边三角形或矩形，三角形的顶角朝上。警告标志可以分为以下几类：

交叉路口标志：用以警告车辆驾驶人谨慎慢行，注意横向来车。设在平面交叉路口驶入路段的适当位置。

急弯路标志：用以警告车辆驾驶人减速慢行。设计车速小于 60km/h 的道路上，平曲线半径小于表 5－4 中规定且停车视距小于表 5－4 中规定时应设急弯路标志。设置位置为曲线起点的外面，但不应进入相邻的圆曲线内。

表 5－4　　　　　　　　平曲线半径和停车视距值

设计速度/（km/h）	20	30	40
平曲线半径/m	20	45	80
停车视距/m	20	30	40

反向弯路标志：用以警告车辆驾驶人减速慢行。设计车速小于 60km/h 的道路上，两相邻反向平曲线半径均小于或其中一个半径小于表 5－4 规定，并且圆曲线间的距离小于或等于表 5－5 中规定时应设置反向弯路标志。设置位置为两反向圆曲线起点的外面，但不应进入相邻的圆曲线内。

表5-5　　　　　　　　　两反向圆曲线间距离值

设计速度/（km/h）	20	30	40
两反向圆曲线间距离/m	40	60	80

连续弯路标志：用以警告车辆驾驶人减速慢行。设计车速小于60km/h的道路上，连续有三个或三个以上反向平曲线，其平曲线半径均小于或有两个半径小于表5-4中规定，并且各圆曲线间的距离均小于或等于表5-5规定时设置连续弯路标志。设置位置为连续弯路起点的外面，当连续弯路总长度大于500m时，应重复设置。可在此标志下附加说明连续弯路长度的辅助标志。

陡坡标志：用以提醒车辆驾驶人小心驾驶。当纵坡坡度大于表5-6中规定时，在纵坡坡脚或坡顶以前适当位置设置。

表5-6　　　　　　　　　纵坡坡度值

设计速度/（km/h）		20	30	40	60	80	100	120
纵坡坡度（%）	上坡 海拔3000m以下	7	7	7	6	5	4	4
	上坡 海拔3000~4000m	7	7	6	5	4		
	上坡 海拔4000~5000m	7	6	5	4	4		
	上坡 海拔5000m以上	6	5	4	4	4		
	下坡	7	7	7	6	5	4	

连续下坡标志：用以提醒车辆驾驶人小心驾驶。设在连续两个及以上纵坡坡度大于表5-6中规定且连续下坡长度超过3km的坡顶以前适当位置。如果纵坡坡度小于表5-6中规定，但是经常发生制动失效事故的连续下坡路段也可以根据现场条件设置"连续下坡"标志。当连续下坡总长大于3km后，应重复设置。可以辅助标志表示连续下坡的坡长。

窄路标志：用以警告车辆驾驶人注意前方车行道或路面狭窄情况，遇有来车应予减速避让。设在双车道路面宽度缩减为6m以下的路段起点前方。

窄桥标志：用以警告车辆驾驶人注意前方桥面宽度变窄，应谨慎驾驶。设在桥面净宽较两端路面宽度变窄，并且桥的净宽小于6m的桥梁以前适当位置。

双向交通标志：用以提醒车辆驾驶人注意会车。设在由双向分离行驶，因某种原因出现临时性或永久性的不分离双向行驶的路段，或由单向行驶进入双向行驶的路段以前适当位置。

注意行人标志：用以警告车辆驾驶人减速慢行，注意行人。设在行人密集，或不易被驾驶人发现的人行横道线以前适当位置。城市中心区街道或设有信号灯处可不设。标志底色可采用荧光黄绿色。

注意儿童标志：用以促使车辆驾驶人减速慢行，注意儿童。设置在小学、幼儿园、少年宫等儿童经常出入地点前的适当位置。标志底色可采用荧光黄绿色。

注意牲畜：用以提醒车辆驾驶人注意慢行。设在经过放牧区、畜牧场等区域的道路上，经常有牲畜横穿、出入的地点前适当位置。

注意野生动物标志：用以提醒车辆驾驶人注意慢行。设在经过野生动物保护区的道路上，经常有野生动物横穿、出入的地点前适当位置。标志上的动物图形可根据该地区最常出现的野生动物种类适当调整。

注意信号灯标志：用以警告车辆驾驶人注意前方路段设有信号灯，应依信号灯指示行车。设置在因受地形或其他因素影响，驾驶人不易发现前方为信号灯控制路口；或高速公路驶入一般道路的第一个信号灯控制路口；或因临时交通管制或其他特殊状况设置活动信号灯的路口。

注意落石标志：用以提醒车辆驾驶人注意落石。设在有落石危险的傍山路段以前适当位置。使用时应根据落石的不同方向选择。

注意横风标志：用以提醒车辆驾驶人小心驾驶。设在经常有很强的侧向风的路段以前适当位置。

易滑标志：用以提醒车辆驾驶人注意慢行。设在路滑容易发生事故的路段以前适当位置。

傍山险路标志：用以提醒车辆驾驶人小心驾驶。设在傍山险路路段以前适当位置。使用时应根据傍山险路的不同朝向选择。

堤坝路标志：用以提醒车辆驾驶人小心驾驶。设在沿水库、湖泊、河流等堤坝道路以前适当位置。使用时应根据水库、湖泊等位于堤坝路的不同位置选择。

村庄标志：用以提醒车辆驾驶人小心驾驶。设在紧靠村庄、集镇且视线不良的路段以前适当位置。

隧道标志：用以提醒车辆驾驶人注意慢行。设在双向行驶且照明不好的隧道口前适当位置。

渡口标志：用以提醒车辆驾驶人谨慎驾驶。设在车辆渡口以前适当位置。

驼峰桥标志：用以提醒车辆驾驶人谨慎驾驶。设在拱度很大、影响视距的驼峰桥以前适当位置。

路面不平标志：用以提醒车辆驾驶人减速慢行。设在路面颠簸路段或桥头跳车较严重的地点以前适当位置。该标志可作为临时标志使用。

路面高突标志：用以提醒车辆驾驶人减速慢行。设在路面突然高突以前适当位置。减速丘前适当位置应设置此标志，必要时可附加辅助标志说明。

路面低洼标志：用以提醒车辆驾驶人减速慢行。设在路面突然低洼以前适当位置。

过水路面（或漫水桥）标志：用以提醒车辆驾驶人谨慎慢行。设在过水路面或漫水桥路段以前适当位置。

注意非机动车标志：用以提醒车辆驾驶人注意慢行。设在经常有非机动车横穿、出入的地点前适当位置。

注意残疾人标志：用以提醒车辆驾驶人减速慢行，注意残疾人。设在康复医院、残疾人学校等残疾人经常出入地点前适当位置。

事故易发路段标志：用以告示前方道路为事故易发路段，谨慎驾驶。设在交通事故易发路段以前适当位置。

慢行标志：用以提醒车辆驾驶人减速慢行。设在前方道路发生特殊情况，影响行车安全的路段以前适当位置。

注意障碍物标志：用以告示前方道路有障碍物，车辆应按标志指示减速慢行。设置在道路障碍物以前的适当位置。

注意危险标志：用以提醒车辆驾驶人谨慎驾驶。设在以上标志不能包括的其他危险路段以前适当位置。本标志一般不单独使用，其下应设辅助标志，说明危险原因。

施工标志：用以告示前方道路施工，车辆应减速慢行或绕道行驶。该标志可以作为临时标志支设在施工路段以前适当位置。

建议速度标志：用以提醒车辆驾驶人以建议的速度行驶，设在弯道、出口、匝道的适当位置。此标志一般不单独使用，宜与其他警告标志联合使用或附加辅助标志，以说明建议速度的原因或路段位置、长度。出口处设置的建议速度标志应设置在减速车道的适当位置；匝道建议速度标志设置在匝道的适当位置。

隧道开车灯标志：用以警告车辆驾驶人进入隧道打开前照灯，注意行驶。设在无照明或照明不足的隧道洞口前适当位置。隧道标志和隧道开车灯标志只需设置一个。

注意潮汐车道标志：用以警告车辆驾驶人注意前方为潮汐车道。设在潮汐车道路段起点前适当位置。

注意保持车距标志：用以警告车辆驾驶人注意和前车保持安全距离。设在经常发生车辆追尾事故路段前适当位置。

注意分离式道路标志：用以警告车辆驾驶人注意前方平面交叉的被交道路是分离式道路。设在被交道路是分离式路基且分离距离较宽、车辆驶入平面交叉易发生错向行驶的平面交叉前适当位置。

注意合流标志：用以警告车辆驾驶人注意前方有车辆汇合进来。

避险车道标志：设置了避险车道的道路上，在其前方适当位置应至少设置一块避险车道标志。用以提醒货车驾驶人注意是否使用避险车道。如果条件允许，宜在避险车道前2km、1km、500m左右及其他适宜位置分别设置预告标志，在避险车道的入口处设置指示的警告标志。

注意路面结冰、注意雨（雪）天、注意雾天、注意不利气象条件标志：用以警告车辆驾驶人注意路面结冰、注意雨（雪）天、注意雾天、注意不利气象条件等谨慎驾驶。用于可变信息标志上。

注意前方车辆排队标志：用以警告车辆驾驶人注意前方车辆排队。用于可变信息标志上。

2. 禁令标志

禁令标志表示禁止、限制及相应解除的含义，道路使用者应严格遵守。

禁令标志的颜色，除个别标志外，一般为白色底、红色圈、红色杠、黑色图形。禁令标志的图形压杠，其形状为圆形，"停车让行标志"为八角形，"减速让行标志"为顶角向下的倒等边三角形。

禁令标志可以分为以下各类：

停车让行标志：表示车辆应在停止线前停车瞭望，确认安全后，方可通行。标志形状为八角形，颜色为红底白字。停车让行标志在下列情况下设置：①与交通量较大的干路平交的支路路口；②无人看守的铁路道口；③其他需要设置的地方。

减速让行标志：表示车辆应减速让行，告示车辆驾驶人应慢行或停车，观察干道行车情况，在确保干道车辆优先，确保安全的前提下，方可进入路口。设于交叉口次要道路路口。标志的形状为倒三角形，颜色为白色底、红色边、黑色字。

会车让行标志：表示车辆会车时，应停车让对方车先行。标志形状为圆形，颜色为白色底红色圈、红黑两种箭头。下列情况下应设置会车让行标志，有信号灯控制的可以不设：①会车有困难的狭窄路段的一端；②双向通行道路由于某种原因只能开放一条车道作双向通行，通行受限制的一端。

禁止通行标志：表示禁止一切车辆和行人通行。设置在禁止通行的道路入口附近。

禁止驶入标志：表示禁止一切车辆驶入。设在禁止驶入的路段入口明显之处。其颜色为红色底中间一道白色横杠。

禁止机动车驶入标志：表示禁止各类机动车通行。设置在禁止机动车驶入路段的入口处。对时间或某一类机动车有禁止规定时，应用辅助标志说明。

禁止载货汽车驶入标志：表示禁止载货汽车驶入。设在禁止载货汽车通行路段入口处。对驶入的载货汽车有载重量限制或其他限制时，应用辅助标志说明，如禁止小货车通行。

禁止电动三轮机动车驶入标志：表示禁止电动三轮车驶入。设在禁止电动三轮车驶入路段的入口处。

禁止大型（或小型）客车驶入标志：表示禁止大型（或小型）客车驶入。设在禁止大型（或小型）客车驶入路段的入口处。

禁止挂车、半挂车驶入标志：表示禁止挂车、半挂车驶入。设在禁止挂车、半挂车驶入路段的入口处。

禁止拖拉机驶入标志：表示前方禁止各类拖拉机驶入。设在禁止各类拖拉机驶入路段的入口处。

禁止三轮汽车、低速货车驶入标志：表示禁止三轮汽车、低速货车驶入。设在禁止三轮汽车、低速货车驶入路段的入口处。

禁止摩托车驶入标志：表示禁止摩托车驶入。设在禁止摩托车驶入路段的入口处。

禁止某两种车辆驶入标志：表示禁止标志上所示的两种车辆驶入。设在禁止某两种车驶入路段的入口处。

禁止非机动车驶入标志：表示禁止各类非机动车进入。设在禁止非机动车进入路段的入口处。

禁止畜力车进入标志：表示禁止畜力车进入。设在禁止畜力车进入路段的入口处。

禁止人力（客、货）三轮车进入标志：表示禁止人力（客、货）三轮车进入。设在禁止人力（客、货）三轮车进入路段的入口处。

禁止人力车进入标志：表示禁止人力车进入。设在禁止人力车进入路段的入口处。

禁止行人进入标志：表示禁止行人进入。设在禁止行人进入的地方。

禁止向左（或向右）转弯标志：表示前方路口禁止一切车辆向左（或向右）转弯。设在禁止向左（或向右）转弯的路口以前适当位置。有时间、车种等特殊规定时，应用辅助标志说明或附加图形。附加图形时，保持箭头的位置不变。

禁止直行标志：表示前方路口禁止一切车辆直行。设在禁止直行的路口以前适当位置。有时间、车种等特殊规定时，应用辅助标志说明或附加图形。附加图形时，保持箭头的位置不变。如果禁止两种以上（含两种）车辆时，宜用辅助标志说明。

禁止向左向右转弯标志：表示前方路口禁止一切车辆向左向右转弯。设在禁止向左向右转弯的路口以前适当位置。有时间、车种等特殊规定时，应用辅助标志说明或附加图形。附加图形时，保持箭头的位置不变。如果禁止两种以上（含两种）车辆时，宜用辅助标志说明。

禁止直行和向左转弯（或直行和向右转弯）标志：表示前方路口禁止一切车辆直行和向左转弯（或直行和向右转弯）。设在禁止直行和向左转弯（或直行和向右转弯）的路口以前适当位置。有时间、车种等特殊规定时，应用辅助标志说明或附加图形。附加图形时，保持箭头的位置不变。如果禁止两种以上（含两种）车辆时，宜用辅助标志说明。

禁止掉头标志：表示禁止机动车掉头。设在禁止机动车掉头路段的起点和路口以前适当位置。

禁止超车标志：表示标志至前方解除禁止超车标志的路段内，不允许机动车超车。设在禁止超车路段的起点。已设有道路中心实线和车道实线的可不设此标志。

解除禁止超车标志：表示禁止超车路段结束。设在禁止超车路段的终点，标志颜色为白色底、黑色圈、黑色细斜杠、黑色图形。此标志应和禁止超车标志成对使用。

禁止停车标志：表示在限定的范围内，禁止一切车辆停、放。设在禁止车辆停、放的地方。该标志为蓝色底红色圈红色斜杠。禁止车辆停放的时间、车种和范围可用辅助标志说明。

禁止长时停车标志：表示在限定的范围内，禁止一切车辆长时停、放，临时停车不受限制。设在禁止车辆长时停、放的地方。该标志为蓝色底红色圈红色斜杠。临时停车指车辆停车上下客或装卸货等，并且驾驶人在车内或车旁守候。禁止车辆停、放的时间、车种和范围可用辅助标志说明。

禁止鸣喇叭标志：表示禁止车辆鸣喇叭。设在需要禁止车辆鸣喇叭的地方。禁止鸣喇叭的时间和范围可用辅助标志说明。

限制宽度标志：表示禁止装载宽度超过标志所示数值的车辆通行。设置在最大容许宽度受限制的地方。

限制高度标志：表示禁止装载高度超过标志所示数值的车辆通行。设置在最大容许高度受限制的地方。

限制质量标志：表示禁止总质量超过标志所示数值的车辆通行。设置在需要限制车辆质量的桥梁两端。

限制轴重标志：表示禁止轴重超过标志所示数值的车辆通行。设置在需要限制车辆轴重的桥梁两端。

限制速度标志：表示该标志至前方解除限制速度标志或另一块不同限速值的限制速度标志的路段内，机动车行驶速度（单位为 km/h）不准超过标志所示数值。限制速度标志设在需要限制车辆速度的路段的起点，其限速值不宜低于 20km/h。

解除限制速度标志：表示限制速度路段结束。设置在限制车辆速度路段的终点。标志颜色为白色底、黑色圈、黑色细斜杠、黑色字。

停车检查标志：表示机动车应停车接受检查。设在需要机动车停车接受检查的地点。有车种规定时，应用辅助标志说明。

禁止运输危险物品车辆驶入标志：表示禁止运输危险物品车辆驶入。设在禁止运输危险物品车辆驶入路段的入口处。

海关标志：表示道路前方是海关，所有机动车应停车后方可通过。设在道路上机动车需停车接受海关检查方可通过的地点。

区域禁止及解除标志：表示区域内禁止车辆的某种行为。设在禁止区域的所有入口处（禁止）及出口处（禁止解除）。

3. 指示标志

指示标志具有指示车辆、行人行进的含义，道路使用者应遵循。

指示标志的颜色，除个别标志外，为蓝色底、白色图形。其形状分为圆形、长方形和正方形。指示标志可以分为下列各类：

直行标志：表示一切车辆只准直行。设在应直行的路口以前适当位置。有时间、车种等规定时，应用辅助标志说明或附加图形。

向左（或向右）转弯标志：表示一切车辆只准向左（或向右）转弯。设置在车辆必须向左（或向右）转弯的路口以前的适当位置。有时间、车种等特殊规定时，应用辅助标志说明或附加图形。

直行和向左转弯（或直行和向右转弯）标志：表示一切车辆只准直行和向左转弯（或直行和向右转弯）。设置在车辆必须直行和向左转弯（或直行和向右转弯）的路口以前的适当位置。有时间、车种等特殊规定时，应用辅助标志说明或附加图形。

向左和向右转弯标志：表示一切车辆只准向左和向右转弯。设置在车辆必须向左和向右转弯的路口以前的适当位置。有时间、车种等特殊规定时，应用辅助标志说明或附加图形。

靠右侧（或靠左侧）道路行驶标志：表示一切车辆只准靠右侧（或靠左侧）道路行驶。设置在车辆必须靠右侧（或靠左侧）道路行驶的地方。

立体交叉行驶路线标志：表示一切车辆在立体交叉处可以直行和按图示路

线左转弯（或直行和右转弯）行驶。设在立体交叉左转弯（或右转弯）出口处适当位置。

环岛行驶标志：表示一切车辆只准靠右环行，设在环岛面向路口来车方向的适当位置。环内驶出车辆和环行车辆具有优先权，车辆进入环岛时应让环内车辆优先通行。

单行路标志：表示该道路为单向行驶，已进入车辆应依标志指示方向行车。设在单行路入口起点处的适当位置。有时间、车种等规定时，应用辅助标志说明或附加图形。

步行标志：表示该段道路只供步行，任何车辆不准进入。设在步行街的两端。有时间规定时，应用辅助标志说明。

鸣喇叭标志：表示机动车行至该标志处应鸣喇叭，以提醒对向车辆驾驶人注意并减速慢行。

最低限速标志：表示机动车驶入前方道路的最低时速限制。设在高速公路或其他道路限速路段的起点及各立交入口后的适当位置。本标志应与最高限速标志配合设置在同一标志杆上，而不单独设置。路侧安装时，最高限速标志居上，最低限速标志居下；门架式或悬臂式安装时，最高限速居左，最低限速标志居右。

路口优先通行标志：表示交叉口主要道路上车辆享有优先通行权利。设在交叉口主要道路的路口以前适当位置。交叉口次要道路路口设停车让行或减速让行标志的，可在主要道路路口设口优先通行标志；如果主要道路上设了路口优先通行标志，则次要道路上应设停车让行或减速让行的标志。

会车先行标志：车辆在会车时享有优先通行权利。设在有会车让行标志路段的另一端。标志颜色为蓝色底，对向来车为红色箭头，优先行进方向为白色箭头。

人行横道标志：表示该处为人行横道。标志颜色为蓝色底、白色三角形、黑色图形。设在人行横道两端适当位置，并面向来车方向。该标志应与人行横道线同时使用。

车道行驶方向标志：表示车道的行驶方向。设在导向车道以前适当位置。

专用道路和车道标志：用以告示前方道路或车道专供指定车辆通行，不准其他车辆及行人进入。

①公交线路专用车道标志：表示该车道专供本线路行驶的公交车辆行驶。设在进入该车道的起点及各交叉口入口前适当位置。

②机动车行驶标志：表示该道路只供机动车行驶。设在该道路的起点及各交叉口入口前适当位置。

③机动车车道标志：表示该车道只供机动车行驶。设在该车道的起点及各交叉口入口前适当位置。

④非机动车标志：表示该道路只供非机动车行驶。设在非机动车行驶道路的起点及各交叉口入口前适当位置。

⑤非机动车车道标志：表示该车道只供非机动车行驶。设在该车道的起点及各交叉口入口前适当位置。

⑥快速公交系统（BRT）专用车道标志：表示该车道专供 BRT 车辆行驶。设在进入该车道的起点及各交叉口入口前适当位置。有时间规定时，应以辅助标志表示。

⑦多乘员车辆（HOV）专用车道标志：表示该车道只供多乘员的车辆行驶。设在进入该车道的起点及各交叉口入口前适当位置。

⑧不同的专用车道标志并设：不同的专用车道标志可以并设在同一块标志上。

停车位标志：表示机动车允许停放的区域。需要和停车位线配合使用。有车种专用、时段或时长限制时，可用辅助标志表示。

允许掉头标志：表示该处允许机动车掉头。设在允许机动车掉头的地点。有时间、车种等特殊规定时，应用辅助标志说明。

4. 旅游区标志

旅游区标志是为吸引和指引人们从高速公路或其他道路上前往邻近的旅游区，在通往旅游景点的路口设置的标志，使旅游者能方便地识别通往旅游区的方向和距离，了解旅游项目的类别。旅游区标志的颜色为棕色底、白色字（图形）、白色边框、棕色衬边，其形状为矩形。

旅游区标志分为指引标志和旅游符号标志两大类。

指引标志：提供旅游区的名称、有代表性的图形及前往旅游区的方向和距离。高速公路沿线 4A 级及以上旅游景区可设置旅游区标志，一般公路沿线 3A 级及以上旅游景区可设置旅游区标志，更低级别景区不建议设置旅游区标志。

旅游符号：提供旅游项目类别、具代表性的符号及前往各旅游景点的指引。设在高速公路或其他道路通往旅游景点的交叉口附近，或在大型服务区内通往各旅游景点的路口。也可在指路标志上附具代表性的旅游符号，让旅游者了解景点的旅游项目。旅游符号下可以附加辅助标志以指示前进方向或距离。

5. 其他标志

（1）作业区标志

作业区标志用以通告道路交通阻断、绕行等情况。设在道路施工、养护等路段前适当位置。用于作业区的标志为警告标志、禁令标志、指示标志及指路标志，其中警告标志为橙底黑图形，指路标志为在已有的指路标志上增加橙色绕行箭头或为橙底黑图形。作业区标志应和其他作业区交通安全设施配合使用。

（2）辅助标志

凡主标志无法完整表达或指示其规定时，为维护行车安全与交通畅通的需求，应设置辅助标志。辅助标志的颜色为白色底、黑色字（图形）、黑色边框、白色衬边，其形状为矩形。

辅助标志可分为表示时间，表示车辆种类、属性，表示方向，表示区域或距离，表示警告、禁令理由等。辅助标志安装在主标志下面，紧靠主标志下缘。

（3）告示标志

告示标志用以解释、指引道路设施、路外设施，或者告示有关道路交通安全法和道路交通安全法实施条例的内容。告示标志的设置有助于道路设施、路外设施的使用和指引，取消其设置不影响现有标志的设置和使用。

告示标志一般为白色底、黑色字、黑色图形、黑色边框，其中的图形和标识如果需要可采用彩色图案。

（三）标志设置方式

道路标志的设置方式分为柱式、悬臂式、门式和附着式四类。

1. 柱式

柱式标志不应侵入公路建筑限界以内，标志内边缘距路面或土路肩边缘不得小于25cm。标志牌下缘距路面的高度为150～250cm。

（1）单柱式

标志牌安装在一根立柱上。适用于中、小型尺寸的警告、禁令、指示等标志。

（2）多柱式

标志牌安装在两根及两根以上立柱上。适用于长方形的指示或指路标志。

2. 悬臂式

标志牌安装于悬臂上。标志下缘离地面的高度，至少按该道路规定的净空高度设置。适用于：①柱式安装有困难时；②道路较宽、交通量较大、外侧车道大型车辆阻挡内侧车道小型车道视线时；③视距受限制时；④景观上有要求时。

3. 门架式

标志安装在门架上。标志下缘距路面的高度，至少按该道路规定的净空高度设置。

门架式标志适用于：①多车道道路（同向三车道以上）需要分别指示各车道去向时；②道路较宽、交通量较大、外侧车道大型车辆阻挡内侧车道小型车辆视线时；③互通式立体交叉间隔距离较近标志设置密集处；④受空间限制，柱式、悬臂式标志安装有困难时；⑤车道变换频繁，出口匝道为多车道者，或者出口匝道在行车方向的左侧；⑥景观上有要求时。

4. 附着式

标志安装在上跨桥和附近构造物上。附着式标志的安装高度也应符合道路净空的规定。

（四）标志设置原则

为确保交通畅通和行车安全，道路交通标志的设置应遵循下列原则：

①应结合道路线形、交通状况、沿线设施等情况，根据交通标志的不同种类来设置。以利向道路使用者提供正确的、及时的信息。通过交通标志的引导，顺利、快捷地抵达目的地，不允许发生错向行驶。

②交通标志的设置应进行总体布局，防止出现信息不足或过载的现象。对于重要的信息应给予重复显示的机会。

③交通标志的设置应充分考虑道路使用者的特性，即充分考虑在动态条件下发现、判读标志及采取行动的时间和前置距离。

④交通标志应设置在车辆行进正面方向最容易看见的地方。可根据具体情况设置在道路右侧、中央分隔带，或者车行道上方。

⑤同一地点需要设置两种以上标志时，可以安装在一根标志柱上，但最多不应超过四种。应避免出现互相矛盾的标志内容。解除限制速度标志、解除禁止超车标志、干路先行标志、停车让行标志、减速让行标志、会车先行标志、会车让行标志应单独设置。标志牌在一根支柱上并设时，应按警告、禁令、指示的顺序，先上后下、先左后右排列。

⑥路侧式标志应尽量减少标志板面对驾驶人的眩光。在装设时，应尽可能与道路中线垂直或成一定角度：禁令和指示标志为 $0°\sim45°$；指路和警告标志为 $0°\sim10°$。

第二节　道路交通标线与安全护栏

一、道路交通标线

道路交通标线是由标划于路面上的各种线条、箭头、文字、立面标记、突起路标和轮廓标等所构成的交通安全设施。它的作用是管制和引导交通。道路交通标线可以与标志配合使用，也可单独使用。

驾驶人在道路上安全、高速行驶，有赖于道路路线走向的轮廓分明。在路面标线和视线诱导设施的指引下，可以建立行进方向的参照系，使驾驶人对其视野范围更远的道路走向树立信心。因此，路面标线是引导驾驶人视线、管制驾驶人驾驶行为的重要手段。它可以确保车流分道行驶，导流交通行驶方向，指引车辆在汇合和分流前进入合适的车道，加强车辆行驶纪律和秩序，促使更好地组织交通。正确设置交通标线能合理利用道路有效面积，改善车流行驶条件，增加道路通行能力，减少交通事故。

（一）道路交通标线的分类

1. 按设置方式分类

纵向标线：沿道路行车方向设置的标线。

横向标线：与道路行车方向成角度设置的标线。

其他标线：字符标记或其他形式标线。

2. 按形态分类

线条：标划于路面、缘石或立面上的实线或虚线。

字符标记：标划于路面上的文字、数字及各种图形、符号。

突起路标：安装于路面上用于标示车道分界、边缘、分合流、弯道、危险路段、路宽变化、路面障碍物位置等的反光或不反光体。

路边线轮廓标：安装于道路两侧，用以指示道路的方向、车行道边界轮廓的反光柱（或片）。

3. 按标划方式分类

白色虚线：划于路段中时，用以分隔同向行驶的交通流或作为行车安全距离识别线；划于路口时，用以引导车辆行进。

白色实线：划于路段中时，用以分隔同向行驶的机动车和非机动车，或指示车行道的边缘；设于路口时，可用作导向车道线或停止线。

黄色虚线：划于路段中时，用以分隔对向行驶的交通流；划于路侧或缘石上时，用以禁止车辆长时在路边停放。

黄色实线：划于路段中时，用以分隔对向行驶的交通流；划于路侧或缘石上时，用以禁止车辆长时或临时在路边停放。

双白虚线：划于路口时，作为减速让行线；设于路段中时，作为行车方向随时间改变的可变车道线。

双黄实线：划于路段中时，用以分隔对向行驶的交通流。

黄色虚实线：划于路段中时，用以分隔对向行驶的交通流。黄色实线一侧禁止车辆超车、跨越或回转,黄色虚线一侧在保证安全的情况下准许车辆超车、跨越或回转。

双白实线:划于路口时,作为停车让行线。

4. 按功能分类

(1) 指示标线

指示标线是指示车行道、行车方向、路面边缘、人行道、停车位、停靠站及减速丘等的标线。

(2) 禁止标线。禁止标线是指告示道路交通的遵行、禁止、限制等特殊规定的标线。

(二) 道路交通标线设置的基本要求

1. 道路交通标线的颜色

道路交通路面标线一般采用白色和黄色两种,以白色为主,因为白色比较醒目,尤其是在沥青道路的色度对比下,视认效果最好。黄色标线对光的反射性比白色标线低53%,在有雾的情况下,与白色标线相比,黄色标线可见性要减少1/5;黎明和黄昏时,也会明显地减少可见性,驾驶人不易区分允许超车和禁止超车区段的差别。但采用黄色标线可弥补白色标线的单调缺陷,白色的单一色调容易使长途行驶的驾驶人感觉疲劳,增加黄色标线可起到颜色鲜明、对比强烈的效果,能满足视觉的基本特性要求。总的来说,白色为指示、控制意义,黄色为禁止、警告意义,特殊需要也采用红色。缘石标线一般用黄色,也有用红色、白色的;立面标记采用黑白、黑黄或红黄相间的条纹。为提高夜间的视认性,标线可根据需要采用反光标线,立面标记可加设照明、闪光灯等设备。

2. 道路交通标线的宽度

道路交通标线的宽度有一个规定范围,一般说来,越宽的标线越能起到强调作用,但并不需要过分加宽,因为这样不但会增加费用,而且会增加打滑的危险。

驾驶人在行车中发现横向标线往往是由远至近,尤其在距横向标线较远的时候其视角范围很小,加上远小近大的原理,所以通常横向标线宽度设置要比纵向标线宽。一般横向标线宽度为20~40cm,斑马线为40~45cm。

3. 标线实线与间隔长度比例

虚线是道路交通标线中不可缺少的组成要素之一。虚线中的实线段和间隔段的比例与车辆的行驶速度有直接关系。实线段与间隔距离太近,会造成闪现率过高而使虚线出现连续感,对驾驶人产生过分的刺激;但实线段与间隔距离太远,闪现率太低,就使驾驶人在行驶中获得的信息量太少,起不到标线应有的作用。

选择标线比例的时候,既要考虑驾驶人的心理、生理指标,也要考虑尽量减小每公里标线面积的因素。在郊外道路上,闪现率不大于 4 次/s 被认为是可以接受的,闪现率为 2.5～3.0 次/s 时效果最佳;在城市道路上,闪现率在 8 次/s 以下认为可以接受。

4. 导向箭头

车辆在行驶过程中,驾驶人因受视线高度的限制和自身运动状态的影响,所看到的导向箭头的形状有很大的不同,有时会增加行车的危险性。因此,正确设置导向箭头,对提高驾驶人的认读速度和认读正确率具有非常重要的意义。

为寻求导向箭头的最佳形式,需要对各种直行、转弯、直行和转弯组合箭头进行比较。根据认读速度和错误率试验结果的统计分析,最终的箭头形式是根据试验结果的平均值来选用的。最好的箭头形式可归纳如下:最好的直行箭头的宽约为箭杆宽的 4 倍,箭头长度要比箭杆短,后掠式箭头和钟式箭头都是不好的;最好的转弯箭头的特征在很大程度上是由不对称的形式来显示方向的,其特征是保持箭头的转弯部分清晰。

5. 道路平交路口标线的设置

道路与道路平交路口的标线包括人行横道线、停止线、车行道中心线、车道分界线、导向箭头等。标线在设置时,应考虑交叉路口的形式、交通量、车行道宽度、转弯车辆的比率、非机动车的混入率等因素,并遵循下列原则设置:

①要积极开辟左转弯车道。可利用削去中央分隔带的方法,也可利用缩窄车道宽度和偏移车行道中心线的方法开辟左转弯附加车道。

②路口导向车道线的长度 L 应根据路口的几何线形确定,其最短长度为 30m。导向车道线应为白色单实线,表示不准车辆变更车道。

③交叉路口驶入段的导向车道内应有导向箭头标明各车道的行驶方向。距路口最近的第一组导向箭头在距停止线 3～5m 处设置;第二组在导向车道的起始位置设置,箭头起始端部与导向车道线起始端部平齐;第三组及其他作为预告箭头,在距第二组箭头前 30～50m 间隔设置,预告箭头指示方向应与前方导向车道允许行驶方向保持一致。

二、安全护栏

护栏是防止车辆驶出路外或闯入对向车道而沿着道路路基边缘或中央隔离带设置的一种安全防护设施,在高等级公路和城市道路上有着广泛的应用,是一种重要的交通安全设施。

早期的道路设计主要针对道路本身，而对道路上附属的安全设施重视不够。然而在实际的驾驶行为中，驾驶人不仅要求有良好的路况及道路线形，同时还更需要一定的行车安全感。另外，随着汽车性能的日益改进，车速不断提高，越出路段外的事故越来越严重，使得道路设计者认识到需要分析路侧的潜在危险并改进其设计。于是，安全护栏得到了重视并获得了广泛的应用。

护栏的防撞机理是通过护栏和车辆的弹塑性变形、摩擦、车体变位来吸收车辆碰撞能量，从而达到保护车内人员生命安全的目的，因此从某种程度上说，护栏是一种"被动"的交通安全设施。同时护栏还具有诱导驾驶人视线、限制行人横穿等功能。

（一）安全护栏的分类

1. 按护栏设置位置及保护对象分类

（1）路侧护栏

路侧护栏是指设置在公路路肩（或边坡）上的护栏，用于防止失控车辆越出路外，碰撞路边障碍物和其他设施。

（2）中央分隔带护栏

中央分隔带护栏是指设置于道路中间带内的护栏，用来防止失控车辆穿越中间带闯入对向车道，保护中间带内的构造物和其他设施。

（3）人行道护栏

人行道护栏是设置在危险路段，如城市道路上交通量大、人车需要严格分流、车辆驶出行车道将严重威胁行人安全、防止行人跌落等路段上用以保证行人安全的一种护栏形式。

（4）桥梁护栏

凡设置于桥梁上的护栏均称为桥梁护栏，即使是采用了与路段相同形式的护栏，仍称其为桥梁护栏。

桥梁护栏与桥梁栏杆是两种不同的结构物，前者的主要性能是可防止车辆突破、下穿或翻越桥梁，而后者则是一种可防止行人和非机动车掉入桥下的装饰性结构物。

2. 按护栏结构特点分类

按结构特点可分为轻型护栏和重型护栏两类。重型护栏的形式较多，一般分为刚性、半刚性及柔性三种。

（1）轻型护栏

轻型护栏一般由金属管栏杆和立柱组成的护栏结构，力学强度较低，不能阻止高速行驶车辆的冲撞，主要作用是限制行人通过。

(2) 重型护栏

①刚性护栏。刚性护栏是一种基本不变形的刚性护栏结构。它通过车轮转动角的改变，车体变位、变形，以及车辆与护栏、车辆与地面的摩擦来吸收碰撞能量。刚性护栏主要设置在需严格阻止车辆越出路外，会引起二次事故的路段。它对保障乘员安全性的要求略低。

②半刚性护栏。半刚性护栏是一种连续的梁柱结构。它通过车辆与护栏间的摩擦，车辆与地面间的摩擦，以及车辆、土基和护栏本身产生一定量的弹、塑性变形吸收碰撞能量，延长碰撞过程的作用时间来减少减速度，迫使失控车辆改变行驶方向，恢复到正确的行驶方向，以确保乘员安全和减少车辆损坏。半刚性护栏主要设置在需要着重保护乘员安全的路段。

③柔性护栏。柔性护栏是一种具有较大缓冲能力的韧性护栏结构。缆索护栏是柔性护栏的主要代表形式。它是一种以数根施加初张力的缆索固定于立柱上面组成的结构，主要依靠缆索的拉应力来抵抗车辆的碰撞，吸收碰撞能量。

3. 按护栏的构造形式分类

(1) 型钢护栏

型钢护栏是较为常见的护栏。它由立柱及安置于其上的波形断面金属横梁组成，故又被称作波纹梁护栏。当车辆冲撞到波纹梁时，横梁产生变形，吸收冲撞能量，并且由于反力的作用，使车辆恢复到正常的行驶方向。波纹梁受到车辆冲击后的变形虽然大，但对护栏而言，损坏是局部性的，更换非常方便。另外，型钢护栏在小半径路段（小于300m）也能设置，并且有诱导视线的作用。双面型钢护栏还可以设置在较窄的中央分隔带上。

(2) 钢管护栏

钢管护栏是以数根钢管（一般2～3根）安置在立柱上。其功能与型钢护栏相似，但比型钢护栏的外形美观。钢管护栏可在城市街道上作为人行护栏，用于限制行人跨越或显示人行道边界。

(3) 箱梁式护栏

箱梁式护栏由方形空心横梁及立柱组成。受到车辆冲撞时，强度低的立柱会发生弯曲，从而起到减缓冲击的作用；箱梁则不易变形，可起到阻挡车辆的作用。箱梁式护栏可用在分隔带较窄的道路上。其缺点是在小半径路段上不能设置。

(4) 钢缆护栏

钢缆护栏采用的是一种将数根钢缆施加预张力固定在立柱上的方法，来起到强制隔离的作用。车辆冲撞时，钢缆在弹性变形范围内工作，将车辆拦住，并可回正车辆行驶方向。钢缆护栏特别适用于长直线路段，在风景区道路上设置最为美观。其缺点是不适合小半径曲线道路使用，施工复杂，视线诱导性较差。

（5）混凝土护栏

混凝土护栏主要设置在桥梁、高架道路及山区危险道路的边缘，以防止车辆冲出路外；也可设置在中央分隔带上，阻止车辆驶入对向车道。混凝土护栏一般为钢筋混凝土墙式结构，有较强的行驶压迫感，但分隔效果较好，并且维修费用很低。

（6）隔离栅栏

将钢筋加工成栅栏状，两端安装在立柱上，即可制成一片隔离栅栏。使用时，可将立柱直接埋设在路面上，也可将立柱安装在活动墩座上。隔离栅栏突出的特点是占用道路空间小，造型美观，故多用作城市街道的中央隔离带护栏和人行护栏。

（7）隔离墩

隔离墩用混凝土或其他材料预制成型，以铁链、钢筋或钢管等连接，作为机动车、非机动车分隔带或路侧停车场的隔离带。其特点是拆装方便，可按需要移动位置，但稳定性差，并且容易丢失。

除上述几种护栏外，还有网式护栏、链式护栏等。在运用上，各类护栏既可单独设置，也可多种形式并用。

（二）安全护栏的功能

公路上的安全护栏，经正确设计应具备四大主要功能，即保护功能、隔离功能、缓冲功能和导向功能。

1. 保护功能

正确设置安全护栏，阻止车辆越出路外，保护路外建筑物的安全，确保行人免受重大伤害。

安全护栏的设计应能使车辆回到正常行驶方向，车辆碰撞护栏的运动轨迹应能圆滑过渡，以较小的驶离角和较小的回弹量停留在不影响车辆正常行驶的地方，不致发生二次事故。

2. 隔离功能

安全护栏与道路交通标线一样，都具有分隔同向或对向交通流的作用。可以有效阻止失控车辆穿越中央分隔带闯入对向车道，在城市道路的机动车道与非机动车道之间、机动车道与人行道之间采用护栏隔离，可有效地保护非机动车和行人的安全，同时又可避免它们对机动车行驶造成干扰。在郊区，安全护栏还可以防止牲畜进入道路的行驶区域。

3. 缓冲功能

安全护栏具有良好的吸收碰撞能量的功能。当汽车失控与安全护栏发生碰撞时，安全护栏可通过其自身的变形或破坏，减缓碰撞产生的冲击力，降低对驾驶人和乘员的伤害程度。

4. 导向功能

沿着道路线形连续设置的安全护栏，能够对驾驶人起到良好的视线诱导作用，它能预示有关道路的轮廓及前进方向的线形，增加行车的安全性，使道路更加美观。

由以上功能可以看出，若要防止车辆越出或冲断护栏，必然要求安全护栏具有相当的力学强度和刚度，从而能够抵挡车辆的冲撞。如果从保护车内人员免受伤害或减轻伤害程度的角度考虑，则希望安全护栏刚度不要太大，要具有良好的柔性。显然，这两种功能要求是相互矛盾的，在设计护栏时应找出两者间矛盾的调和点。

（二）安全护栏的设置

安全护栏作为道路上的基本安全设施，对保证道路上的交通安全意义重大。但对于道路交通而言，安全护栏本身也是一种障碍物，它的设置是有条件的，如果设置不合理，那么对道路交通也会产生负面影响。例如，如果车辆以一定碰撞条件碰撞某一危险物的事故严重程度比相同条件下车辆碰撞安全护栏的事故严重程度低，那么就不能用安全护栏保护该危险物。

通常将设置安全护栏前后的相对危险性进行比较作为设置安全护栏的依据，失控车辆超出路外产生的后果与失控车辆碰撞安全护栏产生的后果进行比较，能减少事故严重程度的场所，被认为是需要设置安全护栏的场所。道路上是否设置安全护栏受许多因素的影响，包括适用性、安全性、经济性、环境条件及交通管理状况等，对所有这些因素均需进行全面比较分析。

第三节 防眩设施与视线诱导设施

一、防眩设施

驾驶人在夜间行车时，极易受到眩光的影响产生操作失误而导致事故的发生。眩光是指在驾驶人视野范围内对向出现使驾驶人视觉机能或视力降低，产生烦恼和不舒适的极高的强光。它使驾驶人获得视觉信息的质量显著降低，造成视觉机能的损伤和心理的不舒适感觉，易使驾驶人产生紧张和疲劳，使夜间行车环境不断恶化，是发生交通事故的潜在因素。而设置防眩设施可有效地消除对向车前照灯的眩光影响，保护驾驶人的视觉健康，对改善夜间行车条件、提高道路交通安全水平能发挥积极的作用。防眩设施是指防止夜间行车不受对向车辆前照灯眩目的构造物，它主要包括防眩板、防眩网等，设置于中央分隔带上。

（一）防眩设施的形式

除植树（灌木）的形式外，在道路上设置的防眩设施形式可以说是多种多样的，总的来说有网络状的防眩网、扇面式的防眩板，以及《高速道路交通安全设施设计及施工技术规范》（以下简称《规范》）中推荐使用的板条式防眩板等形式，有金属材料制作的，也有塑料制作的。经过几十年的发展和淘汰，目前在世界各国使用最广泛的主要是防眩板及防眩网这两种防眩设施。

防眩板是一种经济、美观、对风阻挡小、积雪小、对驾驶人心理影响小的防眩措施，尤其是适当板宽的防眩板与混凝土护栏配合使用效果更佳，从而确定防眩板是最佳的结构形式，其特点见表 5-7。这一成果已通过国家级鉴定验收，故在《规范》中只推荐防眩板和植树两种形式作为我国道路上防眩设施的基本形式。

表 5-7　　　　　　　　不同防眩设施的综合性能比较

特点	植树（灌木） 密集型	植树（灌木） 间距型	防眩板	防眩网
美观	好	好	好	较差
对驾驶人的心理影响	小	大	小	较小
对风阻挡	大	大	小	大
积雪	严重	严重	好	严重
自然景观配合	好	好	好	不好
防眩效果	较好	较好	好	较差
经济性	差	好	好	较差
施工难易	较难	较难	易	难
养护工作量	大	大	小	小
横向通视	差	较好	好	好
阻止行人穿越	较好	差	较好	好
景观效果	好	好	好	差

1. 防眩板

防眩板是以方形型钢作为纵向骨架,把一定厚度、宽度的板条按一定间隔固定在方形型钢上而形成的一种防眩结构。防眩板这种形式之所以备受国内外公路界的欢迎,其主要优点是对风阻挡小、不易积雪、美观经济和对驾驶人的心理影响小等。防眩板的设置主要有三种情况:①防眩板单独设置;②防眩板设置在波形梁护栏的横梁上;③防眩板设置在混凝土护栏上。

2. 植树防眩

在中央分隔带上植树是最先采用的防眩措施,它具有防眩、美化路容、降低噪声和诱导交通等多重功能。植树防眩特别适用于较宽的中央分隔带,作为道路总体景观的一部分,与自然环境相协调,给驾驶人提供了绿茵连绵、幽美舒适的行车环境。道路绿化是视野所及范围内行车的重要参照物。

植树方法通常有密集型和间距型两种形式。防眩高度一般为 1.7m 左右,树冠尺寸与树间距相对应,满足防眩的要求。而近年来国外比较推崇一种新的栽种形式,即所谓的自由栽种方式。其基本依据和做法是:由于交通量一定时,在道路上行驶车辆的车头时距是连续型随机变量,并符合一定的统计分布,故由此联想到树木的栽种间距也可有大有小,但控制其平均值在 5~6m,并且使每一栽植的间距,从理论上讲也是随机变量。这样虽说是自由栽种,但疏密有序,从数理分析上也是有规律的。这种栽种方式比较接近于自然的随便栽植,符合人的心理和视觉特性要求,因而在日本和欧洲许多国家的高速公路上已流行开来。

就防眩板和植树(灌木)两种形式的具体布设而言,显然在中央分隔带较窄时,应以防眩板为主进行防眩;而在中央分隔带较宽,地形富有变化,需要十分尊重自然景观及气候条件也较适宜植树时,叮采用植树(灌木)防眩。但无论如何,防眩板和植树(灌木)相结合是比较理想的形式,这是针对经济、景观、养护和克服单调性等方面而言的。在《规范》中提出了三种防眩设施与中央分隔带护栏相结合的形式,也主要是基于上述几个方面的考虑。尤其是中央分隔带设置缆索护栏的情况,因缆索护栏与防眩板结合设置,给人以"头重脚轻"之感,景观效果不好;加之缆索护栏是柔性结构,不能很好地对防眩板起保护作用,车辆侧撞或侧擦对缆索护栏可能没什么损伤,而防眩板却可能遭到破坏,或产生变位。在多数情况下,这些侧撞或侧擦可能只使防眩板倾斜或产生一定的变形,既不影响防眩效果,更换似乎也没必要,但修复却较困难,如果不修,则歪歪斜斜埋设在路中有碍景观,也给养护部门增添不少的麻烦。而植树与缆索护栏结合设置,既能起到防眩的作用,又能弥补缆索护栏诱导效果不理想的一面,景观效果极佳。故在设置缆索护栏的路段,最好是采用植树防眩。

（二）防眩设施的设置原则

1. 设置原则

防眩设施的设置决定于很多条件，根据《道路交通安全设施设计规范》，高速公路、一级公路中央分隔带宽度小于9m且符合下列条件之一者，宜设置防眩设施：

①夜间交通量较大，并且涉及交通量中，大型货车和大型客车自然交通量之和所占比例大于或等于15％的路段。

②设置超高的圆曲线路段。

③凹形竖曲线半径等于或接近于现行《公路工程技术标准》规定的最小半径值的路段。

④公路路基横断面为分离式断面，上下车行道高差小于或等于2m时。

⑤与相邻公路、铁路或交叉公路、铁路有严重眩光影响的路段。

⑥连拱隧道进出口附近。

2. 一般要求

从我国防眩设施和中央分隔带护栏的设置原则可看出，两者设置条件考虑的基本因素多数是一致的。一般在需设置防眩设施的路段，也基本上是需设置中央分隔带护栏的，因而防眩设施宜与护栏配合设置。而且，防眩设施与护栏配合设置具有一定的优越性：首先，可大大降低防眩设施的投资，防眩设施与护栏配合设置就可利用护栏作为支撑结构，护栏本身可作为防眩的一个组成部分，从而节省投资降低造价；其次，护栏对防眩设施可起到保护的作用，由于防眩设施本身并不具备防撞功能，因而与护栏配合使用时，护栏就起了保护的作用，使防眩设施受冲撞破坏的概率降低，从而可节省大量的维修养护费用。实际应用表明，防眩设施与护栏还具有互为补充，增强道路景观的作用。

在中央分隔带上设置防眩设施，可以说在一定程度上影响了驾驶人的横向通视，使其视野变窄，并且防眩设施的高度一般都与人的高度相当（1.70m左右），在无封闭设施的路段上设置防眩设施，如有人翻越防眩设施或从中跳出，往往使驾驶人猝不及防。尤其在夜间，以一定间距栽植的树木在灯光的照射下就像人站立在路旁一样，使驾驶人感到紧张而更加谨慎地行车，即使道路条件好，驾驶人也不敢将车速提高，而且本能地使车辆轨迹偏离车道，即离中央分隔带远些。许多统计资料都表明，在无封闭设施的路段设置防眩设施后，反而使该路段的事故率增加，尤其是恶性事故率上升，这与侧向通视不好致使驾驶人对前方的突发事件反应不及有关。因此，在无封闭设施的路段是否设置防眩设施、选择什么类型的防眩设施需要慎重考虑。如确需设置，则应选择好防眩设施的形式和高度,既尽量不给人畜随意横穿的可能,又要有利于驾驶人横向通视。一般情况下,可优先考虑高度在 1.70m 左右的防眩网或防眩板。

防眩设施的设置应考虑连续性,避免在两段防眩设施之间留有短距离的间隙,因为这种情况会给毫无思想准备的驾驶人造成很大的潜在眩目危险,易诱发交通事故,而且从人的视觉感受和景观上来说这种设置也是不好的。

在中央分隔带设置防眩设施后会影响横向通视,使驾驶人视野变窄,并将其注意力引诱到防眩设施上。如果防眩设施过于单调,长时间在这种环境行驶就会使驾驶人产生单调感,使其视觉变得迟钝,感到乏味,容易疲倦打瞌睡,而酿成交通事故。因而,长距离设置防眩设施时,其形式颜色应适当变化,可把植树和防眩板交替设置,避免单调性。单调是安全和美学的大敌。另一方面,防眩设施结构形式或颜色的变化也不宜过于频繁,以避免过多分散驾驶人的注意力,影响行车质量。结构上的变化一般在 5km 以上为宜。而颜色的变化则宜与具体的道路线形及景观相适应,并在设计中有明确规定。

良好的防眩设计可以给驾驶人提供多样化的"车行景异"的动态景观,克服行驶的单调感,给驾驶人以安全、舒适的享受,提高行车质量。

防眩设施的设置高度原则上应全线统一。不同防眩结构的连接应注意高度的平滑过渡,不要出现突然的高低变化。设置在凹形竖曲线路段的防眩设施,其设置高度应根据竖曲线半径及纵坡情况计算确定,并在一定长度范围(渐变段)内逐步过渡,以符合人的视觉特性。该渐变段的长度与人的视觉特性、防眩设施的结构尺寸和变化幅度及车辆的行驶速度(道路等级)等有关,该渐变段的长度一般宜大于 50m。但在设计中,应根据具体情况确定合适的渐变段长度。另外,防眩板板条宽度的变化幅度一般都不大,故其渐变段的长度还可小一些。

(三)防眩设施的遮光角和高度

防眩设施既要有效地遮挡对向车辆前照灯的眩光,又要满足横向通视好、能看到斜前方,并对驾驶人心理影响小的要求,如采用完全遮光反而缩小了驾驶人的视野,影响巡逻管理车辆对对向车道的通视,并且对驾驶行车有压迫感。同时,无论白天或黑夜,对向车道的交通情况是行车的重要参照系,其中很重要的一点是驾驶人在夜间能通过对向车前照灯的光线判断两车的纵线距离,使其注意调整行车状态。防眩设施不一定要将对向车灯的光线全部遮挡,而应利用部分遮光的原理,允许部分车灯光穿过防眩设施,当然透光量不应使驾驶人感到不舒适。

由上可知,要获得良好的防眩效果,只需某一合适的遮光角和高度即可。但最佳的遮光角是多大,却是难以确定的。因其受到人的视觉特性、驾驶人的个体因素、对眩光的允许程度和道路线形等多方面不确定因素的影响。

从人的视觉遮光要求、车辆前照灯几何可见角和根据两车相会时眩光影响最大的横向位置和距离等方面出发，初步选定了理论上合适的遮光角，并通过野外试验，确定了防眩设施的最小遮光角为7°。最后根据遮光的效果，结合经济和横向通视等方面的要求，确定平直路段上防眩设施的遮光角以8°为宜；由于植树树枝稀疏漏光，其遮光角则以10°为宜；平、竖曲线路段遮光角为8°~15°。

防眩设施的高度同样与车辆的前照灯高度、驾驶人的视线高度、前照灯的最小几何可见角、前照灯配光性能、安装瞄准状况、道路状况和车型组合等不确定因素有关。而且，现阶段货车驾驶人的视线高度还在不断增加，小车驾驶人的视线高度有逐渐降低的趋向。所以，防眩设施的高度一般只要使组合频率较高的小车与小车、小车与大车相遇时有良好的效果就可以了。

在弯道路段，车辆前照灯的光线沿切线方向射出，曲线外侧车道上车辆的前照灯灯光射向路外，不会影响内侧车道的交通。而弯道内侧车辆的前照灯射向外侧车道，外侧车道上车辆驾驶人的眼睛暴露在眩光区内，弯道上驾驶人的眼睛受到瞬间眩光的照射，需经过一段暗适应的过程，轻者心理上感觉不舒适，严重的会导致短期失能，看不清前方路况，使车辆沿切线方向越出路外造成交通事故。因而，弯道上相对来说更需要设置防眩设施。

在曲线半径较小且中央分隔带较窄的弯道上，设置防眩设施可能会影响曲线外侧车道的视距。因此，在设置防眩设施之前应进行停车视距分析，保证设置防眩设施后不会减小停车视距。对停车视距的影响随中央分隔带宽度和曲线半径的减小而趋于严重，故对在弯道上设置防眩设施可能引起的视距问题应予以足够的重视。

一般地，照射到外侧车道上驾驶人眼睛的光量与平曲线的曲度成正比。为了在弯道上获得和直线路段一样的遮光效果，应增大弯道上防眩设施的遮光角。而当曲线半径值大于不设超高最小半径的规定值时，可不考虑平曲线半径的变化对遮光角的影响。

另外，在需增大遮光角的弯道上设置防眩板时，最好通过增加防眩板的板条宽度来增大遮光角，而不宜采取减小设置间距的方法，从而最大限度地保证横向通视，减小风的阻力，降低积雪的程度，方便加工制作和施工。

弯道上设置的防眩设施如果经检验影响了视距，则可考虑降低防眩设施的高度。降低高度后的防眩设施可阻挡对向车前照灯的大部分眩光，并且驾驶人能看见本车道前方车流中最后一辆车的顶部，这个高度值一般在1.2m左右。另外，也可以考虑将防眩设施的设置位置偏向曲线内侧，但此方法对于半径较小的弯道来说，效果并不明显，景观效果也不好，因而主要在较大半径的曲线路段采用。

如采用上述方法仍不能得到较好的防眩效果和景观效果，则不宜在中央分隔带上设置防眩设施。如确需设置，则可采取加宽中央分隔带的方法，使车道边缘至防眩设施之间有足够的余宽，以保证停车视距。

在凸形曲线路段，驾驶人可在一定范围从较低的角度看到对向车前照灯的眩光，随着两车驶近，视线上移，眩光才被防眩设施遮挡。故在凸形竖曲线路段，防眩设施的下缘应接近或接触路面，以消除这种眩光的影响。其设置的范围至少为凸形竖曲线顶部两侧各120m，因为平直路段感觉不到眩光的两车最小纵距即为120m左右，汽车远射灯光的照距一般也在120m左右。

在凹形竖曲线路段，驾驶人显然可从较高的角度看到对向车前照灯的眩光。因而，宜根据凹形峰曲线的半径和前后纵坡度的大小，适当增加凹形竖曲线路段防眩设施的高度。一般可通过计算法或计算机绘图求出凹形竖曲线内各典型路段相应的防眩设施高度值，最后取一平均数值作为整个凹形竖曲线的设置高度。

为使防眩设施的高度能与道路的横断面比例协调，不使防眩设施受冲撞后倒伏到车行道上，以减少行驶的压迫感，防眩设施的高度一般不宜超过2m。

显然，在凹形竖曲线路段种植足够高的树木防眩目是比较理想的形式，可为驾驶人提供优美的视觉环境。

二、视线诱导设施

视线诱导设施是一种沿车道两侧设置，用以指示道路方向、车行道边界及危险路段位置等的设施的总称。视线诱导设施可在白天、黑夜诱导驾驶人的视线，表明道路轮廓，保证行车安全。

（一）视线诱导设施的分类

视线诱导设施按功能可分为：轮廓标，分流、合流诱导标，指示性或警告性线形诱导标三类。轮廓标以指示道路线形轮廓为主要目标；分流、合流诱导标以指示交通流分合为主要目标；而线形诱导标以指示或警告改变行驶方向为主要目标。二者以不同的侧重点来诱导驾驶人的视线。使行车更趋安全、舒适。

1. 轮廓标

轮廓标是设置于行车道边缘，用以指示道路线形轮廓的设施。其构造与路边构造物有关。当路边无构造物时，轮廓标为柱体，独立设置于土路肩中；当路边有护栏、桥梁栏杆、侧墙等构造物时，轮廓标就附着于这些构造物的适当位置上。

当道路处在经常有雾、阴雨、风沙、下雪和暴雨的地区，会给视觉带来困难时，可尽量提高轮廓标的反射性能，如采用面积较大的反射器，并将轮廓标安装于波形梁护栏的立柱上。

2. 分流或合流诱导标

分流或合流诱导标是指设置于交通分流或合流区段的设施。它可以引起驾驶人对高速公路或城市快速路进、出口匝道附近的交织运行的注意。

分流、合流诱导标是以反射器制作符号粘贴在底板上的标志，高速公路诱导标的底色为绿色，其他道路为蓝色，诱导标的符号均为白色。汽车在高速公路上行驶，在分、合流标的诱导下，无论在白天还是黑夜，驾驶人可以非常清楚地辨认交通流的分、合流情况。

3. 线形诱导标

线形诱导标是指设置于急弯或视距不良路段，用来指示道路改变方向，或者设置于施工、维修作业路段，用来警告驾驶人注意、改变行驶方向的设施。

线形诱导标又分为指示性线形诱导标和警告性线形诱导标两种。

线形诱导标的颜色规定为：指示性线形诱导标一般道路为蓝色底白色图案，高速公路为绿底白图案，用以提供一般性行驶指示；警告性线形诱导标为红色底白色图案，可使车辆驾驶人提高警觉，并准备防范应变的措施。

只有一个箭头的线形诱导标称为基本单元，使用时，可以单独使用，也可以把几个基本单元组合使用。

（二）视线诱导设施形式的选择

视线诱导设施形式的选择，应根据道路的线形情况、照明的配置及交通流向情况，充分考虑各种视线诱导设施的效果、经济性、美观及与道路环境协调等因素后确定。

①路边轮廓标的形式选择，主要根据路侧的设施情况，采用附着式或立柱式的轮廓标。在一些气候恶劣地区，如经常有雾、风沙、阴雨、下雪、暴雨，为了使轮廓标更加显眼，可以采用较大尺寸的反射器。

②分流或合流诱导标，应根据交通流情况选择。

③对于线形诱导标，在急弯或视距不良路段可采用指示性线形诱导标；在道路施工或维修作业等需临时改变行车方向的路段可采用警告性线形诱导标。

（三）视线诱导设施的设置

1. 轮廓标的设置

高速公路、汽车专用一级公路的干道及互通式立交、服务区、停车场等的进出匝道或连接通道，原则上规定在全线连续设置轮廓标，但有道路照明设施的路线上可以省略。照明设施要花高额的设置及维修管理费，一般只在特定路段才设置。而视线诱导设施不但节省费用，而且效果非常好。

高速公路、汽车专用一级公路上的车辆行驶速度很快，为了提高行车的安全性和舒适性，指示道路前方线形非常重要，连续设置轮廓标就是诱导驾驶人视线，标明道路几何线形的有效办法。驾驶人能明了前方道路情况，从而能快速、舒适地行驶，增加行车安全，避免交通事故。

车道数及车道宽度或路肩宽度发生变化的路段，是造成交通流不稳定的重要原因，在夜间往往会引起交通安全方面的问题。如果在该路段设置轮廓标和突起路钮等视线诱导设施，使驾驶人了解车道数或车道宽度的变化，这对顺利通过瓶颈路段，防止事故发生将会十分有效。

汽车从直线段过渡到曲线段，尤其向小半径曲线行驶时，驾驶人的视线很难随道路线形急剧变化。在夜间，情况会更糟，驾驶人难以看清道路的线形。如果在急弯及与急弯连接的区间连续设置视线诱导标，可以使驾驶人了解道路线形的急剧变化，非常清晰地显示出道路轮廓，能有效地预防事故发生，确保交通安全。

高速公路、汽车专用一级公路上的车辆行驶速度快，如果只在右侧设置轮廓标，在多车道情况下，对行驶于超车道的车辆，视线诱导效果就很差。因此，左侧也设置连续的轮廓标是必要的。

在高速公路互通立交枢纽范围内，以及服务设施、停车场等进出口匝道连接线上，特别是在小半径曲线上，应在道路两侧连续设置轮廓标。

轮廓标的设置间隔应根据道路线形而定，高速公路、汽车专用一级公路的直线段，其设置最大间隔不超过50m。轮廓标一般设置在紧靠建筑限界外侧。于公路右侧及中央分隔带连续设置。分离式断面（无中央分隔带）时，则在右侧路肩上连续设置。

在轮廓标布设设计时，应特别注意从直线段过渡到曲线段的区段，或者由曲线段过渡到直线段的区段，要处理好轮廓标视线诱导的连续性，使其能平顺圆滑地过渡。

高速公路的竖曲线与平曲线相比，对轮廓标设置间距的影响要小得多。

2. 分流或合流诱导标的设置

分流或合流诱导标是指示交通流分流或合流的标志，原则上应在有分流或合流的互通式立交进、出口匝道附近设置。

分流诱导标设置在减速车道起点和分流端部。合流诱导标设置在加速车道终点和合流端部。

3. 线形诱导标的设置

线形诱导标是一种指示改变行车方向的设施。指示性线形诱导标一般在改变行车方向的曲线路段设置，如曲线半径在一般最小半径以下、曲线路段通视较差、在曲线路段有下坡等对行车安全不利的地点。警告性线形诱导标是一种前方有危险必须改变行车方向的警戒设施。警告性线形诱导标一般在局部地段有道路施工或维修作业、需要行驶车辆改变方向及提请注意前方作业的路段的前方设置。

线形诱导标（指示性）一般在曲线外侧或中央分隔带上设置，最好以驾驶人视野范围内总能保持两块以上诱导标为原则考虑间距，以利于对线形的诱导。

第六章　道路施工与交通设施施工管理

第一节　道路施工安全管理

一、道路工程安全管理概述

（一）安全生产和安全生产管理

1. 安全生产

安全生产是指在生产经营活动中，为保证人身健康安全，保证财产不受损失，确保生产经营活动得以顺利进行而采取的一系列措施和行动的总称。

2. 安全生产管理

建设工程安全生产管理是指建设行政主管部门、建设工程安全监督管理机构、施工企业及有关单位对建设工程安全生产过程中的安全工作，进行计划、组织、指挥、控制、监督、调节和改进等一系列致力于满足生产安全的管理活动。

道路工程安全生产管理是以保证道路工程项目建成以后以及施工过程中以安全为目的的标准化、科学化的管理。

建设工程的安全包括施工过程的安全和工程项目建成后使用的安全；其中施工过程的安全又包括未完工程施工的安全、生产人员的安全及其他安全等。施工过程（生产）的安全是主要的。因此对道路建设工程而言，道路施工过程的安全管理尤其重要，其基本任务是发现、分析和控制工程施工过程中的危险、有害因素，建立安全管理系统，制定相应的安全管理制度，对企业内部实施安全监督、检查，对各类人员进行安全知识的培训和教育，防止发生事故，减少、避免有关损失。安全生产管理是企业管理的重要组成部分，是保证安全生产的必不可少的措施。

施工过程安全生产管理的基本对象是企业的员工，涉及企业中的所有人员、设备设施、物料、环境、财务、信息等各个方面。

施工过程安全生产管理的目标包含安全控制目标、安全管理目标、工作目标三部分内容。

(1) 安全控制目标

减少和控制危害，减少和控制事故，尽量避免生产过程中由事故所造成的人身伤害、财产损失、环境污染以及其他损失。

(2) 安全管理目标

①及时消除重大事故隐患，一般隐患整改率达到的目标不应低于95%。

②扬尘、噪声、职业危害作业点合格率应为100%。

③保证施工现场满足当地省（市）级文明安全工地要求。

(3) 工作目标

①施工现场实现全员案例教育，要求特种作业人员持证上岗率达到100%，操作人员三级安全教育率达到100%。

②按期开展安全检查活动，隐患整改达到"五定"要求，即定整改责任人、定整改措施、定整改完成时间、定整改完成人、定整改验收人。

③必须把好安全生产的"七关"要求，即教育关、措施关、交底关、防护关、文明关、验收关、检查关。

④认真开展重大安全活动和施工项目的日常安全活动。

⑤安全生产达标合格率达到100%，优良率在80%以上。

施工过程安全生产管理包括安全生产法治管理、行政管理、监督检查、工艺技术管理、设备设施管理、作业环境和条件管理等。

(二) 安全生产的条件

《中华人民共和国安全生产法》规定：生产经营单位必须遵守本法和其他有关安全生产的法律、法规，加强安全生产管理，建立、健全安全生产责任制度，完善安全生产条件，确保安全生产。生产经营单位应当对从业人员进行安全生产教育和培训，保证从业人员具备必要的安全生产知识，熟悉有关的安全生产规章制度和安全操作规程，掌握本岗位的安全操作技能，了解事故应急处理措施，知悉自身在安全生产方面的权利和义务。未经安全生产教育和培训合格的从业人员，不得上岗作业。生产经营单位应当教育和督促从业人员严格执行本单位的安全生产规章制度和安全操作规程；并向从业人员如实告知作业场所和工作岗位存在的危险因素、防范措施以及事故应急措施。

《公路水运工程安全生产监督管理办法》规定：从业单位从事公路水运工程建设活动，应当具备法律、行政法规规定的安全生产条件。任何单位和个人不得降低安全生产条件。

施工单位应当取得安全生产许可证，施工单位主要负责人、项目负责人、专职安全生产管理人员（以下简称"安全生产三类管理人员"）必须取得考核合格证书，方可参加公路水运工程投标及施工。

施工单位主要负责人，是指对本企业日常生产经营活动和安全生产工作全面负责、有生产经营决策权的人员，包括企业法定代表人、企业安全生产工作的负责人等。

项目负责人是指由企业法定代表人授权，负责公路水运工程项目施工管理的负责人，包括项目经理、项目副经理和项目总工程师。

专职安全生产管理人员是指在企业专职从事安全生产管理工作的人员，包括企业安全生产管理机构的负责人及其工作人员和施工现场专职安全员。

施工单位的垂直运输机械作业人员、施工船舶作业人员、爆破作业人员、安装拆卸工、起重信号工、电工、焊工等国家规定的特种作业人员，必须按照国家规定经过专门的安全作业培训，并取得特种作业操作资格证书后，方可上岗作业。

（三）道路工程施工安全管理的范围

道路工程施工安全管理的范围主要包括路基、路面、桥梁、隧道、水上、陆地、高空、爆破、电气设备等各种施工过程的安全管理。

①路基工程施工安全管理的范围包括土方施工、石方施工的安全管理等。其中各个管理方面都包含了对人的管理，对系统中的各种机械、工具等的物的管理，以及对施工环境的管理。

②路面工程施工安全管理的范围包括沥青路面工程和水泥混凝土路面工程的施工安全管理等。其中各个管理方面都包含了对施工中人员的安全管理、对施工中机械的安全管理，以及对施工环境的安全管理。

③桥梁工程施工安全管理的范围包括基桩工程、墩台工程、墩身工程、桥面工程和塔身工程的施工安全管理等。其中各个管理方面都包含了对施工中人的安全管理，对机械、工具等物的安全管理以及对施工环境的安全管理。

④隧道工程施工安全管理的范围包括隧道爆破作业施工、隧道内运输、隧道支护施工、隧道初衬施工的安全管理，以及隧道施工中通风、防尘、照明、排水以及防火、防瓦斯的安全管理等。

⑤水上工程施工安全管理的范围包括针对施工管理人员的安全管理，针对气象、水文、海域、航道等外界施工环境的安全管理，以及针对水上交通，浮吊等施工机械的安全管理。

⑥陆地工程施工安全管理的范围包括各类人员的安全培训考核、特殊工种持证上岗以及各种安全技术交底等针对人的安全管理，针对运输车辆、吊车、装载机、拌和站、摊铺机、压路机等机械、机具的安全管理，以及针对施工现场各种安全防护、标识标语等施工环境的安全管理。

⑦高空工程施工安全管理的范围包括针对高空作业人员的安全管理，针对高空作业临边防护及高空作业平台等现场环境的安全管理，以及针对高空作业机械、工具、各种用电物的安全管理。

⑧爆破工程施工安全管理的范围包括对操作人员的安全管理，对炸药、雷管、导火索以及其他爆破用器材等物的安全管理，以及对爆破现场安全距离、安全防护、安全警示等施工环境的安全管理。

⑨电气设备施工安全管理的范围包括对配电室、配电线路、施工现场配电箱与开关箱设置的安全管理，对配电箱、开关箱内的电器装置、发电机组的安全管理，对电动机械设备的安全管理，以及对施工现场照明电器的安全管理等。

（四）道路工程施工安全管理的特点

道路工程施工安全管理的特点是由道路工程产品特点、技术特点和施工特点决定的。产品特点包括：道路工程产品的固定性、体形庞大、多样性、易损性、社会性。技术特点包括：线长点多、工种复杂、形式多样、特种作业多、作业技术含量低。施工特点包括：施工流动性大，作业场所不可能永久固定，一线岗位多是短期劳动雇佣关系。施工周期长，少则几月，多则几年；施工涉及的材料、机械设备、人员、工种多；施工参与人员和单位之间协调性高；施工受自然环境和外界干扰的影响大。

（五）道路工程施工安全管理的基本原则

①安全第一，预防为主的原则。

②管生产必须管安全的原则。

③谁主管、谁负责的原则。

④计划性、系统性原则，即安全管理要进行安全目标管理。

⑤动态管理的原则，即安全管理过程是一个动态的管理过程，随着工程的进展，安全管理的内容和重点也在发生着变化。

⑥以人为本、关爱生命的原则。

⑦坚持"五同时"的原则（计划、布置、检查、总结、评比），即建筑施工企业新建、改建或扩建项目工程的安全设施必须与主体工程同时计划、同时布置、同时检查、同时总结、同时评比验收。

⑧奖励和惩罚相结合的原则。

⑨安全管理效果原则。

⑩"一票否决"的原则即对发生重特大事故的项目、部门和单位，将实行安全生产"一票否决"，取消评优评先和领导干部晋职晋级的资格。

因此，道路工程的以上特点决定了道路工程施工安全管理必须强调：建立健全安全生产管理体系，要有安全的安全生产规章制度，要注重安全管理的协调性。

安全生产工作关系到国家和人民生命财产安全，关系到人民群众的切身利益，关系到改革开放、国民经济健康发展和社会稳定。提高施工安全，消除事故隐患，降低伤害事故的频率是各级管理部门义不容辞的责任，也是各施工企业共同追求的目标，提高安全生产水平不仅涉及经济问题、技术问题，也涉及市场环境、企业体制、人员素质等方面因素。实现从"要我安全"到"我要安全"转变，仍是我国工程建设项目安全管理中的一项艰巨任务。

二、道路工程施工项目安全生产管理

（一）道路工程项目职业健康安全管理

1. 项目职业健康安全管理

项目职业健康安全管理应遵照《建设工程安全生产管理条例》和《职业健康安全管理体系要求及使用指南》标准，坚持安全第一、预防为主和防治结合的方针，建立并持续改进职业健康安全管理体系。项目经理应负责项目职业健康安全的全面管理工作。项目负责人、专职安全生产管理人员应持证上岗。

项目应根据风险预防要求和项目特点，识别并评价危险源及风险，确定职业健康安全目标，制订职业健康安全生产措施计划，确定职业健康及安全生产事故应急救援预案，完善应急准备措施，建立相关组织。发生事故时，应按照国家有关规定，向有关部门报告。在处理事故时，应防止二次伤害。

项目应按有关规定必须为从事危险作业的人员在现场工作期间办理意外伤害保险。

施工现场应将生产区与生活区分离，应配备紧急处理医疗设施，使现场的生活设施符合卫生防疫要求，并应采取防暑、降温、保暖、消毒、防毒等措施。

施工现场的安全管理，重点是进行人的不安全行为与物的不安全状态的控制，落实安全管理决策与目标，以消除一切事故、避免事故伤害、减少事故损失为管理目的。

安全生产是施工项目重要的控制目标之一，也是衡量施工项目管理水平的重要标志之一。同时，安全技术措施和安全制度，也是编制实施性施工组织设计的一项必不可少的重要内容。

2. 发包人与承包人的施工安全责任及治安保卫责任

（1）发包人的施工安全责任

①发包人应按合同约定履行安全职责，授权监理人按合同约定的安全工作

内容监督、检查承包人安全工作的实施，组织承包人和有关单位进行安全检查。

②发包人应对其现场机构雇佣的全部人员的工伤事故承担责任，但因承包人原因造成发包人人员工伤的，应由承包人承担责任。

③发包人应负责赔偿以下各种情况造成的第三者人身伤亡和财产损失：a.工程或工程的任何部分对土地的占用所造成的第三者财产损失；b.因发包人原因在施工场地及其毗邻地带造成的第三者人身伤亡和财产损失。

（2）承包人的施工安全责任

①承包人应按合同约定履行安全职责，执行监理人有关安全工作的指示，并在专用合同条款约定的期限内，按合同约定的安全工作内容，编制施工安全措施计划报送监理人审批。

②承包人应加强施工作业安全管理，特别应加强对易燃易爆材料、火工器材、有毒与腐蚀性材料和其他危险品的管理，以及对爆破作业和地下工程施工等危险作业的管理。

③承包人应严格按照国家安全标准制定施工安全操作规程，配备必要的安全生产和劳动保护设施，加强对承包人人员的安全教育，并发放安全工作手册和劳动保护用具。

④承包人应按监理人的指示制订应对灾害的紧急预案，并报送监理人审批。承包人还应按预案做好安全检查，配置必要的救助物资和器材，切实保护好有关人员的人身和财产安全。

⑤合同约定的安全作业环境及安全施工措施所需费用应遵守有关规定，并包括在相关工作的合同价格中。因采取合同未约定的安全作业环境及安全施工措施而增加的费用，由监理人按合同要求商定或确定。

⑥承包人应对其履行合同所雇佣的全部人员，包括分包人人员的工伤事故承担责任，但因发包人原因造成承包人人员工伤事故的，应由发包人承担责任。

⑦因承包人原因在施工场地内及其毗邻地带造成的第三者人员伤亡和财产损失，由承包人负责赔偿。

（3）治安保卫

①除合同另有约定外，发包人应与当地公安部门协商，在现场建立治安管理机构或联防组织，统一管理施工场地的治安保卫事项，履行合同约定的治安保卫职责。

②发包人和承包人除应协助现场治安管理机构或联防组织维护施工场地的社会治安外，还应做好包括生活区在内的各自管辖区的治安保卫工作。

③除合同另有约定外，发包人和承包人应在工程开工后，共同编制施工场地治安管理计划，并制订应对突发治安事件的紧急预案。在工程施工过程中，发生暴乱、爆炸等恐怖事件，以及群殴、械斗等群体性突发治安事件的，发包人和承包人应立即向当地政府报告。发包人和承包人应积极协助当地有关部门采取措施平息事态，防止事态扩大，尽量减少财产损失和避免人员伤亡。

3. 施工单位开展安全生产管理的措施

为实现安全文明生产，施工单位从以下几个方面开展安全组织工作。

（1）建立安全生产管理机构

施工单位主要负责人为安全生产第一责任人，应根据工程规模、施工现场要求建立安全生产管理机构，明确专职安全人员及其分工。

（2）制定安全生产责任制度

施工企业必须依法加强对施工现场安全生产的管理，执行安全生产责任制度，采取有效措施，防止伤亡和其他安全生产事故的发生。

安全生产责任制度是施工单位最基本的安全管理制度，是施工单位安全生产的核心和中心环节。

（3）制定切合施工现场实际的各项安全技术措施

施工单位要在施工组织设计中编制安全技术措施和施工现场临时用电方案，对达到一定规模的危险性较大的分部分项工程应当编制专项施工方案，并附具安全验算结果，经施工单位技术负责人、总监理工程师签字后实施，由专职安全生产管理人员进行现场监督。

对于涉及深基坑、地下暗挖工程、高大模板工程的专项施工方案，施工单位还应当组织专家进行论证、审查。

施工单位对因建设工程施工可能造成损害的毗邻建筑物、构筑物和地下管线等，应当采取专项防护措施。施工单位应当遵守有关环境保护法律、法规的规定，在施工现场采取措施，减少或者防止粉尘、废气、废水、固体废物、噪声、振动和施工照明对人和环境的危害和污染。

（4）制定安全生产规章制度和操作规程

严格的规章制度和操作规程是安全生产的重要保障，只有通过规章制度和操作规程，才能将安全生产责任落实到基层，落实到每个岗位和每个职工。施工单位要根据本单位的实际情况，按照法律、法规、规章和工程建设标准强制性条文的要求，制定有关施工安全生产的具体规章制度，如安全生产责任制度、安全技术措施制度、安全检查制度等，并针对每一个具体工艺、工种和岗位制定具体的操作规程，形成有效的督促、检查和贯彻落实机制。

施工单位对所承担的建设工程要进行定期和专项安全检查，并做好安全检查记录。

(5) 建立安全交底制度

安全交底是具体贯彻安全措施的主要方法，是一项经常性的工作，也是最实际、最深刻的安全教育。各级领导在布置生产任务时，对施工安全要提出明确的要求，把施工技术和安全技术同时交底，并组织工人讨论，订立安全生产保障措施，使人人心中有数，个个做到安全。

(6) 制定和落实安全检查和安全隐患排查制度

坚持"创安"工作检查评比，加强经常性的安全检查，每年定期进行二到四次群众性安全检查，每月定期检查工地一次。平时进行不定期的检查，做到及时发现隐患及时整改。

(7) 保证安全生产条件所需资金的投入

《建设工程安全生产管理条例》规定：施工单位对列入建设工程概算的安全作业环境及安全施工措施所需费用，要用于施工安全防护用具及设施的采购和更新、安全施工措施的落实、安全生产条件的改善，不得挪作他用。

安全生产必须有一定的资金投入。为了保证安全生产所需资金的投入和使用，施工单位要制订资金使用计划，并加强对资金使用情况的监督检查，防止资金被挪用，以确保安全生产费用的有效使用。

(8) 建立事故分析制度

发生安全事故后，应及时报告，组织实地调查，找出事故原因，掌握事故发生的规律，采取预防措施。

(二) 项目施工安全技术措施

1. 施工安全控制

(1) 安全控制的概念

安全控制是生产过程中涉及的计划、组织、监控、调节和改进等一系列致力于满足生产安全所进行的管理活动。

(2) 安全控制的目标

安全控制的目标是减少和消除生产过程中的事故，保证人员健康安全和财产免受损失。

(3) 施工安全控制的特点

建设工程施工安全控制的特点主要有以下几个方面。

①控制面广。建设工程规模较大，生产工艺复杂、工序多，在建造过程中流动作业多、高处作业多、作业位置多变，遇到的不确定因素多，因此安全控制工作涉及范围大，控制面广。

②控制的动态性。建设工程项目的单件性，使得每项工程所处的条件不

同，所面临的危险因素和防范措施也会有所改变。施工人员在转移工地后，熟悉一个新的工作环境需要一定的时间，有些工作制度和安全技术措施也会有所调整，施工人员同样需要有一个熟悉的过程。

由于建设工程项目具有分散性的特点，现场施工分散于施工现场的各个部位，尽管有各种规章制度和安全技术交底的环节，但是面对具体的生产环境时，施工人员仍然需要自己的判断和处理，有经验的人员还必须适应不断变化的情况。

③控制系统的交叉性。建设工程项目是开放系统，受自然环境和社会环境影响很大，同时也会对社会和环境造成影响，安全控制需要把工程系统、环境系统及社会系统结合起来。

④控制的严谨性。由于建设工程施工的危害因素复杂、风险程度高、伤亡事故多，因此预防控制措施必须严谨，如有疏漏就可能发展到失控，而酿成事故，造成损失和伤害。

(4) 施工安全的控制程序

①确定每项具体建设工程项目的安全目标。按"目标管理"方法在以项目经理为首的项目管理系统内进行分解，从而确定每个岗位的安全目标，实现全员安全控制。

②编制安全技术措施计划。安全技术措施计划是对生产过程中的不安全因素，用技术手段加以消除和控制的文件，是落实"预防为主"方针的具体体现，是进行工程项目安全控制的指导性文件。

③安全技术措施计划的落实和实施。安全技术措施计划的落实和实施包括建立健全安全生产责任制，设置安全生产设施，采用安全技术和应急措施，进行安全教育和培训，通过一系列安全措施的贯彻，使生产作业的安全状况处于受控状态。

④安全技术措施计划的验证。安全技术措施计划的验证就是通过在施工过程中对安全技术措施计划实施情况的安全检查，纠正不符合安全技术措施计划的情况，保证安全技术措施的贯彻和实施。

⑤持续改进。根据安全技术措施计划的验证结果，对不适宜的安全技术措施计划进行修改、补充和完善。

道路施工技术与管理研究

2. 施工安全技术措施的一般要求和主要内容

(1) 施工安全技术措施的一般要求

①施工安全技术措施必须在工程开工前制定。施工安全技术措施是施工组织设计的重要组成部分，应在工程开工前与施工组织设计一同编制。为保证各

项安全设施的落实，在工程图纸会审时，就应特别注意考虑安全施工的问题，并在开工前制定好安全技术措施。

②施工安全技术措施要有灵活性。按照有关法律法规的要求，在编制工程施工组织设计时，应当根据工程特点制定相应的施工安全技术措施。对于大中型工程项目、结构复杂的重点工程，除必须在施工组织设计中编制施工安全技术措施外，还应编制专项工程施工安全技术措施，或编制专项安全施工技术方案。

③施工安全技术措施要有针对性。施工安全技术措施是针对每项工程的特点制定的，编制安全技术措施的技术人员必须掌握工程概况、施工方法、施工环境、施工条件等一手资料，并熟悉安全法规、标准等，这样才能制定出有针对性的安全技术措施。

④施工安全技术措施应力求全面、具体、可靠。施工安全技术措施应把可能出现的各种不安全因素考虑周全，制定的对策措施方案应力求全面、具体、可靠，这样才能真正做到预防事故的发生。但是，全面具体不等于罗列一般通常的操作工艺、施工方法以及日常安全工作制度、安全纪律等。这些制度性规定，在安全技术措施中不需要再作抄录，但必须严格执行。

⑤施工安全技术措施必须包括应急预案。施工安全技术措施必须包括面对突发事件或紧急状态的各种应急设施、人员逃生和救援预案，以便在紧急情况下，能及时启动应急预案，减少损失，保护人员安全。

⑥施工安全技术措施要有可行性和可操作性。施工安全技术措施应能够在每个施工工序之中得到贯彻实施。

(2) 施工安全技术措施的主要内容

①建立安全保证体系。施工项目应设立安全管理机构，建立职业健康安全生产责任制，并把目标分解落实到人，建立健全安全生产检查管理制度，施工现场设立专职安全员，班组设兼职安全员，从而形成一个健全的安全保证体系。

安全管理机构主要负责贯彻执行国家有关安全施工的方针政策、法令、规章制度和上级有关规定，协助领导在"安全第一、预防为主"的方针指导下组织和推动施工中的安全工作。

工地专职安全员的职责是认真贯彻执行上级有关安全施工的规定，组织和推动施工中的安全工作，在业务上接受上一级安全管理部门的领导。

班组兼职安全员协助班组长组织安全活动，进行现场安全检查，对违章作业者进行批评教育，组织学习安全规程、制度及上级颁发的有关文件，指导班组人员正确使用个人防护用品等。

②落实安全责任，实施责任管理。根据"全员管理，安全第一"的原则，建立各级人员安全生产责任制，明确规定各级领导、职能部门、工程技术人员和生产工人在施工生产中的安全责任。

③强化安全教育与训练。进行安全教育与训练，能增强人的安全生产意识，提高人的安全生产知识，有效防止人的不安全行为，减少失误。安全教育包括知识、技能、意识三个阶段的教育，教育的主要内容包括：进行安全思想教育，学习国家劳动保护法规、安全施工管理条例等；进行安全技术、工业卫生的科学知识教育；进行典型经验和事故教训的教育；进行法治教育；等等。操作者通过接受教育和训练，不仅能掌握安全生产知识，而且能正确认真地在作业过程中表现出安全的行为。

④安全检查。安全检查是发现不安全行为和不安全状态的重要途径，是消除事故隐患、落实整改措施、防止事故伤害、改善劳动条件的重要方法和措施。安全检查的形式有普遍检查、专业检查和季节性检查等。

⑤作业标准化。在操作者的不安全行为中，不知正确的操作方法，为了干得快而省略必要的操作步骤，以及坚持自己的操作习惯等原因所占比重很大。因此，按科学的作业标准规范人的行为，有利于控制人的不安全行为，减少人的失误。

⑥施工设计应考虑安全技术的因素，并对操作者进行交底。各分部、分项工程在施工进行之前，必须根据工作的具体情况和结构特点制定安全施工设计方案、施工操作工艺标准等，在方案和工艺中应充分考虑安全因素，方案应有必要的安全防护措施，以保证施工过程中的人身、设施设备和结构物的安全。对危险性较大的工程作业，应编制专项施工方案，并应组织专家审查。为使操作人员充分理解方案的全部内容，减少实际操作中的失误，避免操作时的事故伤害，要将方案的设计思想、内容和要求等，向作业人员进行充分安全技术交底，建立班组安全生产责任制，经理部应保存安全技术交底记录。

⑦优化安全技术组织措施。优化安全技术组织措施包括以改善施工劳动条件、防止伤亡事故等为目的的一切技术措施：a. 开展以机械化、自动化为中心的技术革新，积极改进施工工艺和操作方法，改善劳动环境条件，减轻劳动强度，消除危险因素，保证安全生产；b. 机械设备应有安全装置，严格按操作规程使用；c. 设置安全设施，如在施工现场设置安全围栏、防火设施，坚持使用高空作业的安全网、安全带、安全帽措施等。

⑧建立健全各种切实可行的规章制度。施工安全制度主要有安全生产责任制度、安全生产教育制度、安全检查制度、安全技术措施制度、安全交底制度、事故分析和处理制度。

项目经理部进行职业健康安全事故处理应坚持事故原因不清楚不放过，事故责任者和人员没有受到教育不放过，事故责任者没有处理不放过，没有制定纠正和预防措施不放过的原则。

处理职业健康安全事故应遵循下列程序：报告安全事故，事故处理，事故调查，处理事故责任者，提交调查报告。

安全技术措施中必须包含施工总平面图，在图中必须对危险的油库、易燃材料库、变电设备、材料和构配件的堆放位置、塔式起重机、物料提升机（井架、龙门架）、施工用电梯、垂直运输设备位置、搅拌台的位置等按照施工需求和安全规程的要求明确定位，并提出具体要求。

结构复杂、危险性大、特性较多的分部分项工程，应编制专项施工方案和安全措施。例如，基坑支护与降水工程、土方开挖工程、模板工程、起重吊装工程、脚手架工程、拆除工程、爆破工程等，必须编制单项的安全技术措施，并要有设计依据、有计算、有详图、有文字要求。

季节性施工安全技术措施，就是考虑夏季、雨季、冬季等不同季节的气候对施工生产带来的不安全因素可能造成的各种突发性事故，而从防护上、技术上、管理上采取的防护措施。一般工程可在施工组织设计或施工方案的安全技术措施中编制季节性施工安全措施；危险性大、高温期长的工程，应单独编制季节性施工安全措施。

（三）施工现场安全防护措施

1. 危险部位设置安全警示标志

施工单位应当在施工现场入口处、施工起重机械、临时用电设施、脚手架、出入通道口、楼梯口、电梯井口、孔洞口、桥梁口、隧道口、基坑边沿、爆破物及有害危险气体和液体存放处等危险部位，设置明显的安全警示标志。安全警示标志必须符合国家标准。

2. 根据不同施工阶段等采取相应的安全施工措施

施工单位应当根据不同施工阶段和周围环境及季节、气候的变化，在施工现场采取相应的安全施工措施。施工现场暂时停止施工的，施工单位应当做好现场防护，所需费用由责任方承担，或者按照合同约定执行。由于施工作业有一定的时限，且露天作业较多，在地下施工、高处施工等不同的施工阶段，应当采取不同的安全措施，并要根据周围环境和季节、气候变化，加强季节性安全防护措施。例如，夏季要防暑降温，在特别高温的天气下，要调整施工时间、改变施工方式；冬期要防寒防冻，防止煤气中毒，冬期施工还应专门制定保证工程质量和施工安全的安全技术措施；夜间施工应有足够的照明，在深坑、陡坡等危险地段应增设红灯标志，以防发生伤亡事故；雨期和冬期施工时，应对运输道路采取防滑措施，如加铺炉渣、砂子等，如有可能应避免在雨期、冬期和夜间施工；傍山沿河地区应制定防滑坡、防泥石流、防汛措施；大风、大雨期间应暂停施工。

3. 注重对施工现场周边的安全防护措施

建设工程施工多为露天、高处作业，对周围环境特别是毗邻的建筑物、构筑物和地下管线等可能会造成损害。因此，施工单位有责任、有义务采取相应的安全防护措施，确保毗邻的建筑物、构筑物和地下管线等不受损坏。施工现场实行封闭管理，主要是解决"扰民"和"民扰"问题。施工现场采用密目式安全网、围墙等封闭起来，既可以防止施工中的不安全因素扩散到场外，也可以起到保护环境、美化市容、文明施工的作用，还可以防盗、防砸打损害物品等。

4. 加强对危险作业的施工现场安全管理

生产经营单位进行爆破、吊装等危险作业时，应当安排专门人员进行现场安全管理，确保操作规程的遵守和安全措施的落实。

爆破、吊装等作业具有较大危险性，容易发生事故。因此，作业人员必须严格按照操作规程进行操作，施工单位也应当采取必要的防范措施，安排专门人员进行作业现场的安全管理。现场安全管理人员一方面可以检查作业现场的各项安全措施是否得到落实，另一方面可以监督作业人员是否严格遵守有关操作规程，及时对作业现场有关情况进行协调，发现事故隐患及时采取措施进行紧急排除。

5. 加强起重机械设备、安全防护设备、机械设备等的安全管理

施工单位在使用施工起重机械和整体提升式脚手架、模板等自升式架设设施前，应当组织有关单位进行验收，也可以委托具有相应资质的检验检测机构进行验收；使用承租的机械设备和施工机具及配件的，由施工总承包单位、分包单位、出租单位和安装单位共同进行验收。验收合格的方可使用。

（四）施工安全隐患和生产安全事故的处理

1. 施工安全隐患及其处理

隐患，是指未被事先识别或未采取必要防护措施的可能导致安全事故的危险源或不利环境因素。施工安全隐患是在安全检查及数据分析过程中发现的。需要强调的是，对施工安全隐患的处理，是为了对安全事故进行预防，避免安全事故的发生。施工安全隐患处理应根据隐患的严重程度以及隐患的应急程度，分别采用与其相适应的处理手段和处理方法。

（1）一般安全问题

一般安全问题是指不符合安全管理规定，不符合安全技术措施规范要求的

现象或状态。这种现象或状态的程度尚不严重。

项目管理者对一般安全问题不能轻视而麻痹大意，对一般安全问题的处理，更不能麻木不仁而随之任之，应及时处置出现的一般安全问题，保证施工顺利进行。

（2）严重安全隐患

严重安全隐患是指存在的安全隐患程度比较严重，或是其数量或规模较大，或是违反强制性条文标准，对施工现场的安全构成了明显的潜在威胁。

项目经理应组织项目经理部相关管理人员对处理方案进行认真深入的分析，特别是安全事故隐患原因分析，找出安全事故隐患的真正起源点。必要时，项目经理可请工程监理单位、设计单位、分包单位、供应单位和建设单位各方共同参加分析，制订合理可行的安全事故隐患整改处理方案。

安全事故隐患整改处理方案的内容主要包括：①安全事故隐患的部位、性质、现状、发展变化、时间、地点等详细情况；②现场调查的有关数据和资料；③安全事故隐患原因分析与判断；④安全事故处理的方案；⑤是否需要采取临时防护措施；⑥确定安全事故隐患整改负责人、整改完成时间和整改验收人；⑦涉及的有关人员和责任及预防该类安全事故隐患重复出现的措施。

安全事故隐患处理完毕，施工单位应组织人员检查验收，写出安全隐患处理报告并存档。

2. 发生生产安全事故后应采取的相应措施

《建设工程安全生产管理条例》规定，发生生产安全事故后，施工单位应当采取措施防止事故扩大，保护事故现场。需要移动现场物品时，应当做出标记和书面记录，妥善保管有关证物。

（1）组织应急抢救工作

《生产安全事故报告和调查处理条例》规定，事故发生单位负责人接到事故报告后，应当立即启动事故相应应急预案，或者采取有效措施，组织抢救，防止事故扩大，减少人员伤亡和财产损失。

事故发生后，生产经营单位应当立即启动相关应急预案，采取有效处置措施，组织开展先期应急工作，控制事态发展。对危险化学品泄漏等可能对周边群众和环境产生危害的事故，生产经营单位应当在向地方政府及有关部门进行报告的同时，及时向可能受到影响的单位、职工、群众发出预警信息，标明危险区域，组织、协助应急救援队伍和工作人员救助受害人员，疏散、撤离、安置受到威胁的人员，并采取必要措施防止发生次生、衍生事故。应急处置工作结束后，各企业应尽快组织恢复生产、生活秩序，配合事故调查组进行调查。

中央企业发生事故灾难时，其总部应全力调动相关资源，有效开展应急救援工作。

（2）妥善保护事故现场

事故发生后，有关单位和人员应当妥善保护事故现场以及相关证据，任何单位和个人不得破坏事故现场、毁灭相关证据。为抢救人员、防止事故扩大以及疏通交通等，需要移动事故现场物件的，应当做出标志，绘制现场简图并做出书面记录，妥善保存现场重要痕迹、物证。

3. 重大生产安全事故报告

（1）报告原则

事故发生现场有关单位安全负责人员应遵循"迅速、准确"的原则，在规定的时间内逐级上报重大生产安全事故的情况。

（2）报告程序

①发生重大生产安全事故后，项目施工单位除向项目建设和监理单位报告外，应立即将事故情况如实向事故所在地交通主管部门、地方安全监管部门报告。实行工程总承包的交通建设项目，由总承包单位负责上报。

②事故所在地交通主管部门接到事故报告后，应迅速核实有关情况，并立即报告同级人民政府和上一级交通主管部门。省级交通主管部门接到事故报告后，及时上报省级人民政府和交通运输部。

③交通运输部接到一次死亡（或下落不明）10人以上事故报告后，部业务主管部门负责提供专报的文字材料，由部办公厅按规定渠道向国务院办公厅报送。

④交通运输部设在长江干流的航务管理机构所管辖的长江航道工程发生重大生产安全事故时，除应向事故发生地的省级人民政府和地方安全监管部门报告外，还应向交通运输部报告。

⑤部直属单位负责组织建设的公路水运工程发生重大生产安全事故时，除向当地交通主管部门和地方安全监管部门报告外，还应向交通部专报。

（3）报告内容

①事故发生的时间、地点及事故类型、人员伤亡情况、预估的直接经济损失。

②事故中的建设、勘察、设计、施工、监理等单位名称、资质等级情况，施工单位安全生产许可证号及发证机构，施工单位"三类人员"的姓名及岗位证书情况，监理人员执业资格等情况。

③项目的基本概况。

④事故的简要经过，紧急抢险救援情况，事故原因的初步分析。

⑤采取措施的情况。

⑥事故报告单位、签发人及报告时间等。

(4) 报告方式

紧急情况下，可采取电话、传真、电子邮件的形式先行报告事故概况，有新情况及时续报，但应在12h内补齐书面材料。

4. 重大生产安全事故处理原则

(1) 事故处理原则

坚持"四不放过"原则，即事故原因未查清不放过，事故责任者未受处理不放过，事故责任人和周围群众未受到教育不放过，防范措施未落实不放过。

发生一次死亡6人以上、一次受伤20人以上和涉险30人以上的事故时，应由交通运输部派出现场督导组，省级交通主管部门同时予以配合。现场督导组由部质监总站负责组织，成员由与事故没有直接利害关系的相关专业技术专家和施工安全监管等专业人员组成。

发生一次死亡3～5人、一次受伤10～19人和涉险10～29人的事故时，应由省级交通主管部门派出现场督导组，市级交通主管部门同时予以配合。省级现场督导组人员由省级交通主管部门负责组织。根据现场特殊情况或应省级交通主管部门的要求，交通运输部可派出专家组给予技术支援。

对于党中央、国务院、交通运输部批示的重大生产安全事故，交通运输部应按批示要求派出现场督导组，省级交通主管部门予以配合。

(2) 事故发生单位落实防范和整改措施

事故发生单位应当认真吸取事故教训，落实防范和整改措施，防止事故再次发生。防范和整改措施的落实情况应当接受工会和职工的监督。

安全生产监督管理部门和负有安全生产监督管理职责的有关部门应当对事故发生单位落实防范和整改措施的情况进行监督检查。

(五) 安全资料的整理与归档

安全管理的内业工作是安全工作中一项十分重要、必不可少的工作，是整个管理内业工作的重要组成部分。建立和健全安全记录与报告是做好安全监控、全面有效地执行施工合同、履行好施工项目安全职责的重要工作。

安全管理的内业资料是安全管理在实施交通建设工程施工项目管理过程中留下的重要依据，在工程建设中，一旦发生安全事故，安全管理的内业资料还是追溯安全管理工作、寻找事故原因、分析事故责任的重要凭证。安全管理的内业资料反映了工程建设的实施情况，反映了安全管理的工作情况，是全面总结交通建设工程安全管理经验的重要部分。

1. 施工现场安全管理内业资料的基本要求

安全管理的内业资料所记述的内容应该客观、务必数据可靠、措辞准确；

在文字上要求字迹端正、清晰；在时间上必须迅速、及时。安全管理的内业资料应分类存放，且各类资料应做卷内目录。安全管理内业资料的整理与归档工作由项目监理机构专兼职安全监理人员负责完成。

2. 施工现场安全管理内业资料的主要内容

①施工组织设计。②安全管理计划。③各类安全管理制度。④施工现场安全管理措施。⑤专项安全施工方案。⑥结构复杂、危险性大的施工作业项目的专项方案。⑦安全生产应急救援预案。⑧安全交底、安全培训、安全检查、安全巡视记录。⑨安全例会纪要和工地会议纪要中的安全内容。⑩各类工作指令、工程暂时停工指令及复工指令。⑪工程暂时停工指令及复工指令。⑫施工单位的主要负责人、项目负责人、专职安全生产管理人员、特种作业人员资格报审资料。

第二节　道路施工环境保护措施与文明施工

一、环境保护措施要求

（一）环境保护措施

项目经理部应遵照《环境管理体系要求及使用指南》的要求，建立并持续改进环境管理体系，应根据批准的建设项目环境影响报告，通过对环境因素的识别和评估，确定管理目标及主要指标，并在各个阶段贯彻实施。

项目环境管理应遵循下列程序：①确定项目环境管理目标；②进行项目环境管理策划；③实施项目环境管理策划；④验证并持续改进。

项目经理部负责现场环境管理工作的总体策划和部署，建立项目环境管理组织机构，制定相应制度和措施，组织培训，使各级人员明确环境保护的意义和责任。

项目经理部应按照分区划块原则，搞好项目的环境管理，进行定期检查加强协调，及时解决发现的问题，实施纠正和预防措施，保持现场良好的作业环境、卫生条件和工作秩序，做到污染预防。

项目经理部应对项目的环境因素进行控制，制定应急准备和相应措施，并保证信息通畅，预防可能出现非预期的损害。在出现环境事故时，应消除污染，并应制定相应措施，防止环境二次污染。

项目经理部应保存有关环境管理的工作记录。

项目经理部应进行现场节能管理，有条件时应规定能源使用指标。

(二) 施工现场环境保护

1. 一般要求

①承包人在工程施工中，应严格遵守国家环境保护部门的有关规定。承包人有责任采取有效措施以预防和消除因施工造成的环境污染，对工程范围以外的土地及植被应注意保护，并应保证发包人避免因污染而承担的索赔或罚款。

②承包人生产、生活设施应符合环保要求，并接受当地政府及有关部门的监督。

③承包人应在施工期间加强环保意识，保持工地清洁，控制扬尘，杜绝漏洒材料。由扬尘、排污、噪声、材料漏失等对周围居民和环境造成的损失应由承包人自负。

④沥青混合料应集中场站搅拌，其设备污染物排放应符合《大气污染物综合排放标准》中的一级标准的规定。搅拌场站必须设在离开居民区、学校等环境敏感点300m以外的下风向处，且不能采用开敞式或半封闭式沥青熬化作业。

⑤施工中应充分利用挖方，尽量减少弃方或不弃方，以节省占地面积和减少对环境的破坏。清表土中的腐殖土应按监理人的要求进行收集并加以管理，争取全部用在绿化植树或植草中。

⑥工程施工必须做到兼顾生态保护和环境保护的原则，做到工程施工、生态保护、环境保护同步协调，避免出现施工后再治理、再补救、破坏生态环境的现象。

2. 文物保护

①道路工程施工时如发现文物古迹，不得移动和收藏，承包人应保护好现场，防止文物流失，并暂时停止作业，立即将有关情况报告监理人及当地文物保护部门。在主管部门未结束处理前，不得重新进行作业。

②因历史文物的发现和处理而使承包人的工程进度延误和（或）导致费用的增加时，监理人与发包人和承包人应根据合同条款的有关规定协商解决。

③土方填筑工程以及其他工程需要借土、弃土时，对于现有的或规划的保护文物遗址，承包人应采取避让的原则进行地点的选择。

3. 防止水土流失和废料废方处理

（1）防水排水

①在道路工程施工期间应始终保持工地的良好排水状态，修建必要的临时排水渠道，并与永久性排水设施相连接，且不得引起淤积和冲刷。

②因承包人未设置足够的排水设施致使土方工程遭受破坏时，其责任由承包人自负。

③雨季填筑路堤应随挖、随运、随填、随压实。每层表面应筑成适当的横坡,确保不积水。

(2) 冲刷与淤积

①承包人应采取有效预防措施,防止施工场所占用的土地或临时使用的土地受到冲刷。

②承包人应采取有效预防措施,防止从施工中开挖的土石材料,对河流、水道、灌溉渠或排水系统产生淤积或堵塞。

③道路工程施工中的临时排水系统,应能最大限度地减少水土流失及水文状态的改变。

④开挖或填筑的土质路基边坡应及时采取防护措施,防止雨季到来时水流对坡面的冲刷而影响排水系统的功能,减少对附近农田水域的污染。

⑤承包人不管出于任何需要,未经监理人的事先书面同意,不得干扰河道、水道或现有灌溉系统或排水系统的自然流动,导致冲刷与淤积的发生。

(3) 废料废方的处理

①清理场地的废料和土石方工程的废方处理,不得影响排灌系统及农田水利设施,不得向江河、湖泊、水库和专门堆放地以外的地方倾倒;应按图纸规定或监理人的指示在适当地点设置弃土场,有条件时,力求少占土地,并对弃土进行整治利用。

②当设置弃土堆时,应按《公路路基施工技术规范》的规定执行。

③桥梁施工过程中的泥浆及废弃物等,应在工程完工时及时清除干净,以免堵塞河道和妨碍交通。

④挖方工程及隧道工程的大型弃方场地,应采取以下水土保持措施:a.废方堆放点应统筹安排,远离河道,尽量不要压盖植被,尽可能选择荒地;b.及时对弃方进行压实,并在其表面进行植被覆盖,可以种植草皮、灌木或树木,达到防止水土流失、美化环境的目的;c.尽可能对弃土方加以整治后用作耕地;d.隧道弃渣点应选择植被稀疏的荒地,弃渣的下部和边角宜砌筑拦渣坝或墙,以防止水土流失。

⑤承包人应将施工及生活中产生的废弃物及时处理,运至监理人及当地环保部门同意的指定地点弃置,应注意避免阻塞河流或泄洪系统和污染水源,并防止汛期淹没农田或村庄。如无法及时处理或运走,则必须设法防止散失。

4. 防止和减轻水、大气受污染

(1) 保护水质

①施工废水、生活污水不得直接排入农田、耕地、灌溉渠和水库,严禁排入饮用水源。

②道路工程施工区域、砂石料厂，在施工期间和完工以后，应妥善处理以减少对河道、溪流的侵蚀，防止沉渣进入河道或溪流。

③冲洗集料或含有沉积物的操作用水，应采取过滤、沉淀池处理或其他措施，做到达标排放。

④施工期间，应对施工物料如沥青、水泥、油料、化学品等的堆放实行严格管理，防止在雨季或暴雨时将物料随雨水径流排入地表及附近水域造成污染。

⑤施工机械应防止严重漏油，禁止机械在运转中产生的油污水未经处理就直接排放，或维修施工机械时油污水直接排放。

⑥承包人应将施工及生活中产生的污水或废水集中处理，经检验符合《污水综合排放标准》环保标准后，才能排放到河流或沟溪中。承包人不得将含有污染物质或可见悬浮物质的水，排入河流、水道或灌溉系统中。承包人的排水不得增加河流或水道中的悬浮物或造成河道冲刷、水流污染。

⑦保护农田排灌系统。当路线经过农田灌溉区域时，承包人在施工时应采取必要的临时措施，以保证不影响或中断农田的排灌作业。修建的临时设施应保证施工不影响当地农田的高峰排灌作业。在软土地区施工时，应注意路堤沉降对水源和排灌系统的影响。承包人应根据路线经过水田地区的情况，拟定需采取的措施，确定设计方案报监理人批准后执行，但监理人的批准并不意味着可以免除承包人的责任。

（2）控制扬尘

①为减少道路工程施工作业产生的灰尘，在施工区域内应随时进行洒水或采取其他抑尘措施，确保不出现明显的降尘。

②易于引起粉尘的细料或松散料应予以遮盖或适当洒水润湿；运输时，应用帆布、盖套及类似遮盖物覆盖。

③运转时有粉尘发生的施工场地，如水泥混凝土拌和机站（场）、大型轧石机场、沥青拌和机站（场）等投料器，均应有防尘设备。在这些场所作业的工作人员，应配备必要的劳保防护用品。

④承包人应使施工场地砂石化或保持经常洒水，确保施工场地旁的农田作物绿叶无扬尘污染。

（3）减少噪声、废气污染

①各种临时设施和场地，如堆料场、加工厂、轧石厂、沥青厂等，距居民区不宜小于300m，而且应设于居民区主要风向的下风处。

②使用机械设备的工艺操作，要尽量减少噪声、废气等的污染；建筑施工场地的噪声应符合《建筑施工场界噪声排放标准》的规定，并应遵守当地有关

部门对夜间施工的规定。

③如果承包人预防措施不力，并已对邻近区域的环境、卫生造成了危害，则由此而引起的一切损失及后果，应由承包人负责。

④在居民集中居住区和靠近学校、医院等环境敏感区，噪声大的施工作业，应按监理人规定的作业时间施工。

⑤承包人应通过有效的技术手段和管理措施，将施工噪声控制到最低限度。当施工工地距居民住宅区、学校、医院等环境敏感区距离小于150m时，承包人不得在夜间安排噪声很大（55dB以上）的机械施工，应按监理人规定的作业时间施工。

5. 保护绿色植被

承包人应尽量保护公路用地范围之外的现有绿色植被。若因修建临时工程破坏了现有的绿色植被，应负责在拆除临时工程时予以恢复。

要保护道路两旁的古树名木和法定保护的树种，即使处在道路用地范围内，有可能时也要尽量设法保护。

施工期间，应严格控制工程破坏植被的面积，除了不可避免的工程占地、砍伐以外，不应再发生其他形式的人为破坏。

6. 土地资源的保护

①妥善处理废方，山坡弃土应尽量避免破坏或掩埋路基下侧的林木、农田及其他工程设施。沿河弃土应避免壅塞河道、改变水流方向和抬高水位而淹没或冲毁农田、房屋。应重视弃土堆的复垦，有条件时，宜在弃土堆顶面绿化或整平成为耕地。

②取土坑应选在高地、荒地上，尽量不占耕地；当必须从耕地取土时，应将表面种植土铲除，集中成堆保存，并在工程交工前做好还地工作。对于深而宽的取土坑，可根据当地需要，用作蓄水池或鱼塘。在多年的经济作物区或重要的绿化带，不得设置取土坑。

③在河床开采砂砾材料时，必须注意防止河流状态的改变，并应遵守《中华人民共和国水法》中"在行洪、排涝河道和航道范围内开采砂石、砂金，必须经河道主管部门批准，按照批准的范围和作业方式开采，涉及航道的，由河道主管部门会同航道主管部门批准"的规定。

④采石场的位置，应结合环境保护的要求选择，其中包括噪声、爆破引起的地下振动、公共安全问题等。采石场的位置，应征得当地政府及环境管理部门的同意并办理必要的手续。

⑤对施工人员加强保护自然资源及野生动植物的教育，在雇用合同中应规定严禁偷猎和随意砍伐树木。

⑥要认真贯彻《国务院关于坚决制止占用基本农田进行植树等行为的紧急通知》的有关要求,对道路沿线是耕地的,要严格控制绿化带宽度。

7. 现有公用设施的保护

①对于受工程影响或正在受影响的一切公用设施与结构物,承包人应在工程施工期间采取一切适当措施加以保护。

②对于靠近公用设施的开挖作业,承包人应通知有关部门,并邀请有关部门代表在施工时到现场。

二、施工现场文明施工的要求

文明施工是指保持施工现场良好的作业环境、卫生环境和工作秩序。因此,文明施工也是保护环境的一项重要措施。文明施工主要包括:规范施工现场的场容,保持作业环境的整洁卫生;科学组织施工,使生产有序进行;减少施工对周围居民和环境的影响;遵守施工现场文明施工的规定和要求,保证职工的安全和身体健康。

文明施工可以适应现代化施工的客观要求,有利于员工的身心健康,有利于培养和提高施工队伍的整体素质,促进企业综合管理水平的提高,提高企业的知名度和市场竞争力。

(一)建设工程现场文明施工的要求

依据我国相关标准,总体上应符合以下要求:

①有整套的施工组织设计或施工方案,施工总平面布置紧凑,施工场地规划合理,符合环保、市容、卫生的要求。

②有健全的施工组织管理机构和指挥系统,岗位分工明确;工序交叉合理,交接责任明确。

③有严格的成品保护措施和制度,大小临时设施和各种材料构件、半成品按平面布置堆放整齐。

④施工场地平整,道路畅通,排水设施得当,水电线路整齐,机具设备状况良好、使用合理,施工作业符合消防和安全要求。

⑤搞好环境卫生管理,包括施工区、生活区环境卫生和食堂卫生管理。

⑥文明施工应贯穿施工结束后的清场。

实现文明施工,不仅要抓好现场的场容管理,而且还要做好现场材料、机械、安全、技术、保卫、消防和生活卫生等方面的工作。

(二)建设工程现场文明施工的措施

1. 加强现场文明施工的管理

①建立文明施工的管理组织。在建设工程施工现场,应确立以项目经理为

现场文明施工的第一责任人，以各专业工程师、施工质量、安全、材料、保卫等现场项目经理部人员为成员的施工现场文明管理组织，由他们共同负责工程施工现场的文明施工工作。

②健全文明施工的管理制度。建立健全文明施工的管理制度包括建立各级文明施工岗位责任制，将文明施工工作考核列入经济责任制，建立定期的检查制度，实行自检、互检、交接检制度，建立奖惩制度，开展文明施工立功竞赛，以及加强文明施工教育培训等。

2. 落实现场文明施工的各项管理措施

针对现场文明施工的各项要求，应落实相应的各项管理措施。

（1）施工平面布置

施工总平面图是现场管理、实现文明施工的依据。施工总平面图应对施工机械设备、材料和构配件的堆场、现场加工场地，以及现场临时运输道路、临时供水供电线路和其他临时设施进行合理布置，并随工程实施的不同阶段进行场地布置和调整。

（2）现场围挡、标牌

①施工现场必须实行封闭管理，设置进出口大门，制定门卫制度，严格执行外来人员进场登记制度。沿工地四周连续设置围挡，市区主要路段和其他涉及市容景观路段的工地设置围挡的高度不应低于2.5m，其他工地的围挡高度不应低于1.8m，围挡材料要求坚固、稳定、统一、整洁、美观。

②施工现场必须设有"五牌一图"，即工程概况牌、管理人员名单及监督电话牌、消防保卫（防火责任）牌、安全生产牌、文明施工牌和施工现场总平面图。

③施工现场应合理悬挂安全生产宣传和警示牌，标牌悬挂应牢固可靠，特别是主要施工部位、作业点和危险区域以及主要通道口都必须有针对性地悬挂醒目的安全警示牌。

（3）施工场地

①施工现场应积极推行硬地坪施工，作业区、生活区主干道地面必须用一定厚度的混凝土硬化，场内其他道路地面也应进行硬化处理。

②施工现场道路应畅通、平坦、整洁，无散落物。

③施工现场应设置排水系统，要保证排水畅通，不积水。

④严禁泥浆、污水、废水外流或未经允许排入河道，严禁堵塞下水道和排水河道。

⑤可在施工现场的适当地方设置吸烟处，作业区内禁止随意吸烟。

⑥应积极美化施工现场环境，根据季节变化，适当进行绿化布置。

（4）材料堆放、周转设备管理

①建筑材料、构配件、料具必须按施工现场总平面布置图堆放，布置合理。

②建筑材料、构配件及其他料具等必须做到安全、整齐堆放（存放），不得超高。堆料应分门别类，并悬挂标牌，标牌应统一制作，标明名称、品种、规格数量等。

③要建立材料收发管理制度，仓库、工具间材料堆放要整齐，易燃易爆物品应分类堆放，要有专人负责，确保安全。

④施工现场要建立清扫制度，落实到人，要做到工完料尽场地清，车辆进出场应有防泥带出措施。建筑垃圾应及时清运，临时存放现场的也应集中堆放整齐、悬挂标牌。不用的施工机具和设备应及时出场。

⑤施工设施、大模板、砖夹等，应集中堆放整齐，大模板应成对放稳，角度要正确。钢模及零配件、脚手扣件应分类分规格，集中存放。竹木杂料，应分类堆放、规则成方，不散不乱，不作他用。

（5）现场生活设施

①施工现场作业区与办公、生活区必须明显划分，确因场地狭窄不能划分的，要有可靠的隔离栏防护措施。

②宿舍内应确保主体结构安全，设施完好。宿舍周围环境应保持整洁、安全。

③宿舍内应有保暖、消暑、防煤气中毒、防蚊虫叮咬等措施。严禁使用煤气灶、煤油炉、电饭煲、热得快、电炒锅、电炉等器具。

④食堂应有良好的通风和洁卫措施，保持卫生整洁，炊事员应持健康证上岗。

⑤应建立现场卫生责任制，设卫生保洁员。

⑥施工现场应设固定的男、女简易淋浴室和厕所，并要保证结构稳定、牢固和防风雨。并实行专人管理、及时清扫，保持整洁，要有灭蚊蝇滋生的措施。

（6）现场消防、防火管理

①现场要建立消防管理制度，建立消防领导小组，落实消防责任制和责任人员，做到思想重视、措施跟上、管理到位。

②要定期对有关人员进行消防教育，落实消防措施。

③现场必须有消防平面布置图，临时设施按消防条例有关规定搭设，要做到标准规范。

④易燃易爆物品堆放间、油漆间、木工间、总配电室等消防防火重点部位

要按规定设置灭火器和消防沙箱，并有专人负责，对违反消防条例的有关人员应进行严肃处理。

⑤施工现场动用明火时应严格按动用明火的规定执行，审批手续要齐全。

（7）医疗急救的管理

在施工现场，应开展卫生防病教育，准备必要的医疗设施，配备经过培训的急救人员，同时应在现场办公室的显著位置张贴急救车标识和有关医院的电话号码等。

（8）治安管理

①建立现场治安保卫领导小组，要有专人管理。

②对新入场的人员要及时进行登记，做到合法用工。

③按照治安管理条例和施工现场的治安管理规定搞好各项管理工作。

④建立门卫值班管理制度，严禁无证人员和其他闲杂人员进入施工现场，避免安全事故和失盗事件的发生。

3. 建立检查考核制度

对于建设工程文明施工，国家和地方各级人民政府制定了许多标准或规定，有比较成熟的经验。在实际工作中，项目承包方应结合相关标准和规定建立文明施工考核制度，推进各项文明施工措施的落实。

4. 抓好文明施工建设工作

①建立宣传教育制度。现场宣传安全生产、文明施工、国家大事、社会形势、企业精神、优秀事迹等。

②坚持以人为本，加强管理人员和班组文明建设。教育职工遵纪守法，提高企业整体管理水平和文明素质。

③主动与有关单位配合，积极开展共建文明活动，树立企业良好的社会形象。

第三节　交通设施施工中的安全及其质量管理

一、道路交通安全设施工程的存在价值

（一）增强道路交通的安全功能

我国每年发生交通事故的案例很多，死于交通事故的人数更是呈增长趋势，我国的交通事故发生率和因交通事故死亡的人数与其他国家相比数量较多，因此，道路交通中的安全事故是我国人民关注的热点问题，相关部门也实施了众多的交通安全检查措施并加大了安全驾驶的宣传力度，用来增强人们的

交通安全观念。从道路交通方面进行分析，安全设施工程的建设是提高道路交通安全的有效措施之一。在道路上设置明确显眼的安全警示路牌和相应的安全防护设施，能够有效地降低交通事故的发生率，保证车辆行驶的安全性。

（二）提高道路交通驾驶的舒适度

对车辆驾驶司机而言，良好的道路交通环境可以提高驾驶员的注意力，让驾驶员的驾驶心态更加平稳。而道路交通的关键组成部分就是安全设施工程，因此安全设施工程的建设完善和完整与否，对驾驶员的驾驶体验有着很重要的意义。首先，完整明显的道路交通安全设施的建设可以为驾驶员清楚地指导其驾驶方向，增强驾驶人员的专注力，其次，完整明显的安全设施可以从侧面提高道路交通的整体质量，提高了道路交通的环境，同时增强了驾驶员的驾驶体验，有效避免了交通事故的出现。

二、道路交通安全设施工程控制施工质量的关键点

（一）放置交通标志

通常来说，交通标志的放置是分散的，是根据道路交通的具体路段的路况进行合理安排。在实际的安全设施工程建设中，需要认真关注的一点是交通标志的桩号和具体的交通版面内容和道路路面的实际状况是否相符。此外，还应保证预埋的安全设施基础和交通路标牌不要遮挡驾驶员的驾驶视线，安全的位置应尽量远离高压线，与高压线相隔一定的距离。

（二）道路交通标线的划分

交通标线属于道路交通中安全设施的重要工作内容，在划分交通标线的过程中，应使得标线的线条流畅，并且和道路的形状相匹配。为了提高交通标线的交通提示效果，应保证交通标线的明显性，同时还应对夜间行驶中实现的引导给出明显的提示。在划分交通标线时用到的涂料要结合各种涂料对气温的要求，使得安全设施的建设工作温度与之相符，通常来讲，在进行交通标线的施工时，施工温度保持在6℃到30℃之间。对于振动标线的施工设计，应结合当地的车流量和路面的性质来选择振动标线的外形、规格和表现之间的间隔等施工内容。

（三）交通护栏的安装

在对交通护栏进行安装施工时，应根据设计图纸上的具体要求加以施工操作。若是立柱式的护栏安装时碰到间距零头的情况下应根据安装的实际情况对立柱的间距分配作出合理的调整；若是立柱的位置与其他预埋的管线产生冲突时，应建立柱的位置移动，但是应保证立柱与中央分隔带之间的距离。在为立柱进行打桩时，应按照图纸的位置精准打桩，对于涉及中央分隔带的位置时，应根据图纸的设计选择用砂浆立柱将预留孔的位置进行固定,如暗通道等。在对预留孔的位置进行砂浆立柱施工时,首先是基础混凝土的施工步骤,同时将立柱孔进行预留,等到混凝土完全凝固,把立柱放入预留孔中并用素混凝土进行固定。

(四) 隔离栅的布置

在安全设施的施工过程中,隔离栅的安装很多时候会造成公路的交通阻碍,因此在布置隔离栅时应充分考虑到这个问题,并采取相应的措施,合理地布置隔离栅的位置,保证公路的通达性。在对隔离栅进行施工之前,施工单位应对公路的用地界展开合理的规划,根据科学的规划方案进行隔离栅的施工,保证隔离栅的合理放置,与此同时,还要保证隔离栅的美观性。

(五) 防眩的交通安全设施

在夜间驾驶的过程中,车辆的两个前灯会对驾驶人员的视力产生影响,使得驾驶人员出现眩目的情况,这对驾驶员的安全驾驶非常不利。针对此种情况,在进行道路交通的安全设施建设时,应设置相应的防眩施工内容,防止驾驶员在夜间驾驶车辆出现视力疲劳,减轻驾驶员的驾驶压力,进而增加夜间驾驶的安全性。在安全设施的施工中,尤其要注重防眩措施的施工过程和施工质量,对防眩目的支架设备、和设施的角度大小以及板面的高度等都要进行严格的检查,保证防眩目设置的合理性。

三、提高道路交通安全设施工程施工质量的管理策略

(一) 建立健全的质量管理体系

因为安全设施施工的复杂性和系统性,使得施工的质量受到很多方面的影响,例如施工的原材料、施工的过程、施工人员的职业素质等等。因此在对道路交通安全设施施工质量进行管理时要从这些方面入手,选择动态化的质量管理方式。首先应将施工的质量管理体系加以改进和完善,结合道路交通的现场施工情况,制定切合实际的质量管理条例,保证管理制度与其施工情况相符,进而提高管理制度的可行性。对于安全设施的质量管理中应明确地将责任落实到人,对于安全设施的各项施工的质量和管理进行责任划分,确保每个安全设施施工项目都有负责质量管理的工作人员,若是哪个施工项目出现问题,就能找到其对应的负责人,保证责任制度的落实。同时管理制度也约束着工作人员的工作行为和方式,保证了安全设施的施工质量。此外,应建立起负责安全设施质量的监督部门,将质量管理和质量监督工作划分开,加强对安全设施工程的质量管理和监督工作,进而提高管理的效率和质量。监督人员应根据不同的安全设施项目找出不同的工作重点,对各个项目的重点工作进行质量的管理和

监督，明确工作的重点内容，做到有目的地对各项工作展开检查和巡视。若是出现施工人员没有严格按照设计图纸进行规范操作，应及时告知管理部门，让其部门人员解决这个问题，同时对于按照图纸施工的项目应对其施工质量进行检查，若是施工质量达不到要求应及时采取补救措施。还应设立奖惩制度，对于在安全设施的工作中表现突出的员工进行经济上的奖励，并对其进行表扬，而在施工中屡屡犯错的人员应给予一定的惩罚，促使工作人员规范施工。

（二）及时更新管理理念

在安全设施的实际施工中，要想保证施工质量，应从根本上解决问题，质量管理部门对于道路交通中安全设施工程的施工质量有着重要的作用，因此，管理人员应将自己的工作思想和意识摆正，提高自身的管理水平，拥有先进的管理理念，这是保证安全设施施工质量的重要基础。施工单位应对负责安全设施质量管理部门的全体人员开展思想观念的指导工作，提高管理人员的管理理念和安全管理意识，符合社会发展的必然要求，同时提高了管理人员的综合管理水平。首先应定期开展培训，对管理人员开展思想指导工作，让管理人员对项目的安全管理有正确的认知，保证在实际的管理工作中认真落实各项管理规定，提高管理水平，其次，根据培训工作的具体内容进行考核，保证管理人员培训的有效性，使得管理人员在培训中真正学习到知识，进而优化自身的管理理念。最后，开展互动交流活动，使得每个管理工作人员能有机会得到充分的交流，对于安全设施的施工管理问题进行分析得到最佳的处理方式，保障安全设施工程的建设工作进程有序进行。与此同时，在提高施工质量的同时，应对安全施工的管理进行学习和培训，保证安全设施的施工安全问题，进而提高工程整体的管理质量。

（三）加强对施工材料的质量管理

对于道路交通安全设施的施工质量管理，对于施工材料的质量管理是重要的方面，施工材料的质量好坏直接决定了安全设施施工的整体质量，若是施工材料的质量得不到有效的管理与控制，后期的施工管理也会毫无意义。所以，在对安全设施工程质量进行管理时，首先应对施工的材料质量进行严格的管控。之所以对于安全设施的施工材料质量的管控工作有一定的难度，是因为部门施工材料在未使用之前很难判断出材料的质量好坏，从材料的外观上是分辨不出材料质量的，只有在使用之后才能显现出来。针对材料的质量管理，应从采购渠道进行管理，管理人员可以去材料的生产厂家进行实地考察，确定厂家生产证件是否齐全。在施工之前，对施工材料进行测试，对于测试不合格的材料应丢弃并重新采购，对于检测合格的施工材料可以正常使用。为了保证施工材料的质量保持高水平，管理人员应不定期对施工材料进行抽样检查。与此同时,在施工材料的使用之前的每个过程都应做好管理,如果材料的运输、储存方式和安装过程都会有一定的损坏概率,那从针对每一个环节都应严格按照规定操作执行。在安全设施施工时,对于已经施工完毕的部件采取一定的保护措施,避免有些设施的外部防腐漆脱落的情况发生。

(四) 严格控制安装程序

针对安全设施的施工过程中出现的问题,比如施工操作流程的不规范,安装程序不正确,都会对后期的安全设施施工质量产生影响。为了防止这些问题的发生,管理人员应对安全设施的施工过程进行严格的管控。首在完成对施工材料的质量检测工作以后,对安装人员的技术水平进行检测。在施工中完成一项施工操作后,管理人员要根据施工质量的检验标准对其安装工作进行检验,等确定施工的程序符合标准之后,再进行下一环节的施工。其中应特别注意的是在对安全设施的施工程序进行检验时应该交由专业的技术人员,这样保证对施工安装程序的有效管控。对于安装程序操作不规范的施工人员应给予一定的惩罚措施,同时提醒其他工作人员应规范操作。

参考文献

[1] 李春，王智勇．城市道路与交通工程技术研究［M］．长春：吉林科学技术出版社，2023.06.

[2] 康召才，刘长天，刘佳．公路桥梁工程设计与施工管理［M］．哈尔滨：哈尔滨出版社，2023.01.

[3] 郭广启．公路工程施工技术研究［M］．哈尔滨：哈尔滨出版社，2023.11.

[4] 王雨，杨宏永，马帅．隧道工程施工技术与安全［M］．长春：吉林科学技术出版社，2023.05.

[5] 过秀成，朱震军．交通运输工程导论［M］．南京：南京东南大学出版社，2022.06.

[6] 李书芳，李红立．市政道路养护与管理［M］．重庆：重庆大学出版社，2022.05.

[7] 李双祥．高速公路交通工程建设和养护管理研究［M］．延吉：延边大学出版社，2022.09.

[8] 周爱成，马运朝．公路养护与管理［M］．重庆：重庆大学出版社，2022.08.

[9] 赵鲁华，单秀娟，张俊明．交通运输工程［M］．成都：西南交通大学出版社，2022.

[10] 袁跟房．公路工程施工与技术［M］．延吉：延边大学出版社，2022.10.

[11] 杨海燕，曲建涛，张德轶．公路工程施工及成本管理研究［M］．延吉：延边大学出版社，2022.08.

[12] 黄延，夏俊吾，刘海涛．道路桥梁工程与维修养护［M］．汕头：汕头大学出版社，2021.06.

[13] 曹国雄，孙江涛，李昌荣．公路工程及交通安全设施施工与管理［M］．武汉：华中科技大学出版社，2021.12.

[14] 王展望，张涛锋，张林．公路与桥梁工程施工及质量控制研究

[M]. 西安：西安交通大学出版社，2021.12.

[15] 姚波，王晓. 道路工程 [M]. 南京：东南大学出版社，2020.08.

[16] 王修山. 道路与桥梁工程概论 [M]. 北京：机械工业出版社，2020.04.

[17] 朴志海，赵龙海，郑慧君. 道路交通与路基路面工程 [M]. 重庆：重庆大学出版社，2020.06.

[18] 孙吉书. 道路工程 [M]. 北京：中国建材工业出版社，2020.10.

[19] 艾建杰，徐君诚. 公路工程施工技术 [M]. 重庆：重庆大学出版社，2020.03.

[20] 马涛，黄晓明. 路基路面工程第 4 版 [M]. 南京：东南大学出版社，2020.07.

[21] 武彦芳. 公路工程施工组织设计 [M]. 重庆：重庆大学出版社，2020.12.

[22] 李兵，干海妮，陈绪功. 市政道路工程施工技术与实务 [M]. 北京：光明日报出版社，2019.01.

[23] 周翔宇，朴志海，杨勇. 路基路面工程 [M]. 重庆：重庆大学出版社，2019.11.

[24] 房曰荣，沈斐敏. 道路交通安全 [M]. 北京：机械工业出版社，2019.06.

[25] 于德新，常丽君，魏丹. 交通工程学 [M]. 北京：北京理工大学出版社，2019.01.

[26] 王汝佳，李广军. 交通运输工程概论 [M]. 成都：西南交通大学出版社，2019.03.

[27] 王博，申凯凯. 道路工程施工 [M]. 天津：天津科学技术出版社，2018.08.

[28] 颜景波. 道路施工技术研究 [M]. 天津：天津科学技术出版社，2018.12.

[29] 唐莉，黄春水. 道路与桥梁工程 [M]. 长春：吉林大学出版社，2018.08.

[30] 张俊. 道路工程施工技术 [M]. 武汉：华中科技大学出版社，2018.04.

[31] 王钰. 城市桥梁与道路工程 [M]. 天津：天津科学技术出版社，2018.03.